易道主义
中国古典哲学精华

李志超／著

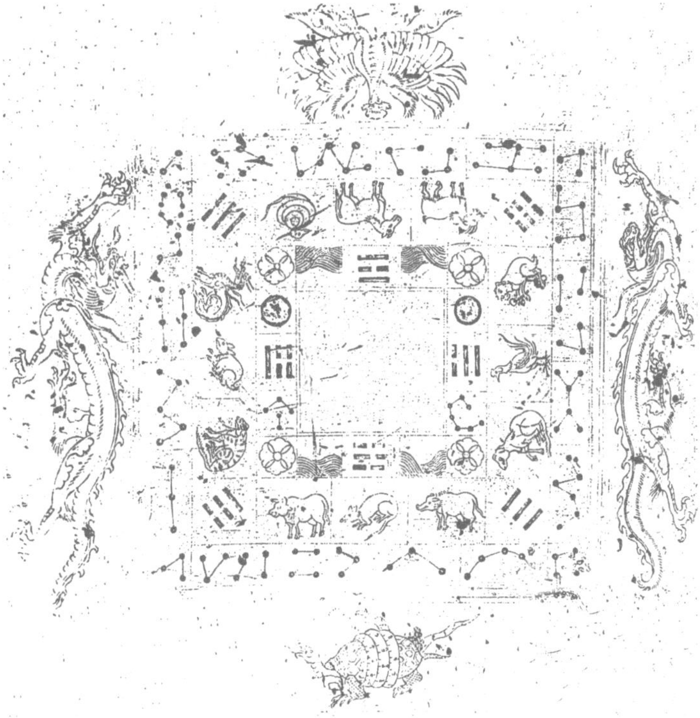

科学出版社
北京

内 容 简 介

本书从解除《淮南子》对《老子》的误解，重新建立先秦哲学史，明确指出《周易》是原始文化的前哲学，老子把它转化为纯正哲学，首开中国哲学史之大端，而为自然论哲学，与神创论和唯心论鼎足而三，是为易道主义。荀子是易道哲学的体系奠基人，在宇宙论、方法论、认识论、逻辑学、美学等诸方面，大大超越时代，是中国文化史的伟人。

本书内容丰富，适合科技史、科技哲学及相关专业的学者参阅，也适合社科人文类学科师生阅读收藏。

图书在版编目（CIP）数据

易道主义：中国古典哲学精华 / 李志超著. —北京：科学出版社，2017.6

ISBN 978-7-03-053730-0

I. ①易… II. ①李… III. ①《周易》–研究 IV. ①B221.5

中国版本图书馆CIP数据核字（2017）第138698号

责任编辑：侯俊林　樊　飞 / 责任校对：邹慧卿

责任印制：吴兆东 / 封面设计：黄华斌

科学出版社出版

北京东黄城根北街 16 号

邮政编码：100717

http://www.sciencep.com

北京厚诚则铭印刷科技有限公司印刷

科学出版社发行　各地新华书店经销

*

2017 年 6 月第　一　版　开本：720 × 1000　1/16

2025 年 2 月第四次印刷　印张：13 3/4

字数：221 000

定价：69.00 元

（如有印装质量问题，我社负责调换）

前　言

我的首篇哲学论文《机动论》是1989年在成都物理学史会散发的，是蜡版油印的。次年在《自然科学史研究》发表《机发论——有为的科学观》，受到很多朋友的赞扬。本书的思想则从1999年开始酝酿[①]。《中国宇宙学公理》发表于《中国科学技术大学学报》1999年第6期，后来在《国学薪火》发表了《同异机发论——中国宇宙学公理解说》。那是探讨中国古典哲学的起步。1999年的文章是由柯资能的文章引发的，他提出“宇宙学公理”的概念。到了2005年，我发现了《老子》开篇的“始”和“玄”的正解[②]，以及荀子的“约定俗成”律。于是渐渐形成对易道哲学的轮廓认识，写出了《易道主义：中国古典哲学精华》的初稿（所用古文均引自上海人民出版社于1999年出版的《四库全书》电子版）。

当时我大喜难禁，不知那是才偷了蟠桃，还要被大山压上五百年，还有八十一难等着我，还要水淹火炼才能修成正果。嗣后不断修订，陆续悟得多个范畴概念，到现在尚不能说离完成有多远。然而，如此重要的学术不可能单枪匹马攻下，还是要尽快推向社会，由大家完成。

我一向以为，做学问要避免浮躁，要沉稳。可这次还是过急了。这在一个八十岁的老人也是难免的。无论如何，我信心十足，争取在自己手里做出

① 李志超：同异机发论——中国宇宙学公理解说，《国学薪火》，中国科学技术大学出版社，2002年。
② 李志超：老子宇宙观与先秦哲学玄始论，《哈尔滨工业大学学报》（社会科学版），2006年6月。

更多的成果留给后人。哲学是一门较难的学术，加上先秦古典之艰涩，一时难有得力的继承人。虽说急不得，还是切望众人关怀。

李志超

2015 年夏至

目　　录

第一章　先秦哲学的精华

一、引论

先秦是中国思想史的辉煌时代。孔子首开诸子百家争鸣的先河，开创私家教育，建立儒学，倡为仁教论，遂为中华文化奠定了永恒的基础，被尊为“至圣先师”。

孔子自己“述而不作”，以其教育实践做出模范表现。他自己虽没有遗留下什么著作，但在其弟子们复述的《论语》里，有很多重大的治国修身之道是不可移易的。

孔子没有系统的哲学著作，只知他的教学科目以易学为首，并非子贡说的孔子不言性与天道。中国最早的纯哲学著作是《道德经》，也简称《老子》。纯哲学的特征是没有或很少讲寓言故事。为此作者要自创哲学新词。

传说老子姓李名耳，为周王朝柱下史，年龄大于孔子。孔子三十几岁时曾面见老子请教，高度赞颂老子，史称“孔子问道”。估计孔子的易学受自老子。然而从语言特征看，《老子》之书肯定写成于孔子之后的战国初年，与《论语》同时或稍后。从内容比较则可断定早于《庄子》和《荀子》。庄子自命是老子的继承人。荀子虽未做这样的声明，却在哲学上显然继承老子，发挥得比庄子更全面、更深入，还有批评改正，不是孟子和先秦其他诸子所能比拟的。

荀子学术的其他部分继承孔子，自命为儒。他的思想与《中庸》和《易·系辞》最接近，甚至可以推断，那就是他本人或他的学生所作。这些推断以本书的解读为据。

令人遗憾的是，老、庄、荀的著作中最抽象的哲学陈述在汉初被误读曲解。这与那时当道的黄老派有关，如河上公、淮南子之流。但因儒家把易学经传尊为最高经典，老庄之书也是黄老派的经典，原典能以保存得相对完善（也不无窜动），以致我们今日，隔后两千多年，仍能恢复正解。此所以我们能为他们的学术命名为“易道哲学”。

需要强调，易道哲学的实质是创新主义。“道”之所指是路径 / 程序，故其本义是实际事物的综合因果性，但不能只看已成过去的历史，历史只是“故事”，已经固定化。历史之道是实际知识，确然不能没有。而这些知识是为当前的实践服务的，也就是为操控未来 / 创造新事物服务。

《老子》曰：“无名天地之始。”这 6 个字的含义，被《淮南子》误导为宇宙的创生，其先为“无”。实际上《老子》书中还有一句话“天地不自生，故能长生”。他不认为宇宙有创生。且其下句“有名万物之母”更说明：产生现实万物的是“有”，即是实在的东西，不是无。

“始”的正解是指新事物的产生，是指未来。道是操控创生过程的，不仅有未受人掌握的道，也有受人掌握的道，据此以操控未来，那才是“可道”，近似今称“原始创新”。过去事物的道是“常道”，而“道可道，非常道”。

故《老子》一开头就指向未来，指向创新。

老子是史官，其中心职务之一是占卜。《周易》作为占卜手册，是三千年前完成的一部大作。为什么叫“易”？《方言》有：“易，始也。”这二字古音相同，故“天地之始”也就是“天地之易”。易为变易，历史既已不可改变，则易是创新。从占卜走向理性的创新哲学是伟大的进步！而这是源于自然论信仰，不是神创论、唯心论。

两汉社会封建初废，易道哲学产生未久，于是社会意识以创新为主。汉武帝和董仲舒是主导者。两汉文化有多项原始创新成果，以致今日我们的民族叫“汉族”，我们的文字叫“汉字”。学者作书多以“新”命名。王莽篡汉，自命国号为“新”。与此相应，本书自命属于“新汉学”。

二、老庄荀易正解

我们从《老子》开篇入手。其全文曰：

【道可道，非常道；名可名，非常名。无，名天地之始；有，名万物之母。故常无欲以观其妙，常有欲以观其徼（皦）。此两者同出而异名。同，谓之“玄”。玄之又玄，众妙之门。】

这 59 字是易道哲学纲领。开篇第一字便是“道”。道，是实际事物变化发展的综合因果路径；名，是语词及其内涵概念。简单地说，道是历史程序，名是语言信息。历史就是存在，信息则是历史在当下的表现。显然，《老子》的道分“常道”“非常道”，名分“常名”“非常名”。凡道和名可由人造为者，当属非常道、非常名。而常道常名则不能造为。还可以说：过去的是有，是固化的历史，是为常；或曰：常道、常名是既往历史的道和名。这两个解法不冲突，人之所为是当下的动作，不是过去的历史。当然，过去的人也曾有动作，但毕竟过去了。

“可道”，是指人可行为的路径。事物之可由人改变者，只能是现实的有限事物及其过程。

由事物的分析本性决定的规律，即所谓“理”，不可由人改变，规律贯穿于整体历史。但规律不是实际事物本身，实际事物本身是综合的，其时空有限，而其分析的质项多至无穷，这是物质混一性的当然。规律是分析的质项的因果关系。故常道 - 非常道之分，在分析与综合的意义上又可看作是道与理之分。“常”与“非常”是高度概括的语词。

老子要把早成俗语的“无”和“有”作为宇宙学的新词使用，“无，名天地之始；有，名万物之母。”是给旧名“有”和“无”赋予新义：有是过去，无是未来。

“无”字原文此处即是此字，而非繁体“無”。所指既非一般有限时空中的空虚缺失，而整体宇宙则只有未来是无。对比的是有。初文为（又），像手执，后加（月肉）于又字之下，以别于又，像被杀动物的一扇肋，意指它以前曾是活的。而加又的“有”指过去的实际历史存在，如“有虞”“有夏”“有苗”[1]。新事物由旧的产生，故旧有为母。

“始”之初文为“台”，读yi或si，与“易”音同。再早为“厶”，即“以”之左旁，“私”之右旁，篆作，为“已”倒写。“以”“已”二字本互通，指过去与未来之分界，如“已（以）前”“以（已）后”。在宇宙总体过程的时间分界，则为已有与尚无之际，即现在。“厶”下加“口”为“台”，指包括现在的未来，那是史官造字，以其将为可口述者。《尚书》汤誓、盘庚、高宗肜日、西伯勘黎四篇皆有“其如台”，意谓“以下的时间要如何？”简言之就是“怎么办？”。段玉裁误释此“台”为“何”。“贻”、“迨”等字用“台”造成，皆含未来义。《说文》：“始，女之初也。”则是女婴，那是解老。《老子》“始”与“母”为对文，显然在时间上母在前而女在后。“能知古台（始），是为道己（纪）”，“古台”即联指过去、现在和未来。

《周易》成书早于老子500年，虽然不是哲学专著，却是前哲学的大作。老子是史官，史官既要每日记录新事件，又要用占卜预测未来。所以他们的注意力中心不在对过去记忆的准确与否，而在于现实和未来。故《老子》取“始”以名未来，应是用心之作。“玄始”者“易道”也。现代人惯于批判迷信，揭穿占卜的欺骗。可是商周史官不是骗子，他们的占卜是认真的，那是原始文化。范文澜、顾准等学者所谓古代的“史官文化”，其内涵是需要仔细推敲的。

《易·系辞》：【易之为书也，不可远。】怎么讲？上古历史怎么不远？其实这是以《老子》之义解释《周易》。“易之为书”是占卜手册，要卜的是未来。与世界其他占卜不同，《周易》罗列384爻，各立其辞，构成一部篇幅不小的书，口传约三个世纪后，定型为文字。这在3000年前是很了不起

---

① 以“有”称呼前朝，好像“前明”“前清”“前苏联”之“前”。后儒如程颐不知此意，署名用“有宋元符二年月日”，掉书袋掉错了，把本朝搞成历史前朝了。

的事。虽为占卜，也强调义理，所需据以判断的资料是现状，即“变动、周流”者。那都是刚刚发生或正在进行的事，故曰“不可远”。而其文辞都是具象的喻言，故曰“不可为典要”，所以不是哲学专著。后儒的义理派不算卦，而以义理解释卦爻辞，如解“革”卦为革命。

荀子何以主张“法后王”？就是依照老子宇宙观——变化发生在现在，故预测和控制事变所据者“不可远”。《荀子・不苟》:【天地始者，今日是也。百王之道，后王是也。】显然是解释《老子》，并顺便指出决策判断的方法——不要光拿荒渺久远的先王说事，要先看现实。这是我们说荀子是现实主义者的明证。其实商周史官是关注现实的。[①]

“始”作现在和未来讲，无须与“终”捆绑钩连，不必依靠对“终”的训诂。因为《老子》不认为天地有创生。既然他说“天地不自生”，那么后人以《老子》的“始”为天地创生就是误解。《淮南子》自己创意，说天地之始是元气的清浊分化过程，《老子》没有这个意思。

《方言》是西汉扬雄所撰，是中国第一部比较方言词汇的重要著作。其书最后两卷并不都是方言，如【易，始也】当是说明《易》与《老子》的关联。“易”和“始”读音原同，是以有《方言》之说。而易之为始，正是【无名天地之始】的本义，即，那话等于“无名天地之易”。

清初儒生陆世仪《思辨录辑要》评论扬雄:【问:“昔人荀扬并称，莫是扬雄之学与荀子同否？”曰:扬雄只是文人，更无实际。其《太玄经》只是模拟《易经》拣难的说，以惊世钓名。然描头刻角，画虎不成。不必《美新》（扬雄歌颂王莽的文章《剧秦美新》）而后知其不济也。扬雄亦是学黄老，故其言曰:“老子之言道德，吾有取焉。”然老子却有实际（此“实际”指“实质性内容”），扬雄只是学其语言而已。一遇王莽便手脚多乱，成甚老子之学？！】

他认为扬雄钻研《周易》，模拟其形式作《太玄经》，同时又学过《老子》，并“学其语言”。这都是事实。如此，则在扬雄的《方言》里突兀地出

① 荀子之吸纳老子宇宙观，还另有个证据，其书《解蔽》和《正名》两篇中，“可道”一词出现 10 次。这当然是使用《老子》的话语。

现“易，始也。”就不难理解了。《方言》最后一章前言不搭后语地冒出“易始也”三个字，故谓之“突兀”。郭璞注是：“易代更始也”，不算错，但太简略，那三个字有更大的来头。此所以我们给先秦的哲学精华命名为“易道主义”。《老子》开篇的宇宙观就是“易”。可以说：道的导向为易，易的实现遵道。

其他旁证如：《墨经》：“始，当时也。”《庄子·知北游》：“生者死之徒，死者生之始。”其中的“始”指结束。而其“徒”当解为“徒役”之义，即“生服务于死”。

“常无……常有……”之“常”是动词，是说要使用“无”和“有”的新内涵立论——观妙、观皦。“观”字凸显了认识主体，“可道”“可名”都是主体行为。观而得“名”，有“名”则道有语言陈述，有思维、交流，有群体合作行为，可以干大事。这样，道才算“可道”。“可道”就是“德”。书名《道德经》，就是明示其指导实践的目的。

在时间推进中，新生事物是累积微分而成其显大的，微分而新谓之“妙”；既已累积形成则为显在，谓之“皦”。

“异名”指“有”“无”二名之异。显微无间共有现在，是谓“同出”，此“同”是副词。“同，谓之玄”，此“同”则是名词/把这共有的现在时刻“同”，称名为“玄”。若把后一“同”字看成副词，去指：“有”和“无”一同地称名为“玄”，那就又多出个共名“玄”，与上句的“异名”之义无意义地平列，没有必要。故此“同”是名词。“现在”是流变的，无穷多元的，故曰“玄之又玄”。玄是新生微分之妙的产门，是为“众妙之门”。这样用“玄”字也是《老子》独创，虽属形上却易理解。故有声明：“吾言甚易知”。

玄字初文与幺同，原义仅为胎幼。请看下边这个小图，这是两个“玄”的初文叠罗汉。这二字的古文竖写很形象地描绘了世界的时间流变。后世“幺”义分化，为了区别，另造“玄”字。近指代词“兹”是二玄并立，有“现在”义。“滋、孳”皆有繁生义。“变”字汉隶为𡖐，字存《周公礼殿记》，是“言玄又玄”合成。[①]【玄/牝之门，为天地根，绵绵若存，用之不勤。】

① 成都有文翁石室，今为中学，原有似铁的木柱，上刻《周公礼殿记》。

（绵绵即 duration，用力为勤）。此则与《易・系辞》“天地之大德曰生”同义。玄好似母牛的产门，连绵不断地生产宇宙的新事物。故玄指创新。

“道法自然”的自然也是时间概念。“自”之初文是篆文的“厶”与其镜像合成，“自从”与“以来”意义相近。“然”之初文由“月犬”合成，义近于有。“自然”即客观存在运行的过程，其因果形成自然之道。故曰“道法自然”。“无为”就是认对象的变化是其自身遵道之自然，自无而为有者。主体操控不能代替对象自身的变化，所能起的作用只是机发性的。此则《尚书・洪范》【无有作好，遵王之道；无有作恶，遵王之路。】的本义。客观自然事物不管你喜欢不喜欢都遵道而生。此所以朱熹曰“道训路”。

《老子》第一章，59 个字，思维缜密、言简义精、逻辑连绵、一气呵成。任何解读，若非通顺易懂就是未解。

两千年前世界有三大思想体系：中国易道哲学是自然论，欧洲是基督教的神创论，印度是佛学的唯心论。易道哲学在肯定存在的物质性这一点上与唯物论一致，但以物质为形而下的存在，易道主义把道放在器之上。即《系辞》所谓【形而上者谓之道，形而下者谓之器】“器”的内涵义近实际，超出物质而更抽象更概括。《中庸》：【道也者不可须臾离也。】二程解释说：【道不离器，器不离道。】

社会文化的认知表现为名。道是路径 / 程序，不是本体，名更非本体。天生的自然论无须为本体立论。

物质若无动变，或不去看物的动变，人则无知。易道哲学把道和名置于首位，是其与古典唯物论之异。既然不必专立本体论，则认识论就是主题了。后世有“言行”“知行”等哲学论议，《老子》“道”与“名”之言实开先河。

“行”字频见于《诗经》，疏注皆曰“行，道也”，但那是指具体的道路。

说到底，道之居首还是出于本体论，因为存在是历史的，而历史是变化的，但既往的历史却是固化的。动变只发生于现在瞬刻，现在才是流逝着的，此后的事还未发生。

三、《庄子》和《墨经》论“有无”

庄子继承老子的玄始论。《庄子·齐物论》有段话：

【有，始也者。有未始有，始也者。“有未始有”夫未始有，始也者。有，有也者！

【有，无也者。有未始有，无也者。“有未始有”夫未始有，无也者。俄而有无矣。而未知有无之果孰有孰无也。】

上列引文有意把版式排成并列比对式样。第一字“有”不是谓语是主语，与老子义同，所以我们加逗点强调。同样，每一以句号分出的句子中，逗点前都是主语。上引末句明确说是把有无作为考察对象，故陈述开头的“有”不可能是谓语。庄子此文当然是解释老子之言。

据此作今译：

【有由始生出。在有尚未始之时的有，也由始生出。进而那‘有未始有’还未始之时的有，也由始生出。于是，有是由有生出的。(因为未来的每个始所生都将是有，故其前之有生于有。) 然而，

【有原本是无。在有尚未始之时的有，原本也是无。进而那‘有未始有’还未始之时的有，原本也是无。一下子（上段说的）有竟成了无！因而我们不知道有和无到底哪是有，哪是无。】

这段话是阐发时间的流变本性：无，不停顿地化生为有。从任一时刻观看过去都是有，“后之视今亦犹今之视昔”（语出王羲之，他懂庄子）；而看未来则都是无，昔之视今亦犹今之视后。庄子的“始”是未来，但此文所指为一时刻。

庄子演绎出两个互相矛盾的推论，正如康德的“二律背反”。康德《纯粹理性批判》以严格逻辑论证四个“二律背反”，其中第一条：时间有起点，空间有边界；时间无起点，空间无边界。庄子这条二律背反与康德有同，都谈时间。康德的时空有限无限是非现实命题，而庄子的命题和概念虽更基本更抽象，却是绝对现实的。庄子说的是现在，是把当下的“生生变易”提到最高抽象度来作根本性思辨处理，其论式与辩证法家说的运动为“既在又不

在某处”一样。庄子的“始”只能指流变的现在，即老子说的玄，其先为有，其后为无，本身既是有又是无。若以为那是宇宙发生论的天地产生，其先为无其后为有，则那个“始”早已过去，是固定不可变的，就不能有逻辑通达的译解了。

《墨经》第一条讲道的基本属性，前人皆未发现此事。

［经上］:【故，所得而后成也。】

［经说上］:【**故*** 小故，有之不必然，无之必不然。体也。若有端。大故，有之必，无然。若见之成见也。】

以前只知道这是讲因果关系，“故”即因，“然”是果。而“大故”不好解释，以致章炳麟说：“有之必无然”的“无”是衍文。王新生则说：“大故”是否定性之因，有了它就不可能发生某一情况。这些解释都嫌勉强，与其作头条的地位不相配。不仅“无然”的“无”不能随意删掉，“无然”与“不然”并出而不同，要另求解。《墨经》继承老子的宇宙观，多条已被认证是说明老子的，头条更是如此。

从老子的历史主义宇宙观来看因果性，当然是个大命题。可以认为《墨经》之文的“有”“无”是用《老子》开篇之义。“有”指宇宙的过去，“无”是未来。“故”无疑是指过去的事，“而后成”者可以是未来。以此，经说可译为：

【小故是既往之事的不必然者，未来不会重复。那是历史的一个部分（“体”即事物之部分）。凡体都有其（特别的）开端。

【大故是历史整体（有）的必然性，未来（无）也一样（然）。例如见（人们经历的实际过程）之成其为见。】

此言是很抽象的哲学，意思是：历史本身既是变易的，不可完全绝对重复的，而其规律又是一贯的永恒的。

“大故”可依据《墨经》“目以火见”之说，即见物的条件是有光源照明。“见之成见”一语是借喻规律性的，则这“大故”是根据规律性说的。

此言的哲学意义还可以说是：历史是恒变而不可重复的。但事物还有规

---

* 注意，凡［经说］下第一个字（黑体字，如**故**）都是标符，不入正文。

律性的一面，例如日月之行，过去如此，今后必定还是如此。此言，存在的就是合理的。

我们模仿周敦颐，作了一个“太极图”，名之为“李氏太极图”（图 1.1）。老子既建立了宇宙的基本模式，则其所言也是太极。这太极是宇宙时间，它是无极 / 无限的。这太极图比周敦颐图易懂而通俗，不弄虚名，直接表示实际的宇宙模式。

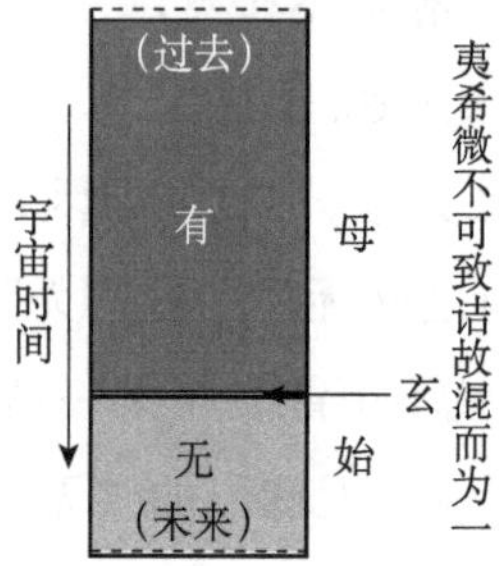

图 1.1　李氏太极图

《系辞》:【易有大极，是生两仪，两仪生四象，四象生八卦。】

历代作解者多矣。我们按老子道意作新解：

大极是宇宙天地的存在，即历史，两仪是过去 / 有和未来 / 无，四象八卦是空间的四面八方——时间统摄空间。

上引《系辞》之语可以作为其思想继承老子的证据。

《系辞》言其宇宙观主旨:【易之为书也，不可远，为道也屡迁，变动不居，周流六虚，上下无常，刚柔相易，不可为典要，唯变所适。】

这是把易与道紧密相连，合为一体。“玄之又玄，众妙之门”就是讲变。易与道的思想本质集中在一点——变易。

《易 · 说卦》:【分阴分阳，迭用柔刚。】以分为变易的形式。而荀子之书也是反复申明：分合相立，以分为主。

《墨经》依同异分合原则为时间和空间做出精确定义：

【久，弥异时也；宇，弥异所也。】改进的现代陈述是：宇宙的时间是宇宙总体自身实现变易的分合方式；宇宙的空间是宇宙局部彼此展列差异的分合方式。

说异不可否定同。无异不同，无同不异。《论语·子路》：“子曰君子和而不同。”古代儒家从孟子就有解说：这“不同”仅指各人经验志向各有所异，不能作广义理解。孔门师徒之相得者正在于志同道合，他们是“同志”。要讲哲学的同，周恩来的说法：“求同存异”或《墨经》的“同异交得”更准确更少误解。

四、易道方法论

至于方法论的要点，在《老子》书中有如下陈述：

【合抱之木生于毫末，九层之臺（台）起于累土，千里之行始于足下。】此即枢机启动天地发生万物之义。这是为玄始论或始之为易作进一步解说。注意，千里之行不是无为。

《庄子·至乐》：【种有几，得水则为㡭】【程生马，马生人。人又反入于机，万物皆出于机，皆入于机。】

《易·系辞》：【言行，君子之枢机。枢机之发荣辱之主也。言行，君子之所以动天地也，可不慎乎。】

荀子对此作了最有力的发挥，概括了知和行：【坐于室而见四海，处于今而论久远，疏观万物而知其情，参稽治乱而通其度，经纬天地而材官万物，制割大理而宇宙裹矣。】（裹，衣的内面，不等于“里”。“裹矣”即纳入心中。）

荀子谓此为“操术”，我们把这种方法论称作“机发论”，在宇宙学的意义上则为“玄始机发论”。

如上所述，我们已经给易道哲学的本体论、认识论、方法论都做了简要的陈述。下文将说一些细节。

1. 天与道孰大？

董仲舒有言“道之大原出于天”，曾被引为不变论，非。

案《老子》卷上第二十五篇原文是：【有物混成，先天地生，寂兮寥兮，独立而不改，周行而不殆，可以为天下母。吾不知其名，字之曰道，强名之曰大。大曰逝，逝曰远，远曰反。故道大，天大，地大，王亦大。域中有四大，而王居其一焉。人法地，地法天，天法道，道法自然。】

“逝”是历史的简代之词，过去的历史为有，远溯无穷为大。历代解老者若不知老子的历史主义世界观，就读不懂。注意文中的“曰”字不是动词，是转换连接的语助词。

“先天地生”似与董生之言矛盾（此语也可能是衍文）。但《老子》此语的天是与地关联的，而上文引录的董仲舒的天则相当于《老子》文中的“自然”，是宇宙学意义上的总指全宇宙的概念，不是与地对立的上苍。所以董仲舒之言与《老子》不矛盾。此所以我们称易道哲学为自然论，以与基督教的神创论和佛教的唯心论抗衡。

历代对道的解说甚多而歧义蜂出。道教的迷信宣传不足为患，终竟邪不压正。《淮南子·原道训》和《抱朴子·畅玄》一类的浮夸论调，朦胧迷茫，不落实处，也起不了很大作用。最易误导人的是那些正派的儒生学者，以及近代哲学界以时髦语言做的批判。韩愈把道讲成只是伦理，近代有些批判家则把道视为唯心的范畴。故我们须要把经典文献的有关文字做出考证分析的解说。

古文“天”有狭义和广义。以天为日月星辰的载体为狭义，是形而下的器。以天为自然宇宙之整体是广义，是形而上的道。《墨经》“宇，弥异所也”是指无穷的宇宙空间。至于“地”字，约产生于春秋早期，其先用“土”。

《列子·汤问》夏革对汤问：【无极之外复无无极，无尽之中复无无尽。】无极是指宇宙空间是无穷的，无尽是指空间是连续的。这个“无极”与周敦颐的“无极而太极”是什么关系？周氏难道不读《列子》？若必强解周之“无极”为纯形而上的语言而神秘化，那确实费解。但若把它等同于夏革之义，那就好说了：无极就是无穷的空间嘛！早在《易·系辞》就有【过此以往，未之或知也】。《周髀》和张衡《灵宪》是宇宙学的平天说和浑天说的经典文献，都引用了这句话，意思都是“在那星空的外面还有什么？不知道。”两者虽以承载日月星的天穹高度为有限，却都持宇宙无限论观点，没人反对。无限的是老子的自然，是董仲舒的“道之大原出于天”的天。而在贝多芬第九交响乐歌词里则有“在那星空的外面必有一个慈爱的天父”之句，其语似乎底气不足，才要强调“必有”，而中国古人则直率地说“未之或知”。谁更有理性？在这种宇宙观指导下的中国古典哲学对天的议论多有科学理性的表现。

《荀子·天论》:【天行有常，不为尧存，不为桀亡。应之以治则吉，应之以乱则凶。】【故明于天人之分，则可谓至人矣。不为而成，不求而得，夫是之谓天职。如是者虽深，其人不加虑焉，虽大不加能焉，虽精不加察焉。夫是之谓不与天争职。】【大天而思之，孰与物（视如动物）畜而制之。从天而颂之，孰与制天命而用之。】

承载日月星辰的天是形而下的天。在议论皇朝兴衰之类的人间大事时，运行有常的形而下的天不管用，需要动用形而上的天。项羽说“天亡我也”，曹操说“天命在吾”，他们说的天不是运行有常的天，是自然论的形而上的天。天不是基督教的上帝，“奉天承运”不是“君权神授”。但关于天下兴亡还有个所谓“气数”，如讲明清末叶或1948年的蒋家王朝“气数尽了”，实际上是指那些政权腐败至极，无可救药。针对这种情况也可以用“道”字，如说“嬴秦无道”“得道多助”，那就是归因于当事人自身了。

道的得失是对人自身的言行的评价，如之何可以说人可“得之”“失之”？此则道之为形而上者。道是历史的实际的综合因果性，不是具体的有形的实事实物，道只能由思维去把握。客观事物发展变化遵道而行，是为天道。思维的把握正确与否，理论是否符合实际，就是道的得失。

2.“大逝远反”解

前文引录了《老子》第二十五章，中有“大曰逝”，从四库全书检得有“大曰逝”字句注解者十二部书，没一个讲的清楚明白。这些作者不知道《老子》开篇第一章讲的是“存在就是历史”。“有，名万物之母”是指宇宙天地的时间的过去，“逝”是这过去历史的简化代替语词，讲起来很简单，很通俗。至于“远”，是说过去的历史是无穷久远的（或其义与“逝”并立，逝是时间而远是空间)。“反”(即返)是指现在的观察者或讨论者，是处于返观的地位。凡观察讨论道和自然的主体都是返观的，今有语词“反思”，含义相似，只是没有老子所指的“久”而且“远”。“反”又是要返于王，即返于圣人或精英的贤者。

这些根本性的思想构成这一章，含义非常深刻。

以此为言，我们说：易道哲学是一种自然论。自然作为基本的存在，对人而言，只有它的道是有意义的。故从根本上说，中国古典哲学——易道哲学以为“道法自然”，而不“唯”什么。然而“反”是“唯实”的。

二三百年来，西方的唯物哲学是从自然科学推演而来，主要是物理学。然而近年理论物理学的物质概念比一百年前改变了很多，渐渐“虚化”了，当前的理论物理学界充斥着信仰主义。相比之下，中国古典哲学，以易道主义为代表，从来不曾过分形下化，理论的层级是绝对高级的。这可以从《老子》的“反”认证，反是求实，是回归于当前实际。

《老子》第四十七章:【不出户知天下，不窥牖见天道。】则以机发方法认知现实和天道。所谓“不出户，不窥牖”不过是极而言之，相对于宇宙之大，久而且远，个人活动的范围都是有限的。在家上网不就是“不出户”吗!

“反”字还出现在《老子》第四十章:【反者道之动，弱者道之用。天下万物生于有，有生于无。】

全章仅21字，却至今没有满意的解读，全文的内在逻辑是什么?研究《老子》的大师都含糊回避。“反”为什么是道之动?因为以往历史是固化的，不再动了，只有现在的道是动着的——反通返，是回到现在。

《老子》全书虽有多处用了“弱”字，可这个“弱”却不好简单讲成那些弱。其实这个“弱”原来不是今用的字，是老子之后不用的字，或即是他自创的字，原型应是。甲骨文有和，是个否定词，后来演化为“勿”和“弗”。(参见崔恒升:《简明甲骨文词典》，安徽教育出版社，1992年)《老子》此文的“弱”是两个并立，就是“弗”，或可解为“否定之否定”。虽然上文的“反”也可解为相反，但用意重复。

万物本来是无，生而为有，生之者也是有，而那些有原来也是无。正是《庄子・齐物论》“有未始有”“孰有孰无”之义。下句的“有、无”二字就是全书开头第一章的那两个字，即“无，名天地之始；有名万物之母”的“有”和“无”。“天下万物生于有”，这万物是指具体的事物的形而下概念，故语词用“天下”而非“天地”。而“有”是指宇宙整体存在，是浑沦不可分辨的总体，是形而上的。“有生于无”就是宇宙本身的自我“否定”，一切已有都成为过去的历史，而现在和未来是无。

3.“原始反终”解

若“始”字作现在解，则“终”字就不是结尾了。遍查先秦古典，发现：《老子》《论语》及其前的书，“终”字并不指定为“结尾”之义，反而几乎全部可以解说为“开端”，或至少是“全过程”。

此字甲骨文和金文，像两个茧的丝头总在一起，是缫丝的开端。本来只是“冬”，冬至是一岁之首。后来为了与季节名区分，加“纟”旁为“终（古读如冬）”。古典常用的“终始”，若按现代汉语字义，时序是颠倒的，原本不是。邹衍著书有《终始》，只有二字的书名更不该颠倒时序。

现举古文献数例为证：《诗・大雅・荡》“靡不有初，鲜克有终”。原诗是诅咒上帝，责骂商王的，这两句八个字也一样。但若按历来讲解，把“终”释为结尾，于义不通。任何事情若有开始，总都有结果。如无结果，应是正在进行中，无可指责。请注意，与“终”对应的是“初”不是“始”。“初”是裁衣，是制衣工程之备料阶段；而“终”是缝合，是制衣工程的启动。诗的本意应指“只见这上帝做出承诺，给我们希望，却难得见到行动实现。”这意思就是“只说好话不办正事”。把这个“终”字解作开工而非结尾，就讲通了。

“慎始而敬终”（《左传・襄二十五》）。慎是自律，“慎始”意指“动手之前要小心”，“始”是指现在要干的事；“敬”作为动词是对外的，“敬终”是尊重前人开创的经验。

“终日”是指早晨，“终朝”义同。“终身”要解为“从头到尾全过程”，《汉书·南越传》"终、今以来"还保留这个用法。故《易·系辞》的"原始反终"本意是：检查整顿现在（始）的事情和想法，以求回归（反，返）开初的（或历史全程的）目的任务。

《易·文言》之例："君子终日乾乾，夕惕若厉，无咎。""终日"是指晨起，正与"夕"字为对偶之文。"乾"字初文形为，左旁像日出（在草木中），右旁像飞腾跃起。故"终日乾乾"就是"日出而作"。"厉（厲）"古义半为正性，如磨砺、作为、高尚、方直……"惕"是警惧，无疑。《子夏易传》以"终"为结尾之义，则表明其著作时间不早于秦。"君子见几而作，不俟终日"。此处"终日"只能是指晨起。看见苗头马上动作，不要等明天早起。怎么可以解为"不要等到傍晚"？！正是俗语所谓"今日事，今日毕，明朝还有明朝事"。

【物有本末，事有终始。知所先后，则近道矣。】(《大学》)

此文中"本末"是按前句时序之"先后"排列的。"终始"何以造辞却命字序反于时序？且其所言为事，恰应以时序为道。故知此文实以"终"为先，而以"始"为后。

把始和终的指义倒换是《老子》《易传》之后发生的事，或许秦汉有个过渡期，其间的文献须要慎读。这个倒换很可能与黄老派有关。如《黄帝四经》，放肆剽窃曲解他人著作以附已意，与《老子》本意相背，说天地有生有死，说"恒"重于"变"。则"天地之始"自然被说成是宇宙生成，到《淮南子》竟成定案。

第二章 道 器 论

一、形而上和形而下

《易·系辞》:【形而上者谓之道，形而下者谓之器。】

“器”的含义比“物质”宽泛，近于今言“实际”。二程说:【道不离器，器不离道】是对的。把 metaphysics 翻译为反辩证法的“形而上学”，疑为未妥。海外哲学界把哲学叫“形而上学”倒还有理，因为哲学研究道。科学才是研究物质的。形之所指涉及感觉，“形而上”是超越感觉，“形而下”是可感觉者。超越感觉的事要由思维 / 意识把握。道是事物变化发展的程序 / 关系，或曰实际的综合因果性，不是物自体。中国古典哲学以道为最高范畴，故不能叫“唯物主义”。但以道与器并立而言，则是《中庸》所说:【道也者不可须臾离也，可离非道也。】此“离”应即指离器。

近代有说唯物主义是科学的，并自命为科学主义者。其说贬低了哲学，与说“哲学是物理学的工具”异曲同工。人的认识在于“知道”，认识不是一种什么器，而器或物自体是可知的。此为易道哲学与康德哲学相异的要点。康德提出“物自体”的概念，与彻底的唯心主义撇清了。但他认为物自体不可知，这与他的总体学说矛盾。他的星云假说举世闻名，星云不是物自体吗？实际上他认为不可知的只是上帝。这不是二元论，说上帝不可知与基督教义冲突，可以还其本意为“谁知道上帝是啥？”说这话在当时很忌讳。在那个历史条件下，康德思想是较好的思维成果。

人的思想认识不是物自体，对外在实际的认知只是“知道”，不能说认知也有质量能量。存在是历史，历史以信息表现于现在。信息是历史的记忆、巨变的发机。《老子》的“名”是信息，“知道”才能制机。历史以名/信息为记忆，源于因果/道的连续性。因果的连续使人可以追踪历史获取知识，荀子谓之“处于今而论久远”。这既是世界观的终极原理的重要概念，也是知识和科学的最一般的基础。西方发觉哲学的信息才六七十年，比老子晚两千多年。

易道哲学是不信神创的自然论，否定不可知论。然而，从老庄荀韩到《系辞》，被我们总结为“易道哲学”的，还不是唯物主义，其所研究的主要是道，而以异同变化-分合相立为宇宙观最高原则。老庄讲的社会伦理偏于忍让，而儒学所讲的道最重人的知识和仁义道德，是要求积极的社会文化。韩愈《原道》则片面宣讲：道就是仁义道德。

历来未解子贡的话“夫子之言性与天道不可得而闻也。”这话不是说孔子不讲天道，是说孔子总是声明所言是老子的思想。此言前文是【我不欲人之加诸我也，吾亦欲无加诸人。】那加的不是指好事坏事，是指学术的意见观点，不要剽窃别人成果。加我加人的事多着呐，何者不欲？

虽非唯物主义，却不等于不承认物质。片面强调“唯”字，会教人轻视精神文化，而与韩愈相反，把仁义道德推到边缘化去，蔑视以至破坏文化，纵容物欲的横流。那样片面地讲物质，它的发展变化，以致今日地球上的种种生命繁荣、人文昌盛，将无以解说，自然科学也将与仁脱离。实际上，马克思主义哲学并重科学和人文。

由此而言，程朱的理一论虽为谬误，高扬天理却有其积极意义。朱熹认为，有个“净洁空阔”的唯一的理。戴震已经充分论证“理一”之谬，说：古人说的理都是“分理”。事实上韩非已经说清楚，理是道的分析的组分。实际事物是综合的，中含无穷多的理的分项，只不过轻重有异而已。问道必先知理，科学是求理的。但没有普遍唯一的理，理不是实际，而理论之真及其价值在于结合实际。讲辩证法的常说，只能吃梨子，不能吃水果。因为水果是多种具体水果的抽象概念。程朱的“理一”之理与此不同，那不是各个分理的抽象概念，而是独立存在的东西。

《周易·观卦》彖曰：“圣人以神道设教。”这“神”不是上帝鬼神，是圣人的思想，与“阴阳不测之谓神”“知几其神乎”“神无方而易无体”等文之“神”同义。这神是无方（没有定式、结构）而不可预测的，是灵变的信息活动，因为历史没有完全的重复，“苟日新，日日新，又日新”。

圣人之神知几而明道，而道变化不定，韩非谓之“道无常操”。然而，道以理明，荀子谓之“理贯不乱”“道者体常而尽变”，汉武帝说“九变复贯，知（智）言之选（头等）”，董仲舒说易“长于变”，故道恒变而理相对守常。《老子》开篇说的“常道”是已经完成变化的既往历史之道，而当下事物之运行是“非常道”。无论常道、非常道，以理为纲则贯而不乱。

圣人只是少数个人，未来新时代，圣人水平的修养，经全民教育普及化，则神就只是社会文化总体的精华，是引导人类社会盛德日新的天人大道。

为了更通俗地说明易道哲学，我们得先有针对性地说明什么是物质，什么是精神。

二、物质的表现形式是信息

西方古典唯物论的“物质”（matter）是取自物理学的一个概念，牛顿定律 $F=ma$，相对论 $E=mc^2$，其中的质量 m 就是物理学物质的一项主要参数，在相当长的时期里很多学者就拿它当作物质。现代物理学已经不这样简单看待，特别是真空场的发现，那是物质，却没有质量。其中正负电子与光子，旋生旋灭，乍聚还散，无瞬刻之静。物理学的物质是具体的，而哲学没有具体指认，是泛泛而言，以致迄今没有一个明确清晰的“物质”的定义。如《中国大百科全书·哲学》“物质”条说：“物质是不依赖于意识而又能为人的意识感知的客观实在。”信上帝者也可说：“我们的上帝就是这样的。”难道上帝也是物质？或者说物质就是上帝？很令人尴尬！其实那句话原本只是要说明物质与人类意识的关系，不是为物质作定义。意识或精神是人的信息活动，中国大百科的哲学家要拿意识说明物质，甚至用作定义，这倒也反映意识在哲学之重要而不能回避。

经典唯物哲学要否定上帝，就强调物质的本质是不变的，而其变化只是现象。然而，恩格斯在其《反杜林论》的“概论”中十分强调世界一切皆变：“当我们深思熟虑地考察自然界或人类历史或我们自己的精神活动的时候，首先呈现在我们眼前的，是一幅由种种联系和相互作用无穷无尽地交织起来的画面，其中没有任何东西是不动的和不变的，而是一切都在运动变化、产生和消灭。”

这观点与中国古代变易观没有差别。

然而，若说：“物质在它的一切变化中永远是同一的，它的任何一个属性都永远不会丧失”“世界上存在着的运动的量是不变的。”这就与上帝的永恒性不仅一样，而且更进一步，是在“任何一个属性”上绝对地肯定世界本体的不变性。于是归根到底，被看作世界本体的物质还是不变的。

这观念出于当时的主流科学观，目的是坚持物质的客观性。作为物理学的研究对象的物质，若是没有这种守恒性，那还谈论什么科学规律？！此所以从牛顿到如今，很多大科学家信上帝。而他们这种信念被称作“还原论”。

物质是终极不变的吗？是哪门科学证明的？那种判断若是对全宇宙整体而言的，就不可能是实证的。逻辑上，说全宇宙的物质是变的，却没有错，因为至少我们经验到的这一部分已经是变的了。若必言不变者，则宇宙总体自身的存在以及终极分析的物理规律可以说是不变的，那么所谓不变的物质就不是现实实际，而只是思想的分析。

精神是最复杂的物质现象，现实的精神活动是物质的变化，过分强调物质的不变性，就把解决问题的路堵死了。西方古典唯物主义哲学因为要跟随唯心主义保持“本体”这个本指上帝的概念，就给“绕进去了”。

再请问：若说物质的不变者是其量。哲学是不是一种物质运动？自身有没有个量？那量是多少？变不变？这就被黑格尔“绕进去了”。或者辩解说那不是物质，那就引出另一个问题，精神与物质是割裂的不可调和的吗？

如果哲学家要指认一个存在者是世界的本体 / 主体，而连那东西是什么都说不清楚，就只能向上帝信仰投降。

中国人从汉初就确立了元气说，朱熹简称为“气”（或曰“血气”，与“心知”并立，各指肉体和精神）。说元气是万物的终极构成元素，这比西方古代的物质观更彻底更理性化。元气无形无质，而有阴阳分合聚散变化的内在本性，按说应该是哲学的物质的较彻底的概念。但中国古人并未用元气概括世界，没有提出什么“唯气主义”，只把元气当作器，即物理观念，犹如五行说、浑天说，没有把它上升为哲学的最根本的第一性的概念 / 道。物质或气，变动不居，唯它的什么？古人不用“唯”字，老子首推道与名，名是信息。

经典物理学那样认识物质是历史的局限。物理学是经验科学，对付有限的对象，故曾把质量守恒、能量守恒看作根本定律。但在哲学，作为世界存在的本体 / 总体，若也强调不变性，那就连在古代也是大可商榷的了。就算是现代物理学，当电子表现为波的时候，那属性的差异之大，连空间的定位都没有了！相对论问世前，人们以为能量自身守恒，后来发现物质可以转化为能量，于是开发出核能。

规律讲事物的重复，以物质和能量做最简单化的分析，所得知识通常是物理规律。而现实世界是复杂的，物质形成复杂结构，与能量间以多种形式相互转换。历史只有相对重复，没有绝对完全的重复。只拿简单的自然科学的分析化知识及其方法解释世界万有一切历史和现象，那是科学主义。科学主义不知复杂性是简单理论对付不了的，拿简单的科学公式到处乱套。

不能超越科学的哲学不是好哲学，此所以当代国际流行的多种哲学不及中国古代优秀。许多理论物理学家把物理学作为世界观的全部，他们不知道“物质”是分析所得，而实际世界是复杂综合，分析只是认识，尚非实际。“物质”概念是“实际”的重要成分，但非全部，仅言物质不等于实际。物理物质不能概括同异变化、因果信息、……

物理学是以对物质世界做终极分析为中心的学科。

它只是理论，古人叫“理”，它可以说明实际，但不是实际，实际是复杂的综合。20世纪30年代西方很多哲学家崇拜追随物理学，遂成教条还原论，对实际并不理解。

《中国大百科全书·哲学》称“辩证唯物主义”是“关于自然、社会和人类思维发展的最一般规律的科学”。

是科学就行了吗？是规律就万事大吉了吗？科学及其已经掌握的规律虽然重要，却不是最重要的，不能包揽一切。唯有足够多的基本粒子组合成群，并以其波性组成复杂结构、存在和运行，才有变化无穷的生动的世界。

现实世界使我们最感兴趣的不是简单的电子、光子。孤立单一的基本粒子，不能承载信息，不代表任何历史，只是人类思维的合理推定，信息的物理本性是宏观的。

三、道/历史–名/信息

道给出名/信息，道是综合的，信息的构成也以综合性为主。若像理论物理学那样，把物质分析到电子、光子，那就没有信息了。单一孤立的电子、光子不但不能构成信息，可以极端地说，那甚至不是真实的存在，只是理论。

哲学的信息不同于技术的通信工程的狭义信息，哲学的信息承前启后，是历史的记忆、巨变的发机。此所谓历史，是包括无限时空的分合相立的作用结果；所谓巨变，是向无限时空辐射的作用动因。而技术的信息则远离这种无限性，至少在其设计运行中只是很少几项物理因素为主。以人类智慧为例，诸葛亮上知天文下知地理，博古通今，这水平是人造的机器信息不可能达到的。不仅人中圣贤，就是低级动物的生命信息也不是机器能及的。现代有所谓计算主义，那些议论就不懂这个道理，以为宇宙中一切信息都像计算机一样简单，只用物理的还原性分析就能理解。

还要记着，组群的基本粒子是有同的。例如电子，其质量和电荷彼此完全相同，自旋和磁矩的大小也完全一样。这种“同”至使电子不可分辨。有同，才有组合成群的粒子的秩序化。西方某些最新哲学仅以秩序为基本范畴，不知秩序化的基本条件是其组合的单元之间必须有同，异与同不可分离。他们仍未彻悟老物理学之局限，基本粒子之同多于异，与实际的宏观世界不同。而宇宙学则不可轻同重异，详于分而略于合。[①]

罗素曾慨叹：过去消失了，未来还未产生，现在转瞬即失。神学家奥古斯丁也有类似的感叹，他把存在说成是只在人心之中。说这话的本意是肯定上帝，但客观上也与“存在以信息表现”的观点相符。否定过去为存在，则未来之不存在也随之否定了。于是所谓存在就只能是上帝。[②]

老子用“有”字称呼过去，自然地否定了西方神学以过去为无的说法。他的意思很清楚，过去就是存在。世界存在于何处？在历史中！知识内涵是什么？就是历史！汉语有个最普通的词“知道”，其哲学含义就是认知历史。

现代物理学已经证明没有超距作用，这就肯定了物质世界的历史性——因果性。电子的运动变化是受周围物质作用的结果，而这种作用传播速度有限，因而是要花时间的。一月一年是历史，一分一秒以致一微秒一纳秒也是历史。但这样说是基于唯粒子观，从物质的波性而言，基本粒子的波是弥散于空间的，波和粒是分合相立原理在微观世界的基本体现。故“无超距作用”之论仅限于有空间定域的宏观物体系（参见脚注①）。道是实际的也就是宏观的因果性，所以作为相互作用的进程和结果，道就是历史过程。以此，若说道即是存在亦无不可，而道之认知以名。

历史作为存在，是固化的实际。历史不可更改，例如南京大屠杀不能抹杀。《墨经》说：“有之而不可去，说在尝然。”即是此义。一切科学的实证都是历史的，物理学的实验是物理学家主动安排的历史过程，实验结论的做出则必在实验完成之后。历史学家直接处理人类社会的历史。历史以信息作用于现在，而人的认识、记忆则是信息的运作。这样，我们的逻辑从“存在即

---

① 《中国大百科全书·物理学》“量子电动力学”：“在相对论性的理论中，不存在真正的单粒子问题。……只有在对电子的描述可以粗略到 $\Delta p \Delta q \gg h$ 时，狄拉克电子理论才归结为满足狭义相对论的经典力学方程。”此言非常深刻。$\Delta p \Delta q \gg h$ 即宏观物体系，参见本书第七章“量子物理哲学”节。

② 吴国盛：《时间的观念》，中国社会科学出版社，1995 年，第 31~32，98~102 页。

是：变异一道一历史”，再直接推进到信息这个基本概念。

说信息是历史的记录，就是说是存在或“有”的表现。

理论推演到此，自然要来搞清楚信息的方方面面。

“信息”这个语词原出于通信技术之学，近半个世纪才被转用 / 提升到哲学层次，而今信息已经成为哲学必须特别重视的重大范畴。在中国则自老子就说定了。历史如何能构成本身的记录？那是因为历史遵道而行，而道是因果性，在时间上分分秒秒都必须连续，因而是可以追踪的。

其实，信息是人的生活里最实际的事物。任何动物都要寻求食物和配偶，靠感觉器官去搜寻，这要感觉的就是信息。除了人类之外，以群居的杂食动物对多种信息都最敏感。而人类在脱离动物状态之初，感官已很发达，不过随着人类的进化，逐渐发生了语言，遂使自己掌握信息的水平和方式发生了质的飞跃。天然感官在动物身上的发达，说明信息是自然现象，只是已经进化到很高水平。回溯其更初始的形态，单细胞或病毒对环境的反应更接近于简单物理反应。那么，非生命的物理反应就是信息的原始形态，然而那不过是物质的较简单的相互作用而已。任何相互作用都有较长期较稳定的遗留后果，可以构成相对稳定的历史记忆。这就是“万物之母”的“有”。因此可以说，信息是万有在当前的存在方式。注意，“当前”不是历史。常说：“这棵树有百年历史”“这座山有千万年历史”。实际存在是历史的，而信息只是历史在当前的表现，但却是现实的。

在茫茫太空的绝大部分空间里，若无某一主体需要认识并记忆历史，信息便失去意义。当地球形成后，以其表面的水为条件，无机物在太阳能作用下，形成有机物，进而自组织化形成生命态，信息的高级形态方始发生，并逐渐强化其作用。首先是个体的遗传信息以 DNA 分子的形式无意识地运作。到了动物形成才出现活信息，特别是有了大脑发达的动物，其个体的生命活动已经不可缺少活信息。个体意识活动显著发达，信息现象就进入了发展的跃进阶段。到人类出现，过社会化生活，有了语言，信息就成为宇宙中最高级的最复杂的活动，成为精神。人类精神虽然在宇宙中的活动空间很小，所用能量微不足道，但却无疑地是哲学存在论的主题。人类的语言就是《老子》的名。

人类有了语言，把记忆符号化、抽象化、逻辑化，遂使文化、科学和教育日新月异，信息乃成为重要哲学范畴。这正是古典唯物论无法处理的大端，现代量子论以其波粒二象性对解释信息的复杂性给了出路，但距厘请犹远。

信息的进化过程第一步是符号化。其实从最原始的生命开始，其感觉给出的信息，就是广义上符号化的，因为感觉都是片面的，如老鼠的听觉给它危险的警示。组成 DNA 分子的四种碱基实质上也是符号，不过是有简单的物理实质而已。所以，司马迁说【神者生之本】，即生命的本质是信息，这是非常深刻的判断。人类语言的符号化的高级在于脱离了原始的物理的感觉，代之以引动联想的人造语词。

进化的第二步是抽象化，如说“美女”则不必指称哪个具体女子，但在个人则会联想到他记得的某些美女。单说“人”就包括男女老少。抽象化是人类思维特性的核心，以此超越其他动物的信息运作。

第三步是逻辑化，会拿抽象语词作推理，如说“我思故我在”。逻辑化就是众多概念的同异比较、分合关联，是思维的启动运行。凡此种种，后文再做详论。

在人类文明中，历史经由信息作用于现实。既然没有上帝，讲物质第一性又不好简单化，仅凭一个变异，怎么解决精神是什么，以及随之而来的生活意义的重大命题？这个命题在中国古代哲学中早有合理处置，那既是密切结合实际，又是逻辑严密的理论。只要有精确的训诂解读，并相信道法自然和机发论，不需要很艰深的科学。

如此说来，信息现象既是又不是宇宙学命题，在哲学里它主要是人文性命题。宇宙规模的大自然成住坏灭自行其是，何尝管你人类的兴亡！再大的地震海啸在太阳系里算什么？超新星爆发对整体银河系又算什么？佛学讨论过历劫轮回，但易道哲学不同于佛家哲学，它是人本主义的，而信息是人类精神的实质，当自然科学还不能主动解决生命和思维的运作时，哲学必须且可能对信息作深入的研究。

注意，信息的强度和分辨率随时空距离变大而削弱，无限久远的事物则无信息。只在感觉强烈印象深刻时，年深日久也记忆犹新。一般人因为对身边刚刚发生的事物保存着最强最新的记忆，难以用抽象逻辑理解那已经过去，成了历史，便不能形成老子那样的觉悟。而刚才发生的事正是眼前要处理的，而且事物变动是时空连续的，不存在超距的移形变换，没有葛洪说的或济公干的“坐在立亡”。因此我们才说，老子建立玄和名的概念是不同寻常的大事。

《老子》第二章原文前半段：【天下皆知美之为美，斯恶已：皆知善之为善，斯不善已。故，有无相生，难易相成，长短相形，高下相倾，音声相和，前后相随。】

近代解说此章，主要意见是认为它是讲对立统一的辩证法。大概虽可为说，仍非善解。所举各项既非敌我的交战，也非阴阳的对立，都只是概念性的区分。

“已”当解为“已经”“已有”之义，此不细论。下接25字则以分合之义当头，超越对立统一，特别是要以此说明第一章的玄始论。有无是以“玄”分界的过去和未来。“相生”是说“有”既为母，自当生“始”，即新事物。然而，过去事物总要消失，转化为无。此之谓“相生”。

“长短”“高下”是讲空间关系的相对性；“音声”“前后”是讲时间关系的相对性。“前后”虽然也可解为空间关系，但因上面已有“长短”“高下”讲空间，故此“前后”当是讲时间。“音声”当用回声为解，这是强调紧紧连续的事情，中间没有容空。

所以这25字是解说“玄”之为过去与未来的衔接点，并无时间的延续。

《墨经》论“有无”之文，言及无之生于有：

【若（若，即你）无焉，则有之而后无。】

译解为：假如说你无了，是原本有而后无。

【尧之义也，生于今而处于古，而异时。】[经说]：【尧之义也，是声也于今，所义实处于古。】

这也是说古有其人尧，而今只有呼名之声了。

荀子提倡“法后王”，他明白这个道理。老子说“大曰逝”的时候，也有这个意思。王充讨论过这个命题，曾以水面波纹作喻，说明在高高的天上听不到人的祈祷。但他不知道机发原理，不知见微知彰，小可制大。所以他的思想是机械唯物主义，比荀子低了一头。

质量和能量是物质的分析的最简单存在方式，要由物理学去研究。信息是宇宙物质体系的存在方式，综合的体系以分析的组份合成为前提，故信息之学离不开物理学基础，但以其复杂性特征而超越于以简单性为特征的物理学。

信息的内容是示异的，没有所谓“量”。人们常说“信息量很大”或“信息量不足”之类的话，却没有一个标准单位以供测定信息内容之数。工学的“信息量”只是信息载体的量，如数码相机或电视机有像元数，而所显示的图像内容却没有什么量和数。说某人“博学多闻”，也不能量化，不能说成年人的知识量比幼儿多若干倍。因此也就没有如能量守恒定律那样的“信息量守恒定律”。

人类文化是信息体系，是物质进化本性的体现，出于老子“玄妙之门”，哪有黑格尔的绝对理念？人的智慧是进化生命的创造，不是原本贮存在上帝的智慧果里，像能量一样遵从守恒性转换来到人间，更不是由他黑格尔转化的。

但事情也有另一面。发现质量和能量的守恒性——不可创生性，是近代物理学重要成就。信息也有与此相应的对主体的限制。宇宙存在总体是以差异变化为绝对的，在混一而恒变的世界中没有绝对分析化的绝对精确的数量。总体关联的客观世界以信息作为差异变化之当下表现者。凡能取读或测量的主客双方都得是复杂综合系统，且必有某一程度的开放性，以使双方发生作用，而这作用必然改变双方的状态。信息操作不可能绝对精确，这与永动机的不可能一样是对主体功能的限制。量子物理学的测不准原理是这一“不可能”的基础规定。这种局限性是信息的物质性的体现。

四、精神是信息

人类文明本于道法自然。个人精神与社会文化二者是最为辩证的分合相立关系。仁教论虽然是一种价值观，但它是善的原理，是在与相反的恶的价值观交争的历史过程中渐成主流并强大起来的，所以是人类进化的自然基础。

宗教或唯心的信仰不能根本解决道德教育问题，人类社会的负面——物质化、功利化的道德败坏，更要大力整治，这需要强大的理论武器。

人是要有精神的。黑格尔总结出所谓“客观唯心主义”的理论体系，认为世界的本体是客观精神，而精神是按他的辩证法行事。这才是谬论！他不但不懂什么是精神，他那辩证法也浸染着浓厚的科学主义怪味。

什么是精神？说到底不过是以思想加感情为主的东西。汉字“心”，本指心脏，中国古人以为精神是心的功能。孟子说：“心之官则思”就是此意。本来精神是一个个的活人才有的，人是社会动物，个人的精神互相交流融合，形成社会文化，又通过教育代代传递和发展。荀子称此为“义”，他说：【人能群而有义】，并对社会文化作了阐述。

信仰主义者把精神从活生生的人类群体抽象出去，看成一种独立于现实生活之外的东西，先有精神后有世界，还说它是一切实际事物的最终控制者。他们那作为世界本体的精神是个复杂综合体，原来就是基督教的上帝，后来被哲学化了。基督教把个人精神交托给上帝，普通人倒是少操一份心，无须费劲考虑我在干啥，活着有啥意义。

机械唯物主义简单地拿物质取代上帝，本来是要解决“何为精神”这个大问题，但不会那么容易地解决。革命家要搞科学的社会发展史，论证剥削可以消灭，社会要革命。为了群众生活的改善，革命者奋斗牺牲当然是值得的。

人要活先要吃饭，要说饭是物质，那倒是物质第一了。但要把唯物误导为唯食，就坏了，成了大吃大喝的托词。为保证吃饭去闹革命，也许是哲学史一定阶段的主要命题，唯物可以理解。但请记取：革命者牺牲后，人们纪念他，从来不说“物质不朽”，而总是说“革命精神永垂不朽！”。

革命基本成功以后，较大的社会问题解决得差不多了，生活意义和个人精神的寄托点若再不清晰不稳定就不行了。难怪很多西方的普通劳动者又去拜上帝，而很多不信上帝的人则一味捞取个人的物质财富和权力，追求个人功利，不顾群体道德。所以只讲物质第一性，没有生活大道理的强大理论阐述和教育是不行的。为此我们要回顾孔子一生全力宣扬的人生观——仁教论，荀子发展为群和义。

精神或思想，这是只有人类才有的东西，是生物进化的最高级产物。当原始人类逐渐摆脱动物状态，发展成社会生活的群体，每个成熟的人对万事万物记忆得更多，认识得更多，其中有自己直接经验的，更多是通过语言交流得来的别人的经验。于是人就会对所记所识产生无限的联想，有很多超出实际经验之外的观念在心中涌动，又主动地变换这种联想，生出无限的有利社会的创新发明（当然也有很多坏主意）。这就是思想活动了。个人的精神活动组合成社会文化，这是无思想的物质世界做不出的事，是万有的变易进化的伟大成就。宋儒说人生来心中就有全部天理，大错！

物理的物质和能量有守恒性，但是复杂的事物却不都是守恒的。常说的“一加一大于二”，是说质量和能量的总和虽是“一加一等于二”，而此外却有新的“涌现”，这涌现的是新事物，不守哪个恒定规范。没有足够深刻的精神和文化理论，就不能成为一派哲学。中国古典哲学虽不说物质第一性，也不以精神为第一性，而是以变易为第一，但却高度重视并热情歌颂宇宙进化之花——精神。

思想活动本质上是信息运动。没有对信息本性的了解，片面地讲实践，其恶果是破坏教育理论的基础——教育活动的绝大成分不是直接的经验的实践求知，而且启蒙教育是以注入为主。实践是有限的，无论是个人的还是群体的都一样。而知识和科学总是要发展，要突破已有实践的制限，导向新水平的实践。任何事业的成败不仅看是否符合已有的实践经验，凡创新都是突破经验局限的事业。这才是科学发展观。历史是对一切人都一样的实践结果，可还是有善有恶，信神的照样信，不信的还是不信。

面对同一的实践，可以作相反的判断。追求进步的思想家必须突破实践的局限。

思想本无限制，有的好，也有的不好。而综合性的抽象性的好思想，看似无用，实际是认识飞跃上升的必经之路，是必然程序。思想过程首先是有超越已有实践的发明创造，产生一些新的超越自然和风俗习惯的生活和生产的方法，这些发明创造又在群体里交流，经别人改进，在群体里推广，群体能力大为提高，个人生活不断改善。于是，社会文化这种只有人类才拥有的东西形成了，个人与社会的关系也确定了。此即荀子所说：【人能群而有义】。个人精神远不能涵盖全部社会文化，随时要向社会求教。个人应该为自己所受教育回报社会，为发展人类文化贡献生命。

信上帝者只以为有个最高级最伟大的精神存在，并未放弃自己的精神生活，所以基督教社会文化也照样进步发展。基督教产生之初，本来是奴隶们的信仰，指望按上帝的平等原则改造世界。但是很快，奴隶主们控制了宗教，把剥削说成是上帝创造世界的原初宗旨，君权是上帝所赐。"君权神授"之语不是中国原有，是从欧洲传来的。中国古代说皇权"奉天承运"，这天不是上帝，是大自然。

在马克思的时代，欧洲的封建残余势力还很大，社会远非公平公正。大多数劳动者很穷，战争、饥荒、瘟疫等苦难迫使穷人要求革命。宗教则成为反对革命进化的精神枷锁，加上它反对科学的进步，也与知识界形成对立。先进的哲学家为了推翻宗教的思想统治，对上帝这人造的精神主体的虚伪性进行揭露批判，立论说：精神不是第一性的，物质才是第一性的根本的存在。这就是"唯物主义"形成和发展的本因。中国古代学者不讲唯物。西方的简单原始的唯物主义有很多薄弱环节，难与高级的唯心主义抗衡，因为"物质"作为哲学概念并非清晰明确。简单引用物理学的物质不能令人满意地解释精神，没有力度诠释精神的价值，而精神是不能丝毫小看的。此所以现今世界很多人信上帝，而他们却不都是坏人，也不是蠢人。

中国古代也有"神"的概念，常见"鬼神"合言，那是一种幻想，是原始文化的当然表现，孔子以后的高级学者大多不信。中国古代的神也是一种精神性的东西，但不是基督教的上帝。在中国只有佛教讲唯心，儒家的陆九渊、王守仁讲“心学”，却不讲“唯心”。

中国人的神与人一样都是有限的存在，差别只是神比一般人的智能高强，相对地（不是绝对的）长生不老。《史记》叙述的尧舜之前的神、人、物（动物）显然是三种生命形态。中国古典哲学主张万物自然，没有唯一的创造者、主宰者。明末欧洲传教士把基督教传进中国，在一部分人中流行，至今信仰者虽仍存在，但只是少数。汉语的“神”没有外语对应词。

利玛窦把“神”字绑架到《圣经》里给基督教当上帝。

从战国始，中国学者们开始给“神”字新的指义，即现实活人的意识。后来又有“精神”之词，如《庄子》《韩非子》。至于“物质”这个汉语词，只是近百年才在中国文化和哲学中流行开的。

司马迁《史记》“论六家要旨”说：【神者生之本】。这“神”是生命信息。生命的本质是信息。进一步说，人类的本质是文化，个体人的本质是精神。这都是信息。精神作为人类生活的基本，那是实际的重要存在。上帝可以否定，可精神不能忽视，没了精神人还活什么呀！

五、《管子·水地》

《管子·水地》是一篇表述中国古代生命科学观的文章，对精神现象有科学化的解释。它的核心思想是两句话：

【地者万物之本原，诸生之根菀也，美恶贤不肖愚俊之所生也。】【水者何也？万物之本原也，诸生之宗室也，美恶贤不肖愚俊之所生也。】

前人曾误把第二句解读为泰利斯自然哲学所说的水本原论，那是把“万物”理解错了。现代汉语的“万物”是指宇宙学或自然哲学意义上的一切实物。在甲骨文和金文时代，“物”是指动物。如果王国维所言为确，则还特别是指牛，他说：“物亦牛名”（《观堂集林·释物》)。《说文》：“物，万物也，牛为大物。”[①] 若说万物是物质、物体、实物，则比牛大的物多得是，故此所

① “牛”字形原像牛，读音是“牟”，像牛鸣。《史记》“牛者冒也”即读“冒”（mu）。后来的读音转变，当是以“丑”之音为据。“丑”古读如“纽”。

谓“万物”是统称动物。《易·系辞》:“男女构精，万物化生。”《易·序卦》:“物畜然后可养。”都是指动物。《黄帝内经素问》言“万物”已广其意而包含植物，如说春三月“万物以荣”。《三字经》:“人不学，不如物。”其中的“物”是蚕蜂鸡犬。实际上狭义的“物”到现在还在使用，如“物种起源”的物是指生物。“物”字起源既为动物，则中国古代物质观自然偏于生命化。

水地的“地”在今人语汇中就是水土的“土”。《说文》:“土，地之吐生万物者也。”故“土”为地生万物之质。生物或动物的本性由它的物质构成决定，而这构成的最基本的分析组份是水和土。这就是《水地》篇的生命观念，在现代的化学元素和分子原子知识产生之前两千年，是最科学的生命观。莫说是两千年前，至今中国人还常说“水土不服”“一方水土养一方人”这样的话。

中国古代大概从战国始以元气为物质的最终分析的元素。五行观念早于元气，土和水即属五行。《水地》篇以土和水为基本元素，而其五脏与五味配合说法与《黄帝内经》互有异同，这说明其著作年代早于秦汉。此篇不仅以物质元素的构成解释生物的生理现象，还把精神现象归因于水。而言水之文占全篇绝大比重，故更重视精神。其思想的科学史和哲学史价值不言而喻。

全篇有一千零几十个字，除去衍文，还有922字。

“万物”是动物，“诸生”则含植物。唯其所言为生物，所以就不能光说水。《水地》篇一开头先说的不是水而是地，那是要从物质构成解说生命，故先把作为结构要素的土说过，并言明这是生命的本原，是品貌性格智能等个性的来源。“根菀”二字前无善解，唐人尹知章注解说:“菀囿，城也。”他把“地”看作生物的外在环境地域，不仅不通，而且误导了读者。“菀”当解为“蔓”。《诗·小雅》“我心菀结”，指屈积纠缠之态，那就不是“囿”而是“蔓”。根和蔓是生物形体的本末结构，“根菀”是体；而下文说水为“诸生之宗室”，则指遗传，“宗室”是用。两者互为对文。

紧接第一句下文就说水:【水者地之血气，如筋脉之通流者也。故曰，水，具材也。】

《说文》:“具，共置也。”水是与土共置之材，是生命体构成中与土并立的元素。水的作用是“通流”，而土则是相对静止相对固定的构架。于是开头 40 字为生命现象的物理分析定了前提。再接下去 201 字是讲水的优秀品质对生命的价值。先罗列五条：仁、精、正、义、卑。尤其是卑，意指水性趋下，至满而平，自为准概：

【卑也者王者之器也，而水以为都居：准也者五量之宗也；素也者五色之质也；淡也者五味之中也。是以水者，万物之准也，诸生之淡也，违非得失之质也。】

水性趋下而成平准，无色无味，于诸事无偏倾无厚非。

【是以无不满无不居也，集于天地而藏于万物，产于金石集于诸生。故曰水神。】

这“神”字是称呼生命体内那以微制巨的主观动因，与“阴阳不测之谓神”的神同义。

【集于草木，根得其度，华得其数，实得其量。鸟兽得之，形体肥大，羽毛丰茂，文理明著。万物莫不尽其几，反其常者，水之内度适也。】

根的度是长度，花的数是花瓣五出或六出之数，实的量是体积容量。难懂的是“尽几”“反常”和“内度适”，前人注解皆未得其真义。尽几，要用机发论解释，即庄子“种有几”之义。那是含于种子中的精微信息，今称生命密码，充分发育健康成长就是“尽”几。“反”通“返”，“反常”是发育成长得与同类和父母一样。小小的种子之所以都能成长为一样的庞大复杂的个体，是水的作用。水性卑，故能充满种子及其各发育阶段的所有内部微细空间，而其素淡之质则可供加色加味，任随主体调配，携载所需信息。这就是“内度适”——内部微细空间的适配。

再接下去 99 字讲玉的品质，应该断为衍文，是古代某一读者自加的旁注，窜进正文了。后文还有一句 11 字言玉，另有夹带的“与玉”二字，都是衍文。跳过这段衍文，就讲到人。抄录如下：

【人，水也。男女精气合而水流形。三月如咀，咀者何？曰五味，五味者何？曰五脏。酸主脾，咸主肺，辛主肾，苦主肝，甘主心。五脏已具而后生肉，脾生隔，肺生骨，肾生脑，肝生革，心生肉。五内已具而后发为九窍，脾发为鼻，肝发为目，肾发为耳，肺发为窍。五月而成，十月而生。生而目视耳听心虑。目之所视，非特山陵之见也，察于荒忽；耳之所听非特雷鼓之闻也，察于淑湫；心之所虑非特知于麤粗也，察于微眇。故修要之精……凝蹇而为人，而九窍五虑出焉。此乃其精也，粗浊蹇能存而不能亡者也。】(删节号代表 11 字，是衍文。)

“水流形”三字是个完整的句子，“流”是主词，“形”是谓词。意为水的无定形流动态变成定形了。文中五味与五脏的配合不同于《黄帝内经》，但这里特别是讲胚胎发育和感觉思维。味由水携载，水味不同遂发育成不同的脏器，脏器再发展为骨肉，为九窍，而有感觉器官和思维器官。感觉和思维皆能涵容巨细，大至山陵天地，小到荒忽微渺。

联系庄子的话：【种有几，得水则为鐖】【万物皆出于机入于机。】种就是种子，鐖是生物胚胎（匕是母体，四个幺是胚体）。可知这种想法不是《管子》独有，而是当时流行的。

再下文 299 字，讲的是除人以外的“万物之灵”，其中龟和龙是普遍熟悉的，蓍草也多知道，还有叫“庆忌”和“蟡”的两种小妖精，此书之外不见流传。蓍、龟和龙的特性也是神话传说性的。该文作者意在说明：凡此独具特异功能的物类皆生于水。复次 162 字，其头 29 字是：

【故曰：水者何也？万物之本原也，诸生之宗室也，美恶贤不肖愚俊之所生也。……】

这与全文开头一句话是一个样式。今人断取水本原论就是从这里下手。“宗室”，先秦古典多见，疏注皆依《礼记》宗法的规定，谓为“大宗之家”，在《管子》书里则无前人注解。但若知这里说的是生物，就应另作解释。宗，最早是指大夫家族祭祖的庙宇建筑，后衍为家族共同尊崇的人或事物。此处用“宗室”的原初直接含义是：存放大家族共有的尊崇事物的堂屋，借喻为同种类生物的共同特征，以之区别于异类者。用现代概念解释，这“宗室”就是遗传因子，或即基因。紧接的下文说明确然如此，文中列举齐、楚、越、秦、晋、燕、宋各国之水品性不同，其民人即有不同品性。

最后 57 字是全文结尾：

【是以圣人之化世也，其解在水。故水一则人心正，水清则民心易。一则欲不污，民心易则行无邪。是以圣人之治于世也，不人告也，不户说也，其枢在水。】

这说的是：水性之重要为治国者所必掌握的枢机，是文化教育的物质基础。这倒是很左的唯物论。但说不给每人说知，不给每户通告，则是愚民政策，是权术。管子不怕人指责，他的权术是公开的，是为国的阳谋，不是为私的阴谋。

这篇千言之文在当时的文化环境中，可说是概念清晰，思想新颖，逻辑井然，自成一体。决非如某些人说的，各段落不相关联，为多人之作拚凑而成。

在中国古典文献中专门讨论生命哲学的，最早的当推《黄帝内经》，但其书偏重养生治病，对生命的物理本质没有深入，讲元气阴阳五行，都只是抽象的哲学符号，不具备具体的物理学内涵，也与实证几乎无关。从其中的五味与五脏配合看，当是继承管子思想而又有改变之作。应该把这相关性看作生命科学思想发展史前后关系的重要信息，而管子为源头。书名称“黄帝”，与作书时黄老当道有关。

《水地》篇讲的是生命科学假说，全从物理的分析解说生命以及人的身心，把形神关系内在地统一起来了，虽然原始简朴，却实实在在地是一个完整的纯物理模型。然而尚须强调，说“纯物理”只是要排除上帝创世说，其文既言“水神”则为超越物理学的思维。生物自身有其灵性或神性。为与人类文化的“神性”区别，以用“灵性”为宜。孟子说：“人为万物之灵”，是把人类视为动物之一种。猿猴被命名为“灵长类”，就是指其灵性为动物之首。

总结《管子·水地》的基本的论点是：

（1）地（土）水具材，是生命体构成的两种基本物质。土作构架之体，水成活动之用。此即所谓“血气通流”；

（2）水性素淡，可任调合味色。由流成形，可任充满变生的脏器。能适应成长发育，此即所谓“内度适”而使万物皆能“尽几返常”；

（3）目视耳听心虑，从感觉到思维，以至特异功能，皆生于水。水成五脏九窍，而为“修要之精”，具有近于人类神性的灵性；

（4）万物种类不同，品性依地而异。水为性状遗传基因。

若说这模型与现代科学的异同，内容当然不一样，形式则仅精粗之别，基本思路的框架模式是一样的：既有组织解剖和胚胎发育概念，也有神经和遗传的概念，这些概念统通组合为一个理论的整体，从其内部物性寻求对生命现象的解释，不借助任何外在主宰而归于自然物理。所以说，这是原始的科学理论，是现代生命科学的源头。

达尔文创立生物进化论，其哲学基础就是变异和遗传。变异是易道哲学的主旨，前文已说了很多。遗传其实就是大自然的信息运作，而老子的“名”与之不同者，则局限为文化信息。管子的水作为遗传主体，就与达尔文无异了。

所以，若讲达尔文生物进化论的哲学基础，与其说是唯物主义，莫如说是易道主义。宋元明清的儒学未懂精神的本质，究其根源是不懂生物进化论。他们不知道人类是生物进化的成果。此所以达尔文的进化论一旦传入中国，清末的学者们很容易接受，而且十分欢迎。

像《管子》这么优秀的理论竟出于2300年前，无论如何也是令人极为惊异的人类文明史大事。

第三章　变　异　论

一、“易有三义”说

变易论是哲学的存在论。郑玄注《周易乾凿度》：

【易一名而含三义，所谓：易也、变易也、不易也。】

“易也”是说《周易》筮占比殷商甲骨卜简易。

“变易”是易道哲学的要点，也是马克思主义的根本观念。变易概括一切，一切皆在运动变易。变不是乱变，万事都有缘由，没有凭空发生的神秘事物，也就没有什么超自然的上帝。

“不易”是指变易既成，不能改变已经发生的历史。

按照易经原理，变易是存在的第一要义。变易是随时间更新的差异。同异是事物最普遍的关系，差异为主而常同为辅。实际的有限事物含无穷多质项，每项各有其理，此以成异；同质则同理，且与其外无穷的世界混一关联，此以有同。异是绝对的，同是相对的。随时更新的差异则使死生成毁并行，而以生新进化为主，即《大学·传》所谓：【苟日新，日日新，又日新。】

发展进步必须是差异变化，不是保守僵死。即《易经》：【君子以自强不息。】

若说中国古代的主流世界观，决不是强调不变性。中国古代学者，包括董仲舒，认为世界的第一本性是变。儒学的第一经典取名为“易”，易就是变易。“易经原理”是哲学重大成就[①]。从“唯变所适”而言，难道不可以叫个“唯变主义”吗？没有！中国先哲不喜欢“唯”，孔子要求【毋意，毋必，毋固，毋我】只有佛家说“万法唯心”。

其实，以易学为代表的中国古代思想精华是非常优秀的，为欧洲古典哲学远远不及。

说董仲舒主张不变论，那是断章取义。董的哲学不算优秀，但他给汉武帝出谋划策的中心思想却正是要“变”，他叫做“改弦更张”，那是儒家哲学的核心思想，为董氏所尊。正是汉武帝和董仲舒君臣二人大力提倡，使两汉文化中“求变”成为社会意识的中心思想，才有其辉煌成就。

《周易》是中国最古老的一部书，相当完整地保存至今，著作年代大约是公元前1000年前后的西周初年。这是一部占卜手册。《左传》有易占记事，从鲁桓公（约公元前700年）起，不止一两次。《周易》把世间万事万物的一切可能状态分类地穷举罗列，由求占人用某种尽可能偶然化的选择操作选定其中一种。穷举罗列的方式是数学性的二分法，即一分为二（阴阳），二分为四,四分为八（八卦），再继续分，分到六十四卦，每卦六爻，总含384爻。作者认为万事不外这六十四种。书中给每一爻作简单形象化比喻的说明，例如“见龙在田，利见大人”。

《周易》作者不是专业哲学家，没有较深刻的达到哲学水平的抽象概念。但他使用的数学化分析方法，与同时的世界其他民族文化比较，至少与上古其他占卜比较，却是哲学意义深远的理性化的思维。孔子搞教育，开课讲易学，他不强调占卜，而是运用那理性化的分析讲哲理，给《周易》作注解。《文言》《象》《彖》等篇章虽非孔子写成，古代儒家把这些言论归于孔子，至少部分可信，不全是没有根据，那在战国初期已经是很高级的哲学。

① 绝对的变易观与宇宙有限论不兼容。按有限论说，有人以光速旅行，单向直行，经几百亿年就回到原出发点。请问他怎知那是原出发点？不可能！因为一切都变了，根本就没有原出发点了。没有原出发点的空间是“有限空间”吗？

此处涉及易学方法论的一个基本点——分与合相生相立。其实对立就是分，统一就是合。很多事物有分而不必对立，有合而非统一。而变异与分同在，相应地，常同与合共生。表现在易学中的儒学世界观就是变——易为变易。这取为书名的“易”字，是易学创始人哲学思维的表现，是伟大的开创。《老子》开篇的（第 18 字）“始”就是易，易就是异化。世间悠悠万事千变万化，无穷多样，随时间进展不断翻新。差异千万种、变化无穷多。如此多样的复合实在互相结合，构成并演化为繁荣丰盛的大千世界。

孔子之前的几位史官已有精辟阐述。公元前 8 世纪，史伯批评周幽王听不得反对意见，“去和而取同”：

【夫和实生物，同则不继。……先王以土与金木水火杂，以成百物，是以和五味以调口，刚四支（通肢）以卫体，和六律以聪耳，……声一无听，色一无文，味一无果，物一不講。】（《国语・郑语》）（文中“色”传本为“物”，显误，遵前人改正。）

六律是音乐的六种调式；文是装饰花样；果是果腹，吃得饱；物指动物；講（讲）通媾，即交配育种。这段话是说，一切美好和谐的东西都是由多样互异的成分构造而成。史伯讲出了一条根本的哲学原理：

一切实际事物都是多项不同组元合成的。

这条原理在中国思想史上占重要地位，应命名为“史伯原理”。这里的分是多元的，不局限于二分。日阳月阴形似二分，而众星就不是了。

但他把“同”过分排斥则为偏执。史伯之后的先秦诸子对同异的哲学意义做过更深入更合理的探讨发挥，谓之“辨是非，别同异”。他们把同异看作一对不可分割的范畴，是世界万物的根本属性。

《易・说卦传》：【分阴分阳，迭用柔刚，故易六位而成章。】这是荀子反复强调的分。解读重点在分不在阴阳。

先秦学者中对同与异这对范畴的最深刻的论述出自荀子和他的学生韩非。其先《墨子》有“尚同”之文，不是哲学命题，仅言政治。认为一个社会的人必须有共同的“义”，即一样的政治原则，拥立共同的君长，“上之所是必皆是之；上之所非必皆非之。”照这样，哪还有一丝一毫民主自由和个人创造？郭沫若说墨家是搞宗教，照这种政见来评价，倒也不冤枉他。

《荀子·王霸》:【县天下，一四海，何故必自为之？为之者役夫之道也，墨子之说也。论德使能而官施之者，圣王之道也，儒之所谨守也。】【出若入若，天下莫不平均，莫不治辨，是百王之所同也，而礼法之大分也。】

同样谈政治，墨子由尚同导出专制主义，而荀子主张“论德使能而官施之”，各用所长。原在“天下平均”（即“平天下”）为“百王所同”，那才是“礼法之大分”。更进一步，荀子还从哲学原理阐明同异的大道理（见第五章）。

同异既为居首的范畴，则以认识论看分析与综合，那实质是异同的反映。宇宙万有无非有异者，任何两个时空点即以其为两而相异，故异是分析性的。然而万有毕竟有同，同处于一个宇宙就是同。正如《庄子》引惠施之言:【大同而与小同异，此之谓小同异；万物毕同毕异，此之谓大同异。】

二、《淮南子》曲解“有无”

已知最先曲解老庄有无论的是《淮南子》。这种曲解是汉初黄老之徒的特征，他们大多不学无术，《淮南子》作者还算好的。如《老子河上公注》《老子想尔注》作者简直是骗人的“气功师”，全不懂老子说的是什么。有人把《淮南子》定性为道家，因为它频频引用老庄之言，以注解者身份出现。这情态与黄老派当道治国一样。

此书内容虽甚驳杂，但可抓住一条可以肯定的主旨，那就是强调复杂性、非规律性。书中处处讲：凡事都有与之相反的因果实例——道无常操。也许这是掩护谬论之法。

【若人者，千变万化而未始有极也。弊而复新，其为乐也，可胜计邪！】（《俶真训》）

这种观念与儒家易学一致，与本书下面“正名”章讲“容欠理由律”也一致。儒家的易学要在复杂中求易简，道家也说：在极为复杂多变的存在中有所谓“道”，这是统一万有的本根。道虽是客观的，却也可以由人主观把握而用以裁制万事万物。

其书共有二十一篇，首篇即题名“原道”，中有言曰：

【执道要之柄而游于无穷之地。是故天下之事不可为也，因其自然而推之；万物之变不可究也，秉其要归之趣。】

所谓“道要之柄”“要归之趣”也是机发论的机要点。道家并非真的消极无为，毕竟还是要“执道要之柄而推之”。无为只是有为的手段方法，不过偏于保守而已。

其书第二篇言宇宙，题名“俶真训”，汉末高诱依《尔雅》作注：“俶，始也；真，实也。”是指其内容讨论“天地之始”。开头一段如下（文中难懂处，若不害理解总体，就无需深究）：

【有始者，有未始有有始者，有未始有夫未始有有始者，有有者。有无者，有未始有有无者，有未始有夫未始有有无者。所谓“有始者”，繁愤未发萌兆芽蘖，未有形埒垠堮，无无蝡蝡，将欲生兴，而未成物类。“有未始有有始者”，天气始下，地气始上，阴阳错合，相与优游，竞畅于宇宙之间，被德含和，缤纷茏苁，欲与物接，而未成兆朕。“有未始有夫未始有有始者”，天含和而未降，地怀气而未扬，虚无寂寞，萧条霄雿，无有仿佛，气遂而大通冥冥者也。“有有者”，言万物掺落，根茎枝叶，青葱苓茏，萑蔰炫煌，蠉飞蝡动，蚑行哙息，可切循把握而有数量。“有无者”，视之不见其形，听之不闻其声，扪之不可得也，望之不可极也，储与扈冶，浩浩瀚瀚，不可隐仪揆度而通光耀者。“有未始有有无者”，包裹天地，陶冶万物，大通混冥，深闳广大不可为外，析毫剖芒不可为内，无环堵之宇而生有无之根。“有未始有夫未始有有无者”，天地未剖，阴阳未判，四时未分，万物未生，汪然平静，寂然清澄，莫见其形，若光耀之（闲）［问］于无有退而自失也。曰：“予能有无而不能无无也，及其为无无，至妙何从及此哉。”】

读者不难发现，此文前头那一小段与《庄子》之文绝似。但此处首先是“始”字被改用为“开端”之义，这新语义也许是此前就出现了。然而继后的引文多出了几个字，删去了几个“也”字，这一增一删就把庄子原意完全窜改了[①]。请看他是怎么窜改原意的。

《庄子》的“也”不是“同位 / 等价”意义上的语助词，只有下面连着的“者”是语助词。“始也”二字是一个谓词短语单元，以说明前面的“有”。说：“有，始也者”，是说“有”是以“始也”而成其为“有”的。“有”是被动主语，而“始也”是作用于“有”的谓语。

否则，若像《淮南子》那样理解，把“有”当作动词，则后面几个“也”字若都作为语助词，就与“者”重叠，那又何必呢？于是他删了“也”字，“有”就从主语变成了谓语，“始”则成了宾语。那意思就成了：历史上有一个开创世界的时期。

淮南书对这窜改过的庄子之言的每一句都做出解说，直到这“有有者”，说这就是顺着时序进展的天地万物从无到有的发生过程。这倒也是创新之说，但非老庄本意。

下一半的似《庄子》之言，先是把“有，无也者”偷换成“有无者”，然后两个“无也者”换成“有无者”，最后把庄子的原文“俄而有无矣，而未知有无之孰有孰无也”弃置不引，而代之以“曰予能……”是一句似是庄子而非原意的话。他对这后半段每句的解说，是来自《老子》的视听搏“三者不可致诘，故混而为一”。所讲的是元气在这万有创生过程中的地位和作用，但这却是《老子》书中没有的，只是他《淮南子》作者的思想。

老庄所说的无是未来，它将不断地转化为有，转化了的有则固化为过去的历史。而淮南书所说的无，是历史上最早的过去，是在既有之前的已经固化了的事实。他理解的“始”在一事之先，而“终”在后。他的宇宙有个创生过程，而老子说“天地不自生”，生于“有”，而非“无”。

过了不到四百年而有王弼，他是魏晋玄学的代表，注《老子》书，继《淮南子》之曲解，创为“贵无论”。在《老子》“无名天地之始，有名万物之母。”句下注曰：

---

① 若说“窜改”或有委曲。也可能是其作者本即未解庄子原意，而以己意转述。

【凡有皆始于无，故未形无名之时，则为万物之始。及其有形有名之时，则长之、育之、亭之、毒之，为其母也。言：道以无形无名始成万物，以始以成，而不知其所以，玄之又玄也。】

在《老子》的“故常无欲以观其妙”句下注曰：

【妙者微之极也。万物始于微而后成，始于无而后生，故常无欲空虚，可以观其始物之妙。】

两次使用“后”字，明显是把“始”看成在先。他对“玄始”之为微的解说不错。但在“众妙之门”句下的注里说：【在首则谓之始，在终则谓之母。玄者冥也，默然无有也。始，母之所出也……】

他把“玄”解为“默然无有”，不顾与“无”义重复之为烦。“始”与“母”的逻辑关系也弄颠倒了，在后的倒成了“母”。王弼的解读缺少古文字知识和逻辑推敲，一味跟随《淮南子》，没有认真比对《淮南子》与《庄子》的异同。这也不奇怪，他死时年仅 24 岁，未及深入研学。以此误解，王弼发挥出“贵无论”，是“以无为本”的理论体系。《老子注》的“天下万物生于有，有生于无”句下注曰：

【天下之物皆以有为生，有之所始，以无为本。将欲全有，必反于无也。】

他这说法不及淮南子，人家强调变化，而他不大关心已有事物的发展变化，只强调要为既有事物找出起源，而其前无变。这理论对实践缺乏指导作用。当时佛教已在中国传播，他的贵无论可能受其影响。但他也与佛学的“空无”观念不同，他不否定现实存在，只讲宇宙有创生。

紧跟其后的嵇康、阮籍等人倡为反名教之论，是所谓魏晋玄学的一支。这是借贵无论之风反对教条主义，倡导自由：“既然世界上本来什么都没有，你们那些规矩礼法又有什么权威可言呢！我自立我自己的章程不妨害别人，你管得着吗！”这就是魏晋玄风的内在逻辑。曾被失意文人欣赏，但其哲理不高明。

三、《墨经》论时空

抽象的“时间”“空间”二词是近代翻译引进的。翻译的佛书有“世界”一词，指抽象时空，而现代的用法不必强调世界为包括一切的宇宙，宇宙的部分也可称“世界”。徐光启作历法书始用“时间”之词。但中国古人既然要讨论最概括的宇宙，那就是要超越现实，超越物理的时空，于是就有了与哲学的时间和空间相应的概念，而这种时间和空间的定义就成为对学者智力的考验。

《墨经》有两句话，是宇宙时空的最早的，也是古今中外最精辟的定义：【久，弥异时也；宇，弥异所也。】

异者分也。弥者合也，概括一切也。这“久”是最抽象概括的哲学的时间，“时”则是具体的或物理学的时间。注意不可把中国古典里的“时”等同于现代汉语的“时间”概念，例如“弥异时”的时是季节等限定的时段。有人把《易经》的“先天而奉天时”之类的“时”字直接解为时间，不可以。“宇”是哲学的空间，“所”则是具体的物理学的空间。《墨经》把经验中的差异抽象出来，以之定义哲学的时间和空间，其正确性和精辟度至今无人超越，是中国古典哲学的代表作，应命名为“墨经原理”。

《墨经》的成就来自对变异的根本性的准确把握。中国人以有限推无限，确认万有存在的第一要义是差异变化。常同不变的守恒的表现不是第一位的，只是辅助的，是第二性。这种外推不是简单的物理外推，而是抽象思维的外推。由此定义时间和空间这个大难题就由《墨经》独断地解决了。意译为现代汉语，再辅以分合相立原理，则有：哲学的时间是宇宙总体自身实现变易的分合方式；哲学的空间是宇宙局部彼此展列差异的分合方式。

所谓“哲学的”，等于说“宇宙的”。变，这是以时间的方式，即先后接续的方式，所表现的差异。时空自身不是差异，而是分合方式。有“异”则有分，分必合一，是为“弥”。总体是合，局部是分。宇宙总体的历史是合，但既由变化而生异，则为分；宇宙空间的局部是分，但以整体为前提则是合。考察天下大势研究历史者，无非观其分合而已。此所以《三国演义》开头就说："话说天下大势，分久必合，合久必分。"不要以其为小说而轻视此言。

把差异变化放在物质之下，理论就有毛病。比如说："不发生任何显着变化的时间，决不等于不是时间，它宁可说是纯粹的、不受任何外来物的混入所影响的时间，所以是真正的时间，作为时间的时间。"

这是牛顿的观点。哲学的时间概念虽然高度抽象，却非玄妙难解，只要抓住一点，即它属于"宇宙总体"，就与空间分开了。时间本来就"不受任何外来物影响"，因为在宇宙总体之外没有任何外来物。况且作为方式，逻辑上没有什么内外。而总体宇宙中没有不发生变化的时段。如果有那么一种持续状态，宇宙完全不变，那是经过了什么时间吗？不是，因为没有谁能作证宇宙的完全不变。不可能有宇宙时间的停止，不可能每个电子光子都不动。有限事物或系统的完全不变，可以有其外的事物作证，作证者另有其外的有变事物作参考。总体宇宙没有这种参考物。

时间没有逆行，那是因为：总体宇宙没有任何两个时刻完全一样，如其总体宇宙是周期运转的，倒可能有这样的两个甚至多个时刻，但我们从来不知道有那种周期的任何痕迹。由无穷多空间部分结构而成宇宙，是什么联系能够使这无穷数量的部分都同步地重复无穷多的周期呢？至少按统计数学的判断说，其概率为 0！

空间没有两点完全一样，至少在与作为某一实在参考物的第三者比较时，这两点的相对位置、距离或角度即不相同。而在时间中空间的结构关系也要变化，那就是运动。

变异是抽象概念，既是近身熟知的，也是远推无穷的。所以，《墨经》的定义既是很通俗易懂的，却又是很深刻精要的哲学的时空定义。它不像西方宗教哲学那样，只用"存在方式"之类的空言虚语混充搪塞，本来没搞懂，还要故弄玄虚，令人莫测高深！《墨经》的定义实质已把自然论的物质置于一个更合理的逻辑地位了。

时间不是上帝，时间不管万有的各部分变易过程如何进行，只安排它们互相间的先后关系，也就是部分在总体宇宙的无穷多的变异中的历史地位。这种记录需要空间中不同位置的事物间交换信息，这种信息交换是相对论的，但它又是时空综合的，是复杂的，故非仅以相对论所能概括。不妨模拟前人的语气说：时间是“不依赖于意识而又能为人的意识感知的客观存在。”但它不是实体，只是方式。所谓“不依赖”“可感知”，思路来自时空，而非物质。

人感知的是所在的宇宙局部的时间，特别是亲身经历的时间，首先是大脑记忆的变化过程，也就是历史。时间与历史本即不可分割。易道主义的时空，如从其客观性而言，与古典唯物主义的物质以及宗教的上帝有共同点。然而，“变易第一”是反上帝的。万有的多样性是平等的，时间的特性就是这样。庄子说：

【天下莫大于秋毫之末，而泰山为小，莫寿于殇子，而彭祖为夭。天地与我并生，而万物与我为一。】

他是说：“在我身边的事物我能认知，远在天外的也没什么不得了。暂时不能认知的也没什么怪异，总都有个道理。大的小的都一样，短命的长寿的也都不过如此。现实没有任何神秘！人人都可以掌握发机，实施创造。”

让我们从抽象的哲学或宇宙学高坛上走下来，就平常日用的，即物理的时间和空间概念作讨论。

时间和空间毕竟不同于历史。平常单说时间，所要指陈的是事件发生的时点定位和延时久暂，单说空间则是指实有事物的互相定位，都不是关注事件的具体内容，因而才有时空的定量，有所谓“坐标系”。那本来是为实际事物定量，由于摆脱了事物的具体内容，便使人（首先是牛顿）觉得它似是简单化的虚空。但定量却为具体事件服务，定量必以复杂的实际事件为标志。

日用的时空概念是一种分析的工具，老旧的哲学只空说那是“方式”，却说不清是什么方式。时间的定位把浑沦的历史分析为细微的可辨单元，空间的定位把实在的图景分析为细节结构。历史的微分之“妙”则在空间里被再分析。空间本身又有三维图景的分析。人的认识就以这种层层分析作定时定位的框架深入实际，于是复杂的实际简化了。时空就像是大书库里的分格的书架，供记忆来方便地检索，由此求知历史之道。当我们追根问底求知一切时空是什么，那么全宇宙作为综合的总体，不再分析具体事物内容，定位定量便失去意义了，况且变易不停即无定量。

物理学相对论有坐标变换方程式，其中都有时空参数 t、s（x，y，z），很多理论物理学家光知道那些参数可正可负，却不知道它们的设置都是有条件限制的。

1904 年彭加勒说物理学要革命。他评论相对性原理，预言了相对论的出现："依据这条原理，无论观察者固定不动还是匀速运动着，物理学的规律都必定是相同的，所以我们没有办法，也不可能有办法断定我们是否处在匀速运动中。"

话虽有创意，却不知相对性原理只在封闭系统有用。世界上没有绝对封闭的系统。运动的相对性本身是相对的。坐在封闭船舱里的确没法知道船是否作匀速运动，办法当然有，只要看窗外便知天地山川、宫室田园都不动，是自己的船在天地间运动。中国古人早已说那要"闭牖"。须知，田间野马、风里旗幡都是实物真动，不是心动。一切坐标变换是针对具体有限时空的计算的，而坐标系的权威性取决于系统的大小，小系统服从更大的系统，地心系统要服从日心系统，宇宙总体则是最大的系统。任何小系统的状态要以更大系统为标准，加以校正，其计量结果都要归结到更大的系统，否则就无以解释那些不可避免的计算与观测的离差。一个小系统如果不封闭而自命静止，则其相对于外界的速度 V 就成了宇宙全体本身的速度（方向自然相反）。宇宙中凭空增添一份无穷大的动量和动能，那可真是"天行健"了！这份增添虽不起任何作用，说起来也是无意义而可笑的。这一尴尬源于把运动相对性绝对化。

相对论说，高速系统里时钟变慢尺变短，那样的钟和尺不是标准。宇宙线里的高能粒子寿命似乎加长了，是时间不同吗？话不能那样说，那才是现代物理学要作新解释的问题。宇宙线里的时空若全与外界隔绝何以知其存在？

实际上两个相对作等速运动的坐标系里的钟表不能比对，要它们作比对，两个体系的相对速度要变成 0，变速使钟表失去等时性，就不成其为钟表了。

为揭露相对论的矛盾，必须再说说，没有在时间中的往返旅行。那是因为：任何有限的局部体系都不能影响总体宇宙的变异的运行，没有那么一种机器或设备，能使宇宙的有限部分（时间旅行者）周围的“全宇宙”（如果它有）完全重复过去某一时刻的状态。在空间里的旅行，有返回原地之事。虽然经历了一段时间，所谓原地也有变化，但那是在一段较短时间中的变化，是可以追踪的。而在时间中的“返回”过程中（如果有），旅行者及其“外部的时间路径”上经历什么变化？不会是内外双方一样吧？如果要求外方的变化很大，而内方很小或不变，例如“时间的车窗外面”倒退了一年，而旅行者只长大了一日（不知他是否能觉得自己的年龄也倒退。如果他也作年龄倒退，就会回到他还未出生的时刻，那还是“旅行”吗？）。这一日的计时是用旅行者自身的计时器，即以“车内”为全宇宙。那么，那“时间的车窗外”是什么？可见相对论的时间概念之错乱，它的非客观性很明显，而其创立者和论述者是在蒙混①。此所以所谓“时间旅行”是违反因果律的不合逻辑的神秘幻想。究其实质，那是要证明宿命论：上帝早把未来造好了！

哲学的时空是无限的，包括过去、现在和未来，因为那是方式。凡有限时间段，无论作什么坐标变换，它也属于无限时间的部分，也就是其属性服从于哲学的时间属性。此所以任何过程的时间，任何坐标系里的时间，都不能被操纵控制，都是自行其是的自主的物理因素。

孤立的单个电子可以当作坐标原点吗？可以，但没有更多意义。它身上没有信息，它没有自己的历史，故可以说没有孤立的单个电子，有的只是与大量基本粒子组合成体系的电子。而电子的波性则使之弥散于全宇宙，不可

① 最先讨论是否可以有实物在时间中作反向移动的是大数学家哥德尔，他推得：按广义相对论，过去可以是未来。爱因斯坦对此大惑不解。哥德尔本意大概是不赞成广义相对论，而是要以推得谬论来质疑它。

分辨。一切测量系统都是大量基本粒子（特别是以波的方式）组成的复杂的综合系统。实际时空都是部分与总体不分的。

四、分合相立原理

一分为二。有差异就决定了有分，异就是分，一分为二是分的基元表现。在变之先为有，既变则得新有，不同于旧有。于是历史就被“分”了，新与旧一分为二，开分点正是老子之玄，庄子之“有未始有”。

战国学者从易学总结出阴阳的重大道理。《周易》的二分法是把万事万物一分为二，所分的两部分可以普遍地看作一半是阴，另一半是阳。阴阳关系中包括对立统一，有时也叫“矛盾”，但不全是矛盾。夸大的斗争哲学为非。

万有存在最一般的关系是同异分合。合成生物整体的是细胞，社会以家庭为细胞，社会文化以个人精神为细胞。中国古人没有说阴与阳一定要斗争，只有少数如张载说“有对”就“有仇”。在大自然的无机界，虽有相对较强的物质动作，如地震、台风、火山爆发、星体撞击。但那只是在人类看来规模巨大而已，在星系规模的系统中去看，则小得无所谓。

矛盾斗争出现在动物求生求胜的行为中，如求偶，两雄争雌可以打斗致死。原始人先是与猎物和猛兽打斗，不同族群部落间也有械斗。到了文明社会，战争成了家常便饭，其残酷程度令人恐怖。至今世界还不停地发生战争，还有大量核武器。斗争或战争是人类社会的很普遍的现象，常常是血流成河，尸积如山。中国历史上记有秦军坑杀赵卒四十万，项羽坑杀章邯降卒二十万之事。

和平时期的社会内部则有种种低档次的矛盾斗争，虽非普遍，也是时时处处存在着，对全社会或一部分人造成危害。其中较严重的是各种犯罪行为：贪污行贿、拐骗偷窃，以至贩毒抢劫、杀人放火。在人类社会中不能不关注矛盾斗争。

战争是政治的延续。在和平的政治生活中，则充满较低档次的明争暗斗。在阶级社会里自然有阶级斗争。

一般而言，任何社会，不论有无阶级分化，都不能避免两大矛盾：领导与群众、公益与私利。领导可能与群众意见不合，如果他有贪腐行为，那矛盾就严重了。君主专制社会的君王绝大多数生活奢靡腐败，私欲极端膨胀，以其权力残酷剥削群众。至于其他个人，攫取私利往往不择手段。从奸商、贪官到窃贼、强盗，作奸犯科者历代不绝。

解除君主独裁靠革命，抑制作奸犯科靠监督和法制。《庄子》转述《老子》说的"剖斗折衡而民不争"[①]是不行的。荀子评为："有见于诎（屈），无见于信（伸）。"[②]儒家反对老庄的无为，如孟子好争辩，自解曰"不得已"。

然而，分不必局限为二，因为阴和阳中还各有阴阳。日为阳，月为阴，这是二分，而众星不能作二分。分是进化的动因。如果发生对立斗争，最终结果也是和解。黑格尔夸大对立统一，他说："差异也是对立。"[③]请问汉语和织女星怎么对立？关公与秦琼有何矛盾？夫妻间的普遍矛盾是什么？这个夸大在"文化大革命"中极端化，使人民群众内部关系紧张而不和谐，弄成了文化大破坏。

《老子》第四十章讲过对立和否定，前文已有讨论。

《论语》说：【和为贵】。北宋学者张载《正蒙》说：【有象斯有对，对必反其为，有反斯有仇，仇必和而解。】

他也强调任何有象的存在都有"对"和"仇"，即是分，但最终是"和解"。这都是阴阳说与斗争哲学矛盾说相异的最著名的表述。斗争哲学排斥和解，而阴阳说以阴阳和合不但为万事正果，而且是一切历史进展过程的当然方式。中国古人既讲一分为二，又讲合二而一。

矛盾 / 对立，也是《老子》的主题，他讲天地的有和无，已经是表现历史之分的对立的概念。在本书第一章的李氏太极图中，玄是流变的。过去的

---

① 《庄子 · 胠箧》有"掊斗折衡而民不争"，传为老子说，而《老子》书无此语。

② 《老子》全书除了我们发掘的存在论和方法论是甚好的哲学，有大半篇幅宣扬的是社会论的无为主义，主张无为不争，以弱胜强，上善若水……这主张有时有策略之用，但非通理。此所以荀子自命为儒，而对老庄有所批评。

③ 《中国大百科全书 · 哲学》"华岗"条："在《规律论》中……认为把差异看成矛盾的观点可能是导致社会主义时期阶级斗争扩大化的一个理论根源。"

历史 / 有，所包含的每一时刻都曾经是玄，它把历史一分为二。其前的有以其下为无。史学家不可以把那时的无强加于其前的有。科学史家在做古器物复原研究时，不可以把其后才出现的发明创造加诸所作复原物的设计原理，犹如秦皇汉武手里不会持有纸质文件，唐朝的军队不会拥有火炮或望远镜。

《老子》第二章接着说：

【天下皆知美之为美，斯恶已；皆知善之为善，斯不善已。故，有无相生，难易相成，长短相形，高下相倾，音声相和，前后相随】（随，古读 tuo）。

文中“斯恶已”的“已”要解作“已经”之义，即“早就有了”。其言指美丑、善恶是并生的，相反相成的。

对立虽有，而且也很普遍很重要，但不是第一性的。在矛盾之上的范畴概念是分与合，有异同自然有分合，而分与合是不可或缺、不可拆解的相生相立关系。

近年中国有人莫名其妙地崇拜“天人合一”论，说那是中国传统文化的核心。连苏州园林导游也说其园林的设计是天人合一。怎么合一？是令住进园中的主人合了一？还是游客进来参观暂时合了一？若说苏州园林的设计思想以“变”为指导还差不多。夸大天人合一论的文化史地位，在某些人是出于对斗争哲学的厌恶，源于佛徒打坐参禅追求的自我意念状态，不是宇宙学真理大道。汉代有过类似天人合一论的说法，董仲舒说过“天人之际合而为一”，这合的是“际”，而际是边界，不是整体。

分是万事万物普遍的状态或程序，古代对此说得最早最清楚强调的是荀子。他认为人之求知就是要“明于天人之分”。他这个分有多层含义，既包含空间结构的分立分离，更强调人的个性和职能的社会学差异，可称“职分论”。

最基础的空间结构之分以几何学为突出。三维立体空间可以分为面的集合，面可分为线，线可分为点。《庄子・天下》引惠施言：“无厚不可积也，其大千里。”“一尺之棰，日取其半，万世不竭。”表示了微积分思想。而现代数学的微积分实质上是分合相立原理的表现，强言为矛盾就可笑了。从理性思维的属性说，数学理想的点线面实际没有，只是思维的推定。类似的，物理的单电子、单光子也一样。至于现实事物，《墨经》“体分于兼也”是哲理。生物整体与细胞、家与国、个人精神与社会文化，都是分合相立的。

现代大爆炸宇宙学的说法：时空发生之前没有时空的分化。此说有重大逻辑纰漏。他们说时空起点的能量和温度几乎是无穷大，然而能量和温度都是以时空之分为前提：动能以多元物体相对运动为前提；势能以多元物体的位置差异为前提；温度是多元物体系中能量的统计分配参数。没有时空分化谈何能量、温度？在上帝手里吗？

五、“抱一”——易道整体论

汉语的“一”是个独特的词，内涵本来是具体的，后来被用于抽象思维，遂致外延模糊化。皆知它本是个数，但却是特别的数。公元 100 年成书的《说文》只用 16 个字说明这第一个字，但那说的不是数，是宇宙学的时空和造化概念：【惟初太始，道立于一，造分天地，化成万物。】

作者许慎本意或是解老，但此意偏离《老子》而更近于《淮南子》。他是最早从纯文字学说话。《尚书 · 大禹谟》：【人心惟危，道心惟微，惟精惟一，允执厥中。】此语曾被儒学广泛引用，但其出处现在知道是晋人梅赜献上的《古文尚书》，此书是梅赜伪造，但不排除有早期资料依据。要解释它，请读下文。

《老子》有五处以抽象意义用“一”：第十章：【载营魄抱一，能无离乎？专气致柔，能婴儿乎？】第十四章：【视之不见名曰夷，听之不闻名曰希，搏之不得名曰微。此三者不可致诘，故混而为一。】第二十二章：【圣人抱一为天下式。】第三十九章：【昔之得一者，天得一以清，地得一以宁，神得一以灵，谷得一以盈，万物得一以生，侯王得一以为天下贞。其致一也。】第四十二章【道生一，一生二，二生三，三生万物。】

“道生一”或即是《说文》所据。文中一、二、三显然不是计量意义的数。“生”也不是生产制造，是哲学存在的逻辑关系。一是总体的存在，二和三是从总体分出来的部分。说“道生一”，是由于道是综合的实际因果性，或曰路径 / 程序。河上公注曰“一者道也”，别无细说，含混而不确切。道与一，两者虽密切关联，却不是一件事。

“圣人抱一为天下式”。古经用“式”处不少，与此文贴近的只有《周礼·郑玄注》：【“大师抱天时与大师同车”注曰：郑司农（郑众）云：“大出师，则大史主抱式以知天时，处吉凶。”】这里的式是占卜用具。“为天下式”显然是借喻，大概是指：为天下大事作观察和预见时，圣人的式是“一”，那是指地缘政治的整体。老子出身史官，对大局做出判断曾是他的本职。

“得一”就是与整体一致 / 谐和。任何事物若与整体悖谬，就不能稳定存在。

“载营魄抱一”，“营”当训为“荣”。古医书“营养”也叫“荣养”，“营魄”就是强壮的体魄。强者掌握着总体，难道不管局部？“离”即分离——整体由部分组成。无论怎么讲究“柔”，难道你还能像婴儿一样吗？柔中不能无刚，做事总要刚柔相济。

感官视听搏不能觉察的细微者，虽不可致诘（刨根问底），却是整体存在的元素。它们的存在，集群混合构成整体。这与西学原子论接近，但老子未究细节，而导向机发论。古代西方的原子论，细节没有过硬根据，不可致诘。而机发论则面向整体。这是中国古典宇宙论着眼整体。

第六十三章：【图难于其易，为大于其细。天下难事必作于易，天下大事必作于细。是以圣人终不为大，故能成其大。】

第六十四章：【合抱之木生于毫末，九层之台起于累土，千里之行始于足下。】

这个意思是从“玄之又玄，众妙之门”推论而来，故应称“玄始机发论”，这是易道哲学主要方法论，机是细微精妙的，但与整体是浑然一体，故曰“混而为一”。

这种观点可以总结为“分合相立”。《三国演义》一开头说：“话说天下大势，分久必合，合久必分。”其言直指历史（即久），分合是说地缘政治。这都与易道思想一致。

历史之分在于时间的“玄”，但分更包括一切存在，首先是包括空间的存在。

从上引六十三、六十四两章之言看，易道哲学更重视分。在时间中，显然是以分为主，以合为辅。凡事都要从分入手，这是荀子着重发挥的论点：【义以分则和，和则一，一则多力，多力则强，强则胜物。】文中的“一”是合成的整体。

讲哲学史，不能不谈及程朱理学的“理一分殊”。“理一”是易道思想的“合”吗？不是，“理一”不等于“道一”。道是实际的综合因果性，一切事物，包括整体和部分，都有其道。总体的道是部分的综合。而按朱熹说，“理一”的理却是“洁净空阔”的。程朱的“理一”之理不是综合的，是个“空集”。易道哲学也有理的概念，那是道的分析的组分。所以，不存在概括一切的理。

张载不同意“理一”，他说：【道得之同，理得之异。】（《张子全书·语录》）他的“道”主要是指人伦之道。程朱硬说张载的《西铭》就是讲“理一分殊”，不是。

“理一”之理是个由程朱捏造的虚无性的信仰概念。

万有存在的第一要义是差异变化。理是拿差异变化的事物比较而求其同者，故说它“得之异”是不错的。理是规律，而道不是。实际事物没有绝对无异的一对，故变化之道无绝对同一者，《韩非子·解老》谓之【道无常操】。有同而可比，方能言异。张载说“道得之同”是相对的，主要是人间的道德法规要求人的行为遵守共同规范。

异中求同而有理，故曰“理得之异”。异则有分，分析是主体认识的运作，不能等同于实际。理是思维的抽象，戴震《孟子字义疏证》谓之“分理”，明确说古书没有“理一”之理。程朱硬从分理抽象出“理一”之理，说那是最高的客观的理，其成立在万物成形之先，“空阔洁净”。

这概念的源头是佛学的空无，而那是完全脱离实际的信仰性观念。讲辩证法的常说：“只能吃梨子，不能吃水果。”因为水果是多种具体水果的抽象概念。“理一”之理与此不同，不是各个分理的抽象，而是某种独立存在的东西。

还有“天人合一”，虽不能全盘否定，但必须以荀子的“天人相分”为前提，置于其下。

董仲舒《春秋繁露·深察名号》:【天人之际，合而为一，同而通理，动而相益，顺而相受，谓之德道。】他认为天人之间有际，合一是要以通理来消除距离，以求相益相受。“一”是“号其大全名”，属整体论。

张载说:【儒者则因明致诚，因诚致明，故天人合一，致学而可以成圣，得天而未始遗人，易所谓不遗、不流、不过者也。】(《张子全集·语录》)“不遗不流不过”出自《系辞上》第四章。

他说的“天人合一”是治学的最高成就。那是“因明致诚，因诚致明”的效果。何谓“诚”“明”？《中庸》有言:【自诚明谓之性，自明诚谓之教。诚则明矣，明则诚矣。】

“诚”是人的内在认识根底和求知的心愿；“明”是客观外在的实际 / 实证，或别人的教导 / 启发。“明”就是《庄子·齐物论》说的：凡求知“莫若以明”。他要求“照之于天”，即求证于大自然。张载所说的“合一”不是程朱说的意思，只是从治学效果而言，意指深刻认识天和人，与董仲舒一致，都是整体论。而后人却有把“天人合一”扩大为存在的本性者，要人的行为以天人合一为指导原则。

荀子的“天人相分”才是最正确的原理。一切实际存在都是分合相立的，但首先是分。没有分就没有文化；没有分就没有科学；没有分就没有伦理。把天人合一说成是中国文化传统的主要内容，是受了宋明理学的毒害，间接地是佛学的毒害。那信仰阻碍了中国近代科学的产生。

现在回来讲:【人心惟危（古读 gui），道心惟微（古读 bei），惟精惟一，允执厥中。】

阎若璩《尚书古文疏证》指出：“见之道经，述之荀子（《荀子·解蔽》）。”这“道经”不一定是《道德经》，《尚书》的话多讲道理，也可称“道经”。《荀子·解蔽》有：“道经曰，人心之危，道心之微。”据孔颖达说，孔安国传（也在疑伪之列）曰：“危则难安，微则难明。”朱熹说“危”是“危险欲堕，入于邪恶”，错了！“危”是高，不是不安全。人心常倾向追求高标准 / 大规模，而道的规定却总是从细微启动，即上引六十三、六十四两章之义。危与微对立成偶，精与一是精细与整体，也成对偶。中是不偏不倚，精准正确。儒者注意此文是对路的，但受孔传影响，几无正解。

六、分析与综合

除此而外，有一项出自高级抽象思维的分与合，即事物内在本性的分与合，或曰分析与综合。战国人公孙龙主诡辩之学，立“离坚白”之说，曰：“坚、白、石，三。”他把性质的分析概念坚和白与综合的石并立，作为相等层级的独立的存在，虽为谬论，却有促进概念分合研究的正性之功。相对的，西方哲学至今也闹不清楚，例如《中国大百科全书·哲学》涉及分析和综合的两条，前后紧挨着排版，内容却互相打架，彼此反着说。《韩非子·解老》是最早对这一对范畴作较细讨论者，其文论理虽非尽善，且有很多传抄脱讹，但基本概念足够清楚，可以读懂。韩非的理论来自《老子》：【视之不见名曰夷，听之不闻名曰希，搏之不得名曰微。此三者不可致诘，故混而为一。】

韩非则把分析的物性称作“理”，不是规律之义：

【凡理者，方圆、短长、麤（粗）靡、坚脆之分也。……道者万物之所然也，万理之所稽也。……故不得不化，不得不化故无常操。】（原文似窜入很多衍文，与原意不同。此处不引。）

有形物的性质之分，以及理与道之分，两者都是科学的主要内容，下文将作详解。同一个物体身上有许多（甚至是无穷多）性质——重量、颜色、硬度、温度……“文”指义较虚，义近今语之“模式”。性质之分也是分与合的一种分，物体融合诸多性质而成一物，这既是自然之分，也是认识之分。目视得形色，耳听得声音，手触得温凉刚柔……故人之感官天然能作物理分析。一件事物可包含质项无穷多，故曰“真理不可穷尽”。

人类科学主要是搞分析，是从比较同异入手。理化仪器也叫“分析仪器”，简单三棱镜把白光分为七色，光谱仪再分出线状光谱，又按电磁波长分为可见光、X 射线、微波。各种医疗检查仪器无非要把人体做尽可能精细的分析。生物学从分类开始，从纲目科属种，细到蝴蝶翅膀的花纹差异。有生物分类学才有进化论。各门科学排比分级是按分析的对象和层次进行。

物理学对物质作终极分析。这种终极分析从法拉第发现电磁场开始。此前人们说：“化学是原子的科学，物理学是分子的科学”，那是因为人们以为原子是终极不可分的。

七、道与理

分析是认知外部世界的基本操作，最终是一切科学的基本操作。必须批判“天人合一”为中国文化传统主流之说，那样说恰恰投合“中国没有科学”之论，也非事实。

事物变化先后接续，没有没来头的变化，如果事件先后没有关联，历史就全乱了。这变化的关联性就是道，用现代哲学语言说，叫做“实际因果性”。

道是反神秘的，与上帝信仰相对抗。道决定必然性是相对的，又以机发原理给出自由。老子这一基本判断后来由易学，特别是荀子学派，发挥为儒学的积极入世的世界观、人生观。《易·系辞》：

【天地之大德曰生】【日新之谓盛德，生生之谓易。】

这是对创新进步的热情赞颂，这种激情贯穿中国两三千年的思想史，是中华民族蓬勃发展的伟大动力。

每件事各有所异，故道无常操，这与全宇宙没有两个时刻全同的原理一致。若说“道就是规律”，那肯定不对！韩非说的“道无常操”被现代许多人忘记或根本不知道，以致很多外国人从中国人的翻译讲解中了解的道，就是规律。李约瑟弄懂了，在他的大作中用很大篇幅论证“道不是规律”。如此则西方很多学者争议的“一与多”的命题常为无事生非，他们不清楚“多”其实就是变易的多样性，与偶然兼容，同时也是分，而“一”是合。

实际事物之道可以分析出许多条理，不是指质项的结构，而是质项变化的规律。这些理不是二分对立的。如果不同事物的道有相同的理，且相同之理起重要作用，则这些不同事物表现相似的道。科学首先关心规律，规律不是实物，是认识的抽象，虽不违反变易律，却是相对守恒的。

道是实际的综合因果性，理是认识的分析因果性。

《老子》第二十一章：【孔德之容，唯道是从。道之为物，惟恍惟惚。惚兮恍兮，其中有象。恍兮惚兮，其中有物。窈兮冥兮，其中有精。其精甚真，其中有信。自古及今，其名不去，以阅众甫。吾何以知众甫之状哉？以此。】

“孔德”是对道的认知的最大收获。“恍惚”指不确定状，韩非谓为“道无常操”。“有象”“有物”是指整体虽不确定，却有实在的分析的内涵。“精”和“信”更是实在内涵的本质及其可言说的属性。这些属性有明确的“名”，“自古及今其名不去”，那就是“常名”。这是吾人认知万有的依据。“甫”义为父。“众甫”与“万物之母”同义，就是“万有”，是指全部历史。

准确解读此文的前提是确认道的综合性，和理的守常性。此段文字是老子认识论的精华。对道进行分析，便知其内涵有真理成分，精而有信者是韩非所谓的“理”。

宋代的程朱理学过分夸大理的守恒性。其言“理一分殊”是讲有个超越现实的“理”。汉字“理”。除了规律的意思，“理”还是组织、条理。现代哲学有所谓“有序化”的概念，韩非之言也有这层意思。故虽说道无常操，荀子却要“贯理”。但不存在脱离一切实际的“理”。对理的这些认识本应促进自然科学发展，但在中国的效果相反。也许是后人没有读懂《老子》全书，特别是未能理解道的历史性。程朱等儒家更感兴趣的命题是人类社会的伦理，这也是理，而且是直接关系现实生活的大理，只不过这种理以极为复杂的关系形成现实的道，与物理学相比，分析起来非常困难。理学家宣讲的人伦之理则是要搞文化专制。

分析与综合是一般的分合关系在认识论范畴的特殊表现。阐明道和理的分合相立关系超越矛盾论，是认识论的重大成就。道与理的综合 / 分析关系可称为“韩非原理”。

八、哲学的存在是什么?

哲学说的存在是指包罗万象的一切。有人说宇宙不止一个，那他的“宇宙”就不等于哲学的存在。存在是唯一的。如有多元宇宙而无联系通道，包括信息通道，那是不可知的彼岸世界。针对这唯一的存在，除了讨论它的本体是什么，就是问：什么是时间和空间？若以上帝为宇宙本体，那就只能说：“那是上帝的规定”。这回答等于没回答，且会引来“时间旅行”的谬论，而以未来为确定了的存在。

加以附加说明，如用莱布尼茨之说：“时间是变化的次序，空间是结构的排列。”那也缺少逻辑性，至多不过是物理学家有限经验的感性陈述，够不上哲学思维的水平，特别是那说法所指不是包罗一切的。一切本身，也就是哲学的存在，没有次序和结构，犹如哲学的时间本身没有次序可言，空间本身没有结构可言。如前所引墨经原理的现代陈述，时空本身只是分合方式，不是牛顿说的一种实物。

因为变易差异是宇宙存在的本性，用差异来说明哲学的时空，才有实质意义。这不是个物理学问题，有些理论物理大师要求物理学来解决它，不行！物理学不能处理无限的存在。牛顿曾抛开差异讲时空，他抛不开！实际的宇宙是充满差异的，毫无差异就不是存在了。的确，物理学的时空本身是把其中的物质都抽象掉了，但是若与任何物质都没有关系，那时空就失去意义了。物理学的时空，是思维的设定，是用于表现物质的存在和运动变化的。

随之而来的是存在的唯一性问题，既言变，时间就是表现存在自身之变的，何以又说唯一？此言“唯一”不是指“死定了”的东西，是指存在作为研究讨论的对象不是多元的，再没有与它并列的或相似的东西。哲学的时间属于宇宙总体，所以没有第二个宇宙的时间。

第四章　机　发　论

一、机发思想考源

“机”作为哲学概念的明确提出，至少不晚于庄子。

《庄子・至乐》曰：【万物皆出于机，皆入于机。】《易・系辞》继之曰：【言行，君子之枢机，枢机之发，荣辱之主。】

前已言及老子说的“千里之行始于足下”就是机发论，其宇宙学根据是玄始论。宇宙既是各分立组分的混一合成，当下每一微小单元都有发展成未来的伟大事物的机会，此之谓“精微”。这是自然论的结论，与上帝信仰无缘。庄子则明确创用“机”的概念。老庄之后两千多年，为多位中国大思想家阐述。西学之没有机发论，是受神创论阻碍。

机，包括哲学的信息和控制，显然是哲学的重大范畴。可是近百年中国哲学界竟无人言及于此，他们只顾研习西学，读不懂中国古典文献了！

机发论断言“万有变易起于毫末”。有了机发论一锤定音，什么“偶然与必然”“社会发展规律性”“个人在历史上的作用”等等概念争议，看来其中有很多是庸论，是用科学主义讨论复杂人文的教条之言。那些命题的解决关键只在道的复杂综合性和机的能动性。

机发论是易道主义的理论枢纽。

弩的扳机是控制的枢纽，战国时代已经发明，先秦即以汉字“机”表示。学者把它扩展为控制的概念，不管是有形的机械的，还是无形的思维的，凡以小制大，见微知著，那微小的关键点都是机。存在之变易的主导并不取决于初态的大小强弱，星火燎原，千里长堤可以溃于蚁穴。

这些具有主动制约能力的事物中，特别以信息为最重要。故古人的机包含控制和信息两大内涵。制机必先知机。

毛泽东指挥革命战争的思维是地地道道的中国古典兵学，就是运用机发论方法。下文讲到，中医的针灸术是机发论的典型运用。在汉代成书的针灸专著《黄帝内经·灵枢》中，一开篇就讲机，讲人体内部之机。

考察汉字“機”的起源，其先为“幾”。“機”和“幾”对应简体字“机”和“几”（下文皆用简体，注意“机”和“几”繁体写法是桌子）。《尔雅·释诂》：“几，危也。”《尚书》中“几”字凡五见：“竞竞业业。一日二日万几。”（皋陶谟）“安汝止。惟几惟康。”（益稷）“敕天之命。惟时惟几。”（益稷）“疾大渐。惟几。”（顾命）“尔无以钊冒于非几。”（顾命）这些“几”字的意思都是“危险”。有释“万几”为“微”者并不贴切。“钊”是被托孤的太子之名。“非几”是“不该冒的危险。”再从“危险”义延伸为“接近”，就有“几乎”之词。意为“差点就……”，“悬乎乎地……”。问数词有“几何”。如《天问》：“南北顺椭，其衍几何？”这里只有“何”是疑问代词，而“几”只是“接近”、“微差”之意。但《天问》中也有了单用“几”问数之例，如：“所行几里？”“其高几里？”《论语》用“几”的例子有：

【定公问：“一言而可以兴邦。有诸？”孔子对曰：“言不可以若是其几也。人之言曰，为君难。为臣不易，如知为君之难也，不几乎一言而兴邦乎？”曰：“一言而丧邦，有诸？”孔子对曰：“言不可以若是其几也。人之言曰子无乐乎为君，唯其言而莫予违也。如其善而莫之违也，不亦善乎？如不善而莫之违也，不几乎一言而丧邦乎？”】（《子路》）

这段话大意是谈人君一言之重，差一点就好了，差一点就坏了，略含偶然性的味道。现在的“机会”一词就是强调偶然性的。

《易·文言》用“几”之例：

【“君子终日乾乾，夕惕若厉，无咎。”何谓也？子曰：“君子进德修业。忠信所以进德也；修辞立其诚，所以居业也。知至至之，可与言几也；知终终之，可与存义也。是故居上位而不骄，在下位而不忧。故乾乾，因其时而惕，虽危无咎矣。”】（此文首句是《周易·乾卦·九三》之文，正解见第一章。）

这段话说：君子做事应该谨慎。知道自己该负的责任（知至），并负起责任来（至之），就信得过，可以委以机要重任（可与言几也）。情况虽然危急，也无祸败之忧了（虽危无咎）。

“几”字的含义后来发展了。《说文》：【几，微也，殆也，从“𢆶”从戍。戍，兵守也。“𢆶”而兵守者危也。】

“𢆶”为二幺，读如幽。幺的篆文为8，像胎儿之形，是幼弱的生命。戍从戈从人，是卫士。故“几”字含义有：幼弱、有生命力、重要而不安全、须严守等等。这比《尔雅》丰富了。可以有另一种解说：“幺”是“玄”的初文，“𢆶”是“兹”的初文，按《老子》“玄之又玄”是流变的现在瞬刻，意即易传所谓“生生”，比较胎幼之义更为抽象。

《易·系辞》：【夫易，圣人所以极深而研几也。唯深也，故能通天下之志；唯几也，故能成天下之务；唯神也，故不疾而速，不行而至。……子曰：“知几其神乎？君子上交不谄，下交不渎，其知几乎？几者动之微，吉之先见者也。君子见几而作，不俟终日。”】（终日，义为明晨。）

这些话里的“几”，含义已达抽象哲理水平，已经有了“见微知著，以小制大”的意思，既近于信息，也指实事。所见虽微，却有大作用，其存在和作用易被忽视，必须着重提醒。“知几其神”的神是指人之精神意识，唯人之神能认知微危之几。故神也是一种机。

至少在春秋时代已有“机”字，原是指具体实物之词。本义是机械装置中绕轴而动的部件，与原来的“几”关系密切，因而又演为抽象之词。直至晚近，二者常互为通假。

《尚书》：“在璇玑玉衡以齐七政。”这“璇玑”是什么？天文学史上争了二千年。一说为北天极或拱极区，一说为浑仪。浑仪是浑天说的产物，而浑天说决然早不过春秋。浑仪虽可谓之机，但伏胜《尚书大传》以“旋机”（即璇玑）为天，并说曰：【旋机者何也？传曰：旋者还也，机者几也，微也。其变几微，而所动者大，谓之旋机。】这“机”正是轴动之物。微变的是近轴部位，带动的是不知其几千万里的天穹。伏胜把造字义理说得很形象生动。

机与车二者皆为轴动之物。车，首先指运载工具而有轮子的。推而广之，有轮之物可称为车。再进一步，循环转动之物也可称车。而机是工作器械，也有轴，但一般不作轮转运动。伏胜以旋机指天，又是轮转运动的，这不过是二字交错使用的特例。一般情况，非轮转且非运载者不称车，轮式运载器不称机。车、机相属之文还有《管子·形势解》：【奚仲之为车器也，方圆曲直皆中规矩钩绳。故机旋相得，用之牢利，成器坚固。】这是讲制成品的质量检验。“机旋相得”就是转动配合精度高，倒不一定非循环转动不可，试试看时，往复动之也够了。《庄子·天地》讲桔槔的故事说：子贡见一老人灌圃，抱瓮入井，操劳辛苦，就告诉他：【有械于此，一日浸百畦，用力寡而见功多……凿木为机，后重前轻，挈水若抽，数如泆汤，其名为槔。】那老人不接受意见，却说：“有机械者必有机事，有机事者必有机心……”一般取这段资料论证中国杠杆机械的出现，恐怕只能限在有轴支点的杠杆。子贡说的“凿木”，是指做轴孔，这有轴的杠杆叫“机”，而整体称“械”。到老人口里，连称“机械”，又是抽象概念了。墨子与公输般对抗，两人都做过攻守器械的“机”，大概都是杠杆装置。攻以举人，守以抵拒。说公输之机是云梯则误。《墨子》城守各篇多处涉及攻守器械的机。

“机杼”是织布机。宋代字书《集韵》释为“机以转轴，杼以持纬。”很对。《说文》：“杼，机之持纬者也。”杼就是梭子，织机中持经的轴叫“縢”。“机杼”二字各表织机一个特征部件。后来才有只用一个“机”字代表织布机的说法。

最有深意的是弩机。《尚书·太甲》：“若虞机张。”就指弩机。不过“太甲”是伪古文，作于晋代。而弩的发明大概早不到太甲时代。这项发明的科学史意义十分重大，学者多未重视。它意味着人们开始掌握控制技术。弩与弓大不一样，它的能量输入方式是从容累加的，且与瞄准操作相分离，效能比弓大多了。发明的核心内容在“机牙”，即“扳机”，也简称“机”，是个微型轴动杠杆，而其作用又正与《说文》“机”字的释义完全符合。现代枪炮以至核弹发射装置都有一个“机”。枪机外有护环，防止不慎触发走火伤人。核武器发射不过是手指一按。但管制森严，不得了！真正体现了“从戍”的意义，不折不扣是“微而危”的东西。《说文》：“机，主发者也。”是从弩机抽象化的讲法。弩机给人提供了一个生动的物理实型，启发人们的思维，向抽象的控制观念发展。

由弩机延伸，触发式捕兽器械也称“机”。《庄子·山林》：“丰狐，文豹……不免于网罗机辟之患。”即是此类，今称“夹子”。后来有“机阱”一词表示害人的阴谋圈套，就与灌圃老人的“机心”相近了，所谓“机关算尽”亦属此类。

从上文已可看出，“机”这个字从指轴动杠杆开始演成两支抽象词义：一指一般机械；一指更抽象的东西，含义延伸颇广。例如，机兆、机会、机缘、机要、机密、机谋、机能、机制、机理、机构、机关、机巧……还有时机、天机、玄机、禅机、军机、商机……

中医针灸学典籍《灵枢经》[①]（灵即神，枢即机）开宗明义就是讲机：

【小针之要，易陈而难入。粗守形，上守神，神乎神，客在门（客者言游动不居）。未睹其疾，恶知其原。刺之微，在速迟，粗守关，上守机。机之动，不离其空。空中之机，清静而微，其来不可逢，其往不可追。知机之道者，不可挂以髪，不知机道，叩之不发。知其往来，要与之期，粗之闇乎，妙哉，工（技术熟练者）独有之。往者为逆，来者为顺，正行无问。逆而夺之（不遵客观运势），恶得无虚，追而济之，恶得无实。迎之随之，以意和之。针道毕矣。】

这是针灸理论的重要文献，很抽象，但若知这是人身之机，便不难理

---

① 近年有美国人用所谓“实验”方法论证针灸是伪科学。其法无非对比统计之类。然而人体极其复杂，病例千差万别，没有简单的科学对比。针灸治愈多年沉疴之例，很难找出可对比者。所以这种实验是机械的，结论没有说服力。

解。文中的“神”是指活体的内在信息。针灸原理就是把穴位当作如电路开关或枪炮扳机那样的物理的东西，运用控制手段解决问题。此文强调，人体之神机是活变的、稍纵即逝的，则其见解又高人一头。中医与西医大异其趣，论者很多了。针灸学对整个中医理论与实践的深刻影响是不可忽视的事实，治中医史者不可不知。

有关生物和人体中机的作用，陆思贤先生于1987年在南平提过一个颇有奇趣的说法：男孩的阳物叫“小鸡”，实际是“小机”。后来查到《灵枢经》有“茎垂之物，人身之机。”一语，那就是了。其实《庄子》言机也是从生物的生殖现象说起。《庄子·至乐》：【种有几，得水则为㡭，得水土之际则为蛙蠙之衣】【马生人。人又反入于机，万物皆出于机，皆入于机。】

二段引文中间是一串“某某生某某”句式之文，其名多不知所谓，但可断定是生物，如蝴蝶。前人有释“程”为虎者。可以断定此文是讲生物的遗传变异，以此足证生物变异的观念在中国是古已有之。㡭，此字别处不见，从构形看，是由“匕”和四个“幺”组成。“匕”是“牝”和“妣”的初文，指雌性动物。“幺”是胎幼之体。故此㡭字应指怀胎的雌体。以“水土”为条件则与《管子·水地》的观点相同。这里我们注意的是，庄子认为生命（包括人类）的繁育关键是种。他以“机”名之，这是开创。

《易·系辞》曰：【言行，君子之枢机。枢机之发，荣辱之主也。言行，君子之所以动天地也，可不慎乎。】

这是我们为这一思想体系取名“机发论”的文献根据。古代当然没有深刻的健全的系统论、控制论、信息论等科学理论，那时有些相关的实践活动，不过是医卜星相之类。古人对机的概念的阐发，从信息和控制而言，虽然肤浅模糊，但无疑已经建立了机发论的形上化思想基础。这很重要，是研究中国传统思想体系文化的不可忽视的东西。

主体对规模巨大而复杂的事态可以有所认识并能控制，道家和儒学称此为“制机”，是从必然中夺取自由。但正如五代道士谭峭所说，“机可为善，也可为恶”。（见后文）

《荀子》的机发论思想已很明确，他叫“操术”，即今哲学语词“方法”之义：

【君子位尊而志恭，心小而道大，所听视者近，而所闻见者远。是何也？则操术然也。故千人万人之情，一人之情是也。天地始者，今日是也[①]。百王之道，后王是也。君子审后王之道，而论于百王之前，若端拜而议。推礼义之统，分是非之分，总天下之要，治海内之众，若使一人。故操弥约而事弥大，五寸之矩，尽天下之方也。故君子不下室堂，而海内之情举积此者，则操术然也。】(《不苟》)

【彼后王者天下之君也。舍后王而道上古，譬之是犹舍己之君而事人之君也。故曰：欲观千岁则数今日，欲知亿万则审一二，欲知上世则审周道，欲知周道则审其人所贵君子。故曰：以近知远，以一知万，以微知明，此之谓也。】

【五帝之外无传人，非无贤人也，久故（故，古老）也；五帝之中无传政，非无善政也，久故也；禹汤有传政而不若周之察（清楚）也，非无善政也，久故也。传者久则论略，近则论详。略则举大，详则举小。】(《非相》)

从易道哲学而言，历史是实际存在，但历史作用于现实是通过信息实现的。“以近知远，以一知万，以微知明”，正是要通过信息求知。一方面求知于历史，另一方面则须知：“久则论略，近则论详”，这一点已在前文讲过。

君子的治国之道无非制机而已。这是机发论方法，不同于黄老派的“无为而治”。前人只关注文中有关先王后王之论，未注意其方法论的重要哲学内涵。

与“必然”对应的有“自由”，还有“偶然”。对原因茫然而一无所知则事为偶然。其因果关系在佛家叫“缘”，含消极被动之义。F. 培根说的“知识就是力量”，无非儒道“制机”概念的不完备提法而已。他这句话里的“力量”，原文是power，意更近于汉语的“权力”。权力是属于主观能动性的概念。人要以意志控制事态发展，就不能随缘。曰知，其为权在制机，要制机

---

① 此语与《老子》“无名天地之始”相关。《老子》是指现在，不是指宇宙创始。

必须握权。制机关键是知，知天知人，知彼知己。正如《孙子兵法》所强调者。

机发论是了解中国思想史的逻辑枢纽，从作为根源的自然论开始，论道家和儒家的关系，以至形上性很高的易学，再落实到兵法和医学的实际，总离不开机发论的觉悟。

中西哲学差异的标志是机发论，不是什么天人合一。中国人也看重天人之分，信息和机就是从系统之中分析出来的微弱部分。西方传统因信上帝而没有机发论思想。中国人早就认为：因果性不是上帝掌控的宿命，自然信息引发自然结果，是为天道。人行有道遵道，则未来有由人自由创造的余地。创新是宇宙历史的必然，是之谓“天地之大德曰生”“生生之谓易”。肯定并尊重自然就排除了唯我主义和个人崇拜。人心之机再伟大也有限，成不了上帝。

荀子以来，中国人发挥了“人定胜天”“制天命而用之”的思想，同时又知道：人在天地之间，渺若沧海一粟。那么“胜天”“制天”的理论根据何在？这就在于人可以掌握天机，《老子》谓之“可道”。《庄子》的“天地与我并生，万物与我为一”的观念更在时空中把人与宇宙统一起来（但不等于天人合一论）。这种观念在经典物理范围内是讲不通的，但在最新物理学中却不再是不可接受的了。至于“我”，从《庄子》说的“吾丧我”到“种有几……人又反入于机，万物皆出于机皆入于机。”可知：自我是个人精神，是活人的信息处理系统的自称。

这种系统拥有相当规模的主动制机权。

二、《阴符经》

汉代以后，机发论思想在道教中得到重视发展，同时也随之出现神秘主义倾向。很多作品中的“天机”一类词语是代表奥秘不测的天意、先兆等观念的。正确的机发论思想在与神秘主义交争中形成。好文章中的“天机”一词不是神秘主义的。

道教经典《阴符经》作于魏晋时代，今存于道藏，不知作者何人。内容仅三四百字，高度抽象。其中最引人注目的思想便是机发论。为此书作疏传的很多，有一部干脆取名《天机经》。“阴符”原为古代军用通信凭证之名，战国兵书《六韬》有专章题名“阴符”。阴，意为隐秘。符即符契。阴符是一片刻画图文的竹板，从中劈分为二，君与将各执其一，通信员执之作为身份证件以传命令或报告。信陵君救赵，窃魏王虎符以夺晋鄙军，那虎符就是阴符，图画为虎。《阴符经》命名的取义：一是指语言的高度抽象性，也就是符号化；二是指内容的高度机要性，也就是指导价值。取此书名的作者或许是兵家。中国社会科学院宗教所的王明说作者是北朝隐者，但观其文，霸气十足，经验深沉，不类隐逸，而应是功业显赫的人物。不署名则意存韬晦，不欲暴露野心，唯以传授子孙为目的。文涉五禽戏，故不早于华佗，而强劲力行的风格又与魏晋清谈家迥异。行文极度简练，非儒非道，亦儒亦道，都是标志性特征，或为曹孟德之流亚欤。

今传精本三百多字，繁本四百多字，各本略有差异。后人疏注浩繁，《通志》著录达39种。唐有李筌、张果之注，宋有朱熹《阴符经考异》。道教学者很重视它，视为修炼原则，与《道德经》《南华经》并列为主要经典。北京白云观有元代大书法家赵孟頫写的《阴符经》精本石碑。道教学者只从养生修炼的狭隘观点去理解，常常降低甚至歪曲了本意。其书不讲仁义道德，因而没有得到多数儒生重视，被研究的深度广度终嫌不足。下面引录《道藏》（2—737）所收李筌注繁本全文，分为五段：

【观天之道，执天之行，尽矣。天有五贼，见之者昌。五贼在心，施行于天，宇宙在乎手，万化生乎身。天性人也，人心机也。立天之道，以定人也。天发杀机，移星易宿；地发杀机，龙蛇起陆；人发杀机，天地反复。天人合发，万变定基。

【性有巧拙，可以伏藏。九窍之邪，在乎三要，可以动静。火生于木，祸发必克。奸生于国，时动必溃。知之修炼，谓之圣人。天生天杀，道之理也。

【天地，万物之盗；万物人之盗；人，万物之盗。三盗既宜，三才既安。

故曰：食其时，百骸理；动其机，万化安。人知其神，而神不知，不神而所以神。日月有数，大小有定，圣功生焉，神明出焉。其盗机也，天下莫能见莫能知。君子得之固穷，小人得之轻命。

【瞽者善听，聋者善视。绝利一源，用师十倍；三反昼夜，用师万倍。心生于物死于物，机在目。至乐性余，至静则廉。天之至私，用之至公。禽之制在气。生者死之根，死者生之根。恩生于害，害生于恩。愚人以天地文理圣，我以时物文理哲。

【自然之道静，故天地万物生。天地之道浸，故阴阳胜。阴阳相推，而变化顺矣。是故圣人知自然之道不可违，因以制之。至道之静，律历所不能契。爰有奇器，是生万象，八卦甲子，神枢诡藏。阴阳相胜之术，昭昭乎进乎象矣。】

第一段：先点出全文主题——天人关系，归结为八个字："观天之道，执天之行。"道和行属于天，而观和执的主体是人。人以其"观"而得天道，故能控制把握，执天之行。

文中极为特殊的是，使用"贼"和"盗"二字，这原是指非法夺取他人财物的人或行为之词。而人间法律和道德评价在天人关系中用不上，作者不管常人对"盗贼"的厌恶，用其名于正性意义，强调的是：在客观的世界中，一切相互作用都是强暴无情的，不是请客吃饭，没有客气商量的余地。人对天当然也要以冷酷之心待之。中国人不信上帝，因而也就谈不上对天有什么负罪或感恩情结。

"五贼"之为五，可如某些古人解为广义的五行，以互为生克的关系而可称为贼。但也无须拘泥。文中另一个要注意的字就是"机"。天的本性也就是人的本性，而人的行为受心的约制，人的心是机。观得天道的人能把宇宙握在自己手里，做出翻天覆地的大事。黄巾军口号不就是"苍天当死，黄天当立"吗！那既是"天功"也是"人为"，得说是"天人合发"。有的精本没有"移星易宿，地发杀机"八个字，应是原样。文中"天"是指宇宙，包括地。

第二、三、四段：都讲相反相成的辩证法，与老子的思想一致。大意（较自由的白话译文）如下：“人性有巧拙，五行有生克，祸福相依伏，天道生必杀。别人认为某人的智慧是神明的，而神者不认为自己神，因为他不过是按天道而行。然而，不自以为神才能作到神。圣功之所出，神明之所生，皆在于日月有定数，大小有定律。而神者盗取天机是谁也看不见不知道的。对天作君子那是愚夫子，总归会落个‘君子固穷’；小人贪心喜欢冒险，也是找死。人不要迷惑于太过鲜明的表象。瞎子不看听觉才灵；聋子不听视觉方敏。断绝个别有利趋势的引诱，兵力以一当十；把明显的现象当作蒙蔽，三思而行不受迷惑，则兵力以一当万。动物的精神随着生命而生而死，且其关键要害只在眼睛。那是很有限的存在，不可过度消耗。最快活的享受也要给性情留余地不过度；最轻闲的事只是花费需求较少而已。天不会专门为人做事，是最自私的；但任何人都可以利用它，所以又是大公无私的。生为死的根源，死也是生的根源。好事出坏事，坏事也出好事。愚人以为上知天文下知地理就是圣人，而我只把现实生活的人文物理看作真学问。”

第二段，文中的“九窍”应即是《黄帝内经素问》的《针解》篇中“九针通九窍”的九窍，不是头部七窍加下体两窍。而“三要”则是内经“刺志”篇黄帝问歧伯的“虚实之要”，歧伯对以气与形、谷与气、脉与血三项。第三段的“食其时，百骸理”是养生之道。第四段的“禽之制在气”应从华佗五禽戏求解，五禽戏是熊经鸟伸、气功吐纳。此言动物本能的导引运动是控制吐纳。凡此皆属道教的长生命题，但只应看作说明抽象哲理的“喻”。针灸是典型的“制机”。

古代也有注家从中辨认兵法原理。然而，无论医学或兵法，都是很复杂的命题，此文三言两语不作展开论述，那些注家辨认之论只能是借题发挥。当然那也许是作者熟知的事，而故作含糊。

第三段，以天地、万物和人为“三才”，不同于流行的易学三才天、地、人，而与《淮南子》的三段生成论相呼应。这是很有价值的创见。此处的“万物”是生命，而人为万物之灵在于心。所以此文三才实质是：宇宙、生命、思维。这与我们的哲学思路一样。

第四段，“心生于物死于物”以心为生命（动物）的属性，这是反唯心形神观的简明宣言。天没有心。

“至乐性余，至静则廉”这八个字把先秦道家的消极无为思想改进到积极的现实主义。《庄子・至乐》说死亡是至乐。王夫之说，那些话令人生厌，不是庄子之作。而此处则提出标准或要求：要给自己的感情和能力保留余量；先秦道家说“静”或指无为或言贵虚，而此文的“廉”则是办事省钱省力的“经济原则”。这都是合乎人情事理的现实主义的说法。

第五段实无更多创意，意图无非是给前四段做注解。把阴阳象数的概念拉来，不过是前此几百年的老套话，既大又空，“八卦甲子”更属神秘占卜。这种风格与前四段的务实精神不协调，正是“愚人以为圣，我不以为哲”的玄虚清谈。第二段已讲了巧拙、动静、祸福、生杀的辩证法，比空说阴阳更实际。从作者严格把握作品的精简原则来说，这些话都是多余的。

此段只出于繁本，必是后人所加。其中“圣人知自然之道不可违，因以制之”一语，虽然精辟，也是蛇足，是《淮南子》“执道要之柄……因其自然……”思想的复述。

只是前四段缺少儒家的人伦原则，用“盗贼”之语而无“仁义”以匡正之，引导读者学乱世奸雄，而这第五段却也无一字补救。

《阴符经》认为人可执天机以制天的思想使人坚定无神论信仰。荀子说：“人之命在天。”葛洪纠正他，《抱朴子・黄白》说：“我命在我不在天。”这是对荀子的补救，虽不尽合“道法自然”之旨，宋元道士却用以宣扬《阴符经》。

张扬自我，是荀子以来中国哲学的主导风格。以《阴符经》为代表的学说着意阐发客观外在世界的属性，基本观点都是正确的，并未落入唯我主义泥坑。宇宙万有进化到生命和精神文化，显示高级信息的主动制机权，正是葛洪之义。

天与人之可以合德，乃在人之秉赋是自然本性，而人起伟大作用的关键在“心”，即智慧、思维。心机之用，可达天地反复之功效。

《道藏》中还有《天机经》，思想不出《阴符经》之外，但全书紧扣一个“机”字，反复解说而已。

南唐道士谭峭作《化书》，也谈机：

【转万斛之舟者，由一寻（长度单位，约5尺）之木；发千钧之弩者，由一寸之机。一目可以观大天，一人可以君万民。大虚（即天穹）茫茫而有涯，太上浩浩而有家。得天地之纲，知阴阳之房。见精神之藏，则数可以夺，命可以活，天地可以反覆。】

其书多引自然现象为说，具体生动，有不少重要科学成果的记述。而这一段是高度强调主观能动性，认为人的作用几乎无限。这思想很有特色。他还提醒说：机可为善，也可为恶。“夫大人之机，道德仁义而已矣。”他的思想是反宿命论的，非决定论的。

机发论者在探索大自然，发展古代科学方面表现了非常激进的态度，做出不少重大贡献。但他们的胆子似乎太大了，有时到了狂想的程度。古代机发论者渴望做到呼风唤雨、凌虚而行、刀枪不入、羽化长生，等等。从好的一面说，他们懂得一个道理：不应指望什么神赐，美好的东西靠自己的勇敢艰辛的探索而得。他们投身于实践，做科学实验，虽然未能实现那些幻想，却有丰富的副产品收获，如魏伯阳、葛洪之辈，以及《淮南万毕术》的作者等。他们也不排除找到已成功者的可能性，接受指点以继承知识当然比瞎摸好。于是相信赤松、王乔的神话，惹得现代书生们指责他们为宗教迷信家。从坏的方面看，他们太过乐观，沉溺于幻想性目标，不免浪费了许多宝贵精力。有许多人更走上邪门歪道，干欺世行为，搞迷信宣传，把无知的群众引入歧途，甚至聚众作乱，想达到“苍黄反复，君临万民”的目的。

耐人寻味的是，尊老庄为师祖的道教徒们却一反老庄的清静无为思想，走另一个极端。这反过来证明，老庄的无为是一种对付外在现实的手段，无为的目标是“无不为”。因而，道教的机发论者并不感到有什么不妥。

三、机发引向进化

机发过程自然地引向发展和进化。微小事物引发的巨变当然有优有劣，优与劣的竞争虽不排除以劣胜优的可能，但终究是优胜劣败为主。于是进化就是合乎逻辑的发展程序了。所以，进化论是机发论的逻辑推演结论，进化的发展是宇宙的必然趋向。达尔文时代多把进化归因于偶然。机发确有偶然性，但比简单量变对进化的推动要大。

万物进化至今，最伟大的成果是人类文明，是科学。而科学的进化更是机发论的固然表现，只不过，科学具有高度自觉性，科学发展已是不可遏止的。此所以我们说，“人类具有征服宇宙的野心”。现在流行批判“征服自然”的议论，那要看所谓“征服”怎么讲。以科学发展观讲的“征服”不会是破坏人类的长久利益。损害环境的“征服”并非科学。科学发展观是为了造福万代而对万有存在综合整体的整治，可称“征服”。急功近利的短视行为不是科学。犹如兵法，当下的退避忍让不等于最终失败。

先秦易道哲学对发展的进化特性多有阐述。前文引录了一部分《庄子》“种有几”的记述，大部文字虽然费解，但明显是表述了生物进化观，现在全引于下。其中物名多不可解，如前人有说“程”是豹，等等。此处不做详解：

【种有几，得水则为㡭，得水土之际则为鼃（蛙）蠙之衣，生于陵屯则为陵舄，陵舄得鬱栖则为乌足，乌足之根为蛴螬，其叶为蝴蝶。蝴蝶胥也，化而为虫，生于灶下。其状若脱，其名为鸲掇。鸲掇千日为鸟，其名为干余骨，干余骨之沫为斯弥，斯弥为食醯，颐辂生乎食醯，黄軦生乎九猷，瞀芮生乎腐蠸，羊奚比乎不箰，久竹生青宁，青宁生程，程生马，马生人。人又反入于机。万物皆出于机，皆入于机。】

若说这段话是进化思想，似乎勉强，但其言以物种可变则无疑，且从低级到高级，一直到人，当然是进化。又且开头八字和结尾九字以机发观点说话，道理更深。缺点是：所述不是实证，只是“喻言”，没有说明过程和因果，不成理论。但后世实践中，培育动植物新品种的成果不可胜数，多有文字记述，如金鱼、菊花等，而无以物种不变论作批判者。那么，机发和生物进化无疑就是中国古已有之的传统思想。此所以达尔文多次引述中国的育种成果。

这一观点还被用于人类文化的进化，下引东汉成书的《白虎通义》之言被后世传诵，屡见不鲜：

【谓之伏羲者何？古之时未有三纲六纪，民人但知其母不知其父，能覆前而不能覆后，卧之詓詓，起之吁吁。饥即求食，饱即弃余。茹毛饮血而衣皮韦。于是伏羲仰观象于天，俯察法于地，因夫妇正五行，始定人道。画八卦以治下，治下伏而化之。故谓之伏羲也。

【谓之神农何？古之人民皆食禽兽肉。至于神农，人民众多，禽兽不足。于是神农因天之时，分地之利，制耒耜教民农作，神而化之，使民宜之。故谓之神农也。

【谓之燧人何？钻木燧取火，教民熟食，养人利性，避臭去毒。谓之燧人也。】

这无疑是人类文化的进化观，也可以说是科学技术的发展观。缺点只是把成果归功于个人 / 圣人，是《考工记》所说："智者创物，巧者述之守之。"理论性差了点。

生物进化和人文发展的这些中国文化的固有内涵是明确的自然论观念，这种观念明显地影响以儒学为主导的政治伦理意识和教育思想。《易 · 系辞》把上古文化开发都纳入《周易》各卦爻辞的解说，从而成为历代读书人必读的经典。其文曰：

【古者包牺氏之王天下也，仰则观象于天，俯则观法于地，观鸟兽之文与地之宜，近取诸身，远取诸物。于是始作八卦以通神明之德，以类万物之情。作结绳而为网罟，以佃以渔。盖取诸离。包牺氏没，神农氏作。斲木为耜，揉木为耒。耒耨之利以教天下，盖取诸益。日中为市，致天下之民，聚天下之货，交易而退，各得其所。盖取诸噬嗑。神农氏没，黄帝、尧、舜氏作。通其变，使民不倦。神而化之，使民宜之。易穷则变，变则通，通则久。是以自天佑之吉，无不利。黄帝、尧、舜垂衣裳而天下治。盖取诸乾坤。刳木为舟，剡木为楫。舟楫之利，以济不通，致远以利天下。盖取诸涣。服牛乘马，引重致远，以利天下。盖取诸随。重门击柝以待暴客。盖取诸豫。断木为杵，掘地为臼，臼杵之利，万民以济。盖取诸小过。弦木为弧，剡木为矢，弧矢之利以威天下。盖取诸睽。上古穴居而野处，后世圣人易之以宫室，上栋下宇以待风雨。盖取诸大壮。古之葬者厚衣之以薪，葬之中野不封不树，丧期无数，后世圣人易之以棺椁。盖取诸大过。上古结绳而治，后世圣人易之以书契，百官以治，万民以察。盖取诸夬。】

注意，此文强调“通其变，使民不倦。神而化之，使民宜之。易，穷则变，变则通，通则久。”就是说文化发展动因是“变、化”。汉儒很重视易学，包括董仲舒，此所以说，把董说成不变论者，是对汉代文化史以致全部中国文化史研究的严重干扰。司马迁说他听董仲舒说过：“《易》著天地阴阳四时五行，故长于变。”（《汉书·司马迁传》）汉武帝决策尊儒，号召全国，以求变为指导思想。

《汉书·武帝纪》元朔二年（前127年）立皇后卫氏诏曰：【朕闻，天地不变不成施化，阴阳不变物不畅茂。易曰：“通其变使民不倦。”诗云：“九变复贯（贯义为常），知（智）言之选（头等）。”朕嘉唐虞而乐殷周，据旧以鉴新。其赦天下。】

政治和学术的两大权威人物，如此强调求变，于是两汉社会的指导意识以求变为主，遂形成汉代文化发展的高峰。原始性创新成果层出不穷，诸如：洛下闳的浑天说、许慎作《说文》、张衡的天文学和地动仪、刘洪发现月行迟疾及其加速度的差分表示、蔡伦的造纸术……还有《康熙字典》里十之八九的生僻汉字，都是汉代的创造。驯至今世，要讲科学发展观，前提必然是求变。

四、知行观和教学论

自然信息运作导致物质的自我组织有序化，从结晶和大分子形成到出现有机物，以至活性分子和病毒，最后有了高等动物和人类。人的大脑不仅会高水平的记忆，还会学习和思维。精神就是最高级形态的信息，表现者是思维着的物质，但不是物质本身。孟子说：“心之官则思”，他的心是血肉的物质，其功能则是思维，而被《阴符经》说成“人心机也”。司马迁在其《史记》末篇说："神者生之本。"此语实开后世形神之辩，他的"神"是指生命的信息。这个论断优于"生命的本质是蛋白质"之说，我们称之为"神生论"。（注意，这不是神创论。）

从《管子·水地》开始讨论精神活动的生物物理模型，哲学家用"形"和"神"概括这个命题，作了经久不懈的探讨。司马迁神生论之所以重要，因为没有信息观和机发论，就不能彻底解决西方哲学的精神与物质分裂的古老命题。生物作为无机物与人类的中间过渡态，必有与人类精神近似的向主观能动性过渡的功能。

人类思维是语言和文字产生和进化的成果，语言是群体信息交流方式。人类个体互相交流的信息符号从具体单项实指，向高级抽象化发展，也就是荀子所说的"别名"向"共名"转换，这是比较异与同的能力的飞跃。在这种比较中，贯彻着自然的逻辑，也就是自然地遵从是非、同异、因果等实在关系。

人类的知识是具有一定抽象度的客观因果信息记忆。知识与知识之间经比较，有些是有共同点的，于是知识被分门别类。一类知识构成逻辑系统就成为一门科学。三千年前中国天文学已经成为科学；与天文学同步，数学也有了；《墨经》里有九条构成了成像光学。中医更是拥有显明功效的实用科学，只是人体作为对象超级复杂，疑难很多，必须多用哲学指导。

至于史学，那是一切科学中最要求客观性的学科，因为它的对象是不可变更的客观存在，史学的任务是使信息精确化。中国古老的史官传统造成先进史学。历史不能实验，而实验科学则以研究者的主观操控为特征。所以如果实验家没有对主观操控局限性的自觉，所得认识的客观性就不及明哲的史学家。

知识是文化的主要因素。人类的生产与其他动物不同，就在于劳动者用文化知识作指导。马克思说："蜘蛛的活动与织工的活动相似，蜜蜂建筑蜂房的本领使人间的许多建筑师感到惭愧。但是最蹩脚的建筑师从一开始就比最灵巧的蜜蜂高明的地方，是他在用蜂蜡建筑蜂房以前，已经在自己的头脑中把它建成了。劳动结束时得到的结果，在这个过程开始时就已经在劳动者的表象中存在着，即已经观念地存在着。”①

注意，马克思说的是“观念在先”，且称工程师为“劳动者”！指导这种劳动的观念就是文化知识。这才是人类劳动的基本特色。

而文化、知识以致科学都是信息，又都是人类劳动生产和经济生活的枢机。用火已非生理本能，用计算机更要有文化。以科技为基础的文化是人类社会一切生产和经济活动水平的衡量标准，所以科技是第一生产力，而文化先于、高于、重于经济。此即荀子所说【人能群而有义】。

人类社会是文化/义的存在，而文化是群体的创造。荀子之言是社会学基础原理。个体人的生活意义在于维护和发展文化，首先是群体。此所以孔子立言，一仁二教。“杀身成仁，舍生取义”，是儒学的至理名言。而教育则是人类社会延续和发展的根本的伟大事业。是之谓“仁教论”。

五、教育和科学的哲学思考

教育学直接关系社会发展进步，是文化学之大端，高难之极，充满哲理，复杂性有如针灸之治病，而大有过之。

“废止注入式”之说不知信息运作本性，误入杜威实践主义的泥坑，是教育观念的重大谬误。教育不是一般的实践，学校教育更是以课堂和书本为主，中国俗语把上学叫“读书”“念中学”“念大学”。的确有实验课、实习课之类，但那既不等于生产，也不是实用的实践，且不占主要学时。人类文化总体博大精深，远远超越一人一生之实践所能及。注入是教育程序的先决步骤，婴儿学叫“妈妈”，小学生识字，这都是注入。再伟大的学者也少不得这种婴幼儿阶段的教育。婴幼儿的知识和道德观念发育程序以注入居先，这是信息的本性，类似计算机的程序和数据的输入。然而，个人以精神的无限性超越人造机器。注入也是全球文化多元化的维持程序。

启发式教育是随受教者的成长而逐渐加强的，其前提条件是在受教者的记忆中已经存有相当多的有关信息。譬如要教孩子建立稍具理性的“孝”的

① 《马克思恩格斯全集》第23卷，第202页。

观念，必须经受长期深切的父母之爱；学高等数学要先学初等数学。

启发就是引导学生在自己的记忆中开展联想，由此建立新的概念或知识。最好的做法是课堂讲授，因为启发要针对具体个别学生的思维和知识状态进行。所谓“远程教学”只是不得已的做法，不能代替好教师的面授启发。高级艺术和手工艺，如弹琴、烹调，更不能搞远程教学。

注入与启发的关系早有孔子说过：“学而不思则罔，思而不学则殆。”学是注入，思是启发，罔是迷惘，殆是劳苦少功。这“殆”正是说不可废止外来的知识注入，要继承交流，不要闭门造车。

教育的永恒主题是知识，知识以科学为主。不能说科学的内容就是各种规律。前已说过，实际综合的因果性是“道”，而规律是“理”。规律只是实际因果中的分析成分，而实际存在则是包含无穷多质项的综合，符合史伯原理。

“理论联系实际”是对当下事物的认识从分析引向综合。只强调规律的科学教育把人引向教条主义。

规律有普遍性，超越具体实际，不限于一事一物。宋儒说“理一分殊”“理在气先”，这些观点接近伽利略－牛顿的世界观，可视为走向近现代科学的准备思想。但是理不等于实际。例如圆周率的算法是理，实际的宇宙中已知的最大尺度和最小粒子尺度之比不过 $10^{80} \sim 10^{100}$，而计算机算得超百位以至万位、百万位之数，意义何在？肯定不在物理的实际，至多是在计算技术方面有点价值。这么说，现代宇宙大爆炸说和超弦论的运算推理中就难免有类似推算圆周率超百位数的过度现象。实际的无限性不在量，而在质项的无穷。不知质项无穷也就不知实际的复杂性。

实际是无穷的，认识不可能穷尽一切。此所以现实中总有神秘事物，不可以说一切对神秘事物的解说都是伪科学的欺骗，甚至说是反科学的。至于神秘而成主义者，那是把神秘现象直接归因于某种终极存在者，或者超经验超物理的原因，实质是不可知论。当然须要揭露伪科学，打倒反科学，更不许伪造神秘去行骗。但对实在的神秘现象则应取存疑态度，只要无害于社会都应允许自由研究。

科学是求知的事业，创新的求知思维发端于个人头脑，创新之初总是与大多数人的看法相异，不能由投票方式作民主表决，更不能唯官命是从。科学发展有时要多数尊重少数，要自由而非民主。当然不要犯法。

科学之理尚简。物理学最推崇规律的简单化，这是因为科学是分析的知识，而物理学是以对物质世界作终极分析为中心的学科。其他学科分析的层次和领域有限，但都离不开终极分析的知识，此所以都离不开物理学的基础。人的认识从感官视听搏起都是分析的，然而当前的实际却是无穷复杂的综合，视听所得不等于实际，这是易道辩证法。“易为易简”，然而易学要探索“天下之赜”，赜是复杂性。这是繁中求简，以简驭繁，是机发论方法，不似物理学家之片面求简。周易的阴阳卦爻是用数象表示宇宙变异的最简单最完备的形式。卜卦才是迷信。

一切活的科学都需要哲学的导引，因为面前是未知的天地。对象越复杂越需要哲学。医学以人为对象，是仁术，中医是典型。从中医能掌握大量药物的功效并能医治很多常见病而言，它无疑是科学。古人云“信医不信巫”，所说的巫才是神秘的。中医对付疑难杂症使用阴阳五行之类的符号语言，那是以哲学为指引，至于那哲学是否中用，则当别论。运用已有知识对病象作综合判断，不是神秘主义。西医借近现代物理学和化学的分析成果之力，在病象分析上大有长进，而在综合判断方面却常显薄弱，这是他们的教育造成的。他们从透视仪器上看到一个瘤，或是验血看到含糖量过高，就以为病根全都知道了，不太习惯做多方面深入考察。哲学的综合是中医的优势所在，正因为有这优势，它才能在一两千年的古代卓有成效地治病救人。到现代，中医需要吸收西医的分析方法：解剖和生化知识、理化药物、诊断仪器和手术器械，更须要把它的医哲学精华，特别是综合信息的分析经验和方法作现代化处理，保持和发扬，为世界医学做出榜样，起推动作用。至于那是否就是阴阳五行体系？还难说。肯定需要改造！

就此我们谈谈量与数的概念。量是实际事物的某一物理质项的属性，表现于不同事物体系在同一质项上的比较。以数表示比较的结果，是为计量。数的概念产生于周期性，一个数的形成是类比重复再现取同的操作，数是同异比较的重复性的表述。因此自然数是一切实际计量得数的原貌，小数不过是以最末位的 1 为单位的自然数。实际计量得不出无限多位数，也就是得不出绝对精确的整数或循环小数，以及无理数。至于举类之数，如三才、四季、五行、八卦……那不是计量，不在此论之列，但也体现抹不掉的模糊性。计量中作为比较标准的物理质项单元没有绝对稳定和绝对相同的，故任何计量都没有绝对精确的结果。物理学以普朗克常数 h、电子电荷 e 和真空中光速 c 为不变的常数。但这些常数的已知数据都是精度有限的，不存在无限精度。因而这些所谓“常数”也不是绝对的孤立的。结构复杂的事物取同的单元常为很复杂的个体，如人口数已经与简单物理量差别甚大。社会经济可以有量化项目，政治、法律以至道德和信仰则不能整体量化。

有量的质项都是事物体系的分析的属性，系统的整体综合无所谓量。液态水和冰都有温度数，而温度远非水和冰的全部性质。人之一生不能仅以寿数盖棺论定。姚明的球艺不是仅由其身高决定的。中国人口最多，而仅用人口数不能评估一国之贫富强弱。所谓“综合国力”是个很含糊的语词，不能仅以战争、商贸、文化，以至宗教等哪一单项作评估标准。

至于时空之量化，须知哲学的时间不同于物理学的时间。哲学的时间是宇宙自身总体的终极分析的属性，它既不能进一步再作逻辑分析，也没有另外的可比较者，故不可度量。可以度量的时间是物理学的时间，那是在某一实际的有限空间中进行的事件的有限的时间。把有限的物理学时空接续延伸以至无穷，便得出哲学的时空。但那种延伸是哲学思辨的建构，没有实证性，不再属于物理学。况且，时段很长的计时如果太多地超越现有实际经验，物理学上会出现哪些新问题，我们完全不知道。同样道理，宇宙整体的空间也没有量，不能谈它的大小长短，《墨经》谓之“宇进无近”。广义相对论即便可能被否定，但是超大范围的空间计量也不能简单认作小里程的线性加和。唐一行已经怀疑宇宙尺度上勾股法可能偏离线性。

若说西方古原子论，多处不及元气说之完美，原子的“不可入性”就与其后的经验不合。但因原子间同多于异，乃有组织化结构，遂演成宏观世界的有序现象，这却是元气缺少的优异属性。

有人倡言“时空量子化”，这是唯原子论宇宙观的极端化，与元气说对立。时空的连续统[①]属性既是总体宇宙无穷复杂性的逻辑结果，又是微观物理波粒二象性的基础。

把量子性改造为粒子一象性的努力必然失败，西学原子论与元气说结合才是正道。原子论很可能只体现在角动量（而非时空量）的转换是以 h 为单位的整数，微观物理学的量子化现象都是由此而来。

应该说，波粒二象性与相对论的光速不变是基础物理学的两大“悖论”，但却是被实证了的，是“实证的悖论”。说那是“悖论”，是指其与其他基础物理规律在逻辑上不合。但逻辑不合却不妨害实证，可见逻辑不是存在的必要条件。

① “连续统”是数学术语，表示一种量由紧密无间隙连接的无穷小量构成。

第五章　正　名　论

一、名的概念

前文已有"道/历史-名/信息"一节讨论。《老子》开篇除了说"道",更频繁说到"名"。道是历史,而信息是历史的当前表现。人的思维/信息以语言为主,人对道的认识和操纵首先要通过语言,在老子的时代,这就叫"名"。《老子》没有更深入探讨语言问题,《论语》记录孔子说过"必也正名乎"不能算是进入语言学,更不涉逻辑学。但"子绝四:毋意、毋必、毋固、毋我。"是思维原理,而其中"毋必毋固"由荀子发挥为逻辑学原理。真正深入讨论语言和逻辑的是荀子,其书有"正名"篇,内容深度不亚于古希腊。至于名家,皆未得名学真味,不必太在意他们。

前已有言,说到语言作为高级信息,有三个进化层级:符号化、抽象化、逻辑化。逻辑是思维运作的特征,下文就要讲到。符号化本是动物感觉的一般特征,它们感知某一事物只靠该事物的少数、片面或单项信息,无需全面,也不可能全面,或可曰本无全面。至于人类语言,则为非自然的人工创造,先有口语的声音符号,后有文字的图形符号。单词符号更是所表事物的单指性的信息,远非全面涵义。荀子以"约定俗成"概括,堪为至理。下文就讲到。

有了符号化，进一步就才有抽象化[①]。婴儿最先学会说“妈妈”，一开始他只知那个他离不开的人是妈妈，长大一些才知道其他小朋友也有妈妈。都叫“妈妈”，但别人的妈妈不是自己的妈妈。这就是抽象化了。至于“牛”“羊”之“类”，在成人的语言中已经可以不分个体。《易・系辞》所谓“形而上者谓之道”，无非说道是抽象的，而抽象是思维。

《荀子・正名》：

【若有王者起，必将有循于旧名，有作于新名。然则所为有名与所缘有同异与制名之枢要，不可不察也。异形离心交喻，异物名实玄纽。贵贱不明，同异不别，如是则志必有不喻之患，而事必有困废之祸。故知者为之分别，制名以指实，上以明贵贱，下以辨同异。贵贱明、同异别，如是则志无不喻之患，事无困废之祸。此所为有名也。然则何缘而以同异？曰缘天官。凡同类同情者其天官之意物也同，故比方之疑似而通，是所以共其约名以相期也。形体色理以目异，声音清浊、调竽奇声以耳异，甘苦咸淡辛酸奇味以口异，香臭芬郁腥臊洒酸奇臭以鼻异，疾养凔热滑铍轻重以形体异，说故喜怒哀乐爱恶欲以心异。+心有征知，征知则缘耳而知声可也，缘目而知形可也。然而征知必将待天官之当簿其类，然后可也。五官簿之而不知，心征之而无说，则人莫不然谓之不知。此所缘而以同异也。然后随而命之，同则同之，异则异之，单足以喻则单，单不足以喻则兼，单与兼无所相避则共，虽共不为害矣。知异实者之异名也，故使异实者莫不异名也，不可乱也，犹使异实者莫不同名也。故万物虽众，有时而欲遍举之，故谓之物。物也者大共名也。推而共之，共则有共，至于无共然后止。有时而欲遍举之，故谓之鸟兽。鸟兽也者，大别名也。推而别之，别则有别，至于无别然后止。】

［词注］

①王者：此“王者”指圣贤精英之人，非必指君主。

---

① 近人有说“太极图”“先天图”是“象”，这说法不确切。古儒说《周易》的卦爻辞是象，那是指其所言都是具体的喻言，如“见龙在田”“有鬼一车”之类。而太极图类虽是图形却是抽象的。须知上古哲学的抽象语词贫乏，只能借具体喻言启发人的体悟。可图像不是喻言。不知哲学语言的进化史，无以言哲学史。

②异形、异物二句：大狗小狗都是狗，黑猫白猫都是猫。异形事物以其同而“交喻”，则大小黑白之异就不管了。离心的“离”不是分离，此字古义甚杂，似应取“历”义，如古天文学的“日躔月离”。离心是指无论大小黑白皆在心中反复比较过。“玄”取《周易》“龙战于野，其色玄黄”之义，指浑沦难辨之色。“纽”指结构纠缠不清。孪生子再难分辨，还是各有其名。此二句是为下文讲制名之不易起论。

③志：其义可以指心智，也可指记忆。此处似为记忆。

④天官：自然的生理感官。

⑤约名相期：以简约之名引起联想。

⑥铍：义未明，猜测是与滑对立的涩的触觉。

⑦说故：讲故事（以前的事）。听者被引动情感。

⑧心有征（徵）知：感官所得入于心，引起记忆和思维。

⑨当簿：录入、编序。

⑩共名、别名：这就是指“抽象化”概念，为荀子首创。

从这段文字看，荀子在语言学原理上的创发至为深刻。

二、先秦名理学

“逻辑”是引自西学的译名，百年前曾用“名理”称呼逻辑学。逻辑和实验是科技文化学和科技教育学的两大重要概念。此处针对逻辑，从阐发中国古典哲学的角度作新的讨论。

有“中国古无逻辑”之说。不难以史料消除此种误识，但似乎亚里斯多德的逻辑学总是比中国高明。爱因斯坦说：“西方科学的发展是以两个伟大的成就为基础，那就是：古希腊哲学家发明形式逻辑体系（在欧几里得几何学中），以及（在文艺复兴时期）发现通过系统的实验可能找出因果关系。在我看来，中国的贤哲没有走上这两步，那是用不着惊奇的。要是这些发现果然都做出来了，那倒是令人惊奇的事。”①

---

① 《爱因斯坦文集》第一卷，科学出版社，1983 年。此书前版此文翻译错了。

很少有人针对爱因斯坦的偏见提出纠正意见。其实，没有明细的逻辑学不妨碍其他学术的发生发展；更重要的是，中国古典哲学的名理思想颇有超越西学者。近百年来，教条的西学思潮压抑了中国古典哲学的阐扬，隐蔽了问题的核心关键。至于爱因斯坦，他的理论多有逻辑错乱，他没有资格对中国古典哲学指手画脚说三道四。

讲辩证法的常说不清：为何“形式逻辑”与“辩证逻辑”既不洽合而又皆为实在真理？形式逻辑既为谬误，何以又少不了它？其实这两个名词是黑格尔硬造的，都是画蛇添足生硬割裂，辩证法与逻辑学实应统一。从中国古典哲学看，逻辑不是形式而是名理，辩证不是逻辑而属易道。我们由此提出逻辑学中国化方案，推荐三条中国古代的逻辑学定律：定义的约定俗成律、判断的求同存异律、推理的容欠理由律。易见此三者是依文论结构分与合关联的。

《中国大百科全书·哲学》“逻辑”条说：逻辑是“一门以推理形式为主要研究对象的科学”。此语要澄清。科学是对分类对象的认识过程及其成果体系。大百科此言以推理形式为逻辑学的对象，而其本身不是逻辑。一般说法却以为推理形式就是逻辑或逻辑规则。

逻辑是概念的结构关系和运行规律或程序。

任何正常人包括文盲都会按逻辑说话，因为人从儿时学说话同时就学会了逻辑规则，会“讲道理”，不需专修逻辑学。许多大学者没学逻辑学也做出了重大成果。逻辑规则是客观自然，是客观规律，不是主观精神的先验。而逻辑学是个专门学科，现代大学一般系科不以它为必修课。哲学系要教逻辑学，却不知所以。日用自然逻辑不等于专门逻辑学，且不一定为逻辑学所已尽知。西方经典逻辑学只是个别分项因果分析的信息关联知识，且局限于分立的片断的事件。过度强调这种知识就是还原论。西方自然科学家看不起人文科学和历史学就是不知他们探究的只是简单的理，不是复杂综合的道。

说逻辑是“推理形式”也有毛病，问题在“形式”。把西方经典逻辑学说成“形式逻辑”者，意在强调那不是内容或实质。然而，如其一种规则要普遍遵守，否则思维和交流就发生错误而与实际相违，以致不能进行，那么这种规则怎么会不是客观的内容或实质?

中国早年以“名理”称呼逻辑是准确的。汉语“名”是语词概念，而“理”不是“形式”，是分析的道。

作为抽象概念的“理”在古汉语中比“道”晚出。《老子》第一句:“道可道，非常道；名可名，非常名。”显然把道分为常道和非常道，把名分为常名和非常名。道是实际因果性，名则与认识的信息对应。理是一种常道，范畴性概念是一种常名。《韩非子》最早给道和理的关系做出说明:

【道者万物之所然也，万理之所稽也；理者成物之文也。】

意谓:道就是万物形成的过程，万理凭借它来表现；理是万物形成的模式。这只是粗糙说明。“文”有形式的意思，但内涵还有“规律”“规矩”等义。宋儒始对理做出细密说明，但非精确。常道非由主体设定，常名作为范畴性概念也非主体设定，是不“可道”不“可名”者。

古文献总体显示，道是实际过程的因果关系，是综合的。所以韩非说:“道无常操”“万理所藉”。因而理是规律，是道的分析组分。规律超越具体事物而守恒，而理本身不是具体实际事物。

语词作为符号确是形式。但逻辑之理约束的不是符号而是符号代表的概念内涵，无论所用符号是中文还是英文都一样管。近代逻辑学模仿数学使用符号，确是对形式的说明，但非实际推理，犹如代数方程式不是实际运算。至于数理逻辑，那实际是数学，下文有说。

在思维和语言中最一般的理是什么?是概念内容或实质的异同关系。先秦学者对这一点很清楚，名家或辩家以其学术主旨为“辨是非，别同异”。荀子更独有真知灼见，例如他针对人事说:“乐和同，礼别异。”这说法非常深刻。上节引录的荀子之文强调“贵贱明、同异别”。“辨别”是认识的过程或运作，是主体行为。认识的目的是获得充分准确的客观信息。信息兼有综合性和分析性，二者不可分离，而主体所得原始信息是相对分析的信息，如视与听。分析化的信息原料要由主体加工处理，形成综合的体系，才能用于思维和控制外在的实际事物。

信息是既往固化的历史在现下时刻的显示方式，也就是认识的方式。任何认识主体都是瞬变着的有限存在，故必借助信息实现对非亲历事物的认识，例如现代人认识秦皇、汉武、电子、星云。哲学的信息是：以微弱的物理质能载体记录历史，形成对过去的记忆；在较微弱的物理作用中传输组合，控发大规模的动变。

对人来说，此即所谓知与行的分合。注意，这种信息记忆的内容和外向作用的方式与人造机器信息不同，它来自无限又作用于无限，不是简单的有限质项的物理过程。

人类的思维和文化是最高级的信息运作，其他生物的信息次之，分子间的物理作用是基础信息运作。凡高级信息都以简单物理作用为动作基元。DNA、神经元都是分子间信息作用的实例，而其分子都是复杂的生物分子。

客观信息间的相互关联遵守自然逻辑规则。由此我们可以脱离主体认识为说：逻辑是信息的分析成分间同异比较 / 分合关联的最一般规则。规律和认识的分析第一性也是一切科学的特性。

视、听、搏是生理感官的直接的分析的认识。

片面地讲“天人合一”与“唯分析论”（还原论）一样不对。没有分析就没有认识，没有科学。误以逻辑为形式的看法，首先是不知理的分析第一性以及信息这个客观事物的本质。黑格尔把讲道理说成绝对精神的运动，那是谬论。但也不要把他的逻辑原理简单地当作唯心主义批掉，其中有些是正确的。

变易既为古典存在论第一范畴，则以认识原理看待分析与综合，那实质是异同变化的反映。逻辑的分析第一性实质表现是同异比较。所谓“别同异”，是在显然有同的多件事物中求其异，或在显然为异的多件事物中求其同。这显然是辩证地看待同异。所以，说 A=A 是废话，为自然逻辑所不取；而 A=B 或 A=B+C 是有效陈述，因为那是同异交得的关系，是自然的分合相立。逻辑学必须确立判断的“求同存异律”。这是逻辑本身固有辩证性的第一条原则。

理既为常道，御名之理所制御的名当为定名，即便不是常名，也该是相对不变的概念，这是亚里斯多德逻辑学同一律的要求，那是不错的。常与变是共存的分合相立的范畴，无常不变，无变不常。排中和不矛盾的前提是存异。

《老子》开篇说了道和名，接着说：“无，名天地之始；有，名万物之母。”这里的无和有是范畴性概念，自当是常名。但却又说：“故常无，欲以观其妙；常有，欲以观其皦。”这里两个“常”是动词，意为把有和无由主体“常化”。可是主体介入是“可名”，与“名可名，非常名”矛盾。这里，一是因“有、无”二字本为日常形下语词，老子拿来作宇宙论语词，故需声明是作者自己把已有的“非常名”转为“常名”；同时也有意借此表明，实际上“常”是不断生新的，由此而言，常是相对的。

未来本是无，却不停地转化出有。设定相对的常，是为了“观”，无常不可观也。好比照相，被照者无时不动，而照片记录的是相对不动的瞬刻，照片之用是为了观。所以其书第二章就列举多项分合相立的概念对偶——“有无相生，难易相成……”，等等。而逻辑依同一律立名，则应是自觉地相对常化，这也是逻辑本身固有辩证性的原则。

《荀子·天论》对常变另有精辟之言：“天行有常。”既有常，何言变？因为绝对无常要导致取消因果性，用古语说就是“无道”。荀子讨论了在常与变和道与理的对立分合中求知：【百王之无变，足以为道贯。一废一起，应之以贯，理贯不乱。不知贯，不知应变。】此“理”指道之理，不是动词。“贯”义显然是守常。

《荀子·解蔽》篇又说：【夫道者体常而尽变，一隅不足以举之。曲知之人观于道之一隅，而未之能识也。】

曲知之人不能通道。通道者则能做到：【坐于室而见四海，处于今而论久远，疏观万物而知其情，参稽治乱而通其度，经纬天地而材官万物，制割大理而宇宙裹矣。】（裹，衣的内面。“裹矣”即纳入心。此字不能简化为“里”。）

又从名理角度说：【类不可两也，故知者择一而壹焉。】

直接经验事物有其同类。类，包括此类中一切事物，故类“不可两”。“择一”是择定个别；“壹”是动词，指由个别推到一般。通于道者能由一而壹，即不止懂个别，也懂一般。这是依易道哲学机发论观念谈认识之进为信息。

过去历史不可再现，再现的实存皆为信息，故个体认识不全是来自自己的实践。孔子要求："举一反三，闻一知十"是经由信息认知。这是儒家教育学的精髓。荀子的"择一而壹"是同一个意思。逻辑推理是表现实在的信息程序，不能以"精神第二，实践第一"否定其实效。

荀子总结了先秦的名辩之学，下引其"正名"篇一段：

【名无固宜，约之以命（约，是简约，不是相互约定。命，是动词，义为"指定"），约定俗成谓之宜，异于约则谓之不宜；名无固实，约之以命实，约定俗成谓之实名。名有固善，径易而不拂，谓之善名。物有同状而异所者，有异状而同所者，可别也。状同而为异所者虽可合，谓之二实。状变而实无别而为异者，谓之化。有化而无别，谓之一实。此事之所以稽实定数也。】

"约定"是说定义简约不繁，去繁就简，不是与人相约。"俗成"是经由众人习惯化了，接受认可而得以成立。前人著作多误解"约"字为相约，使一语四字而拘于单义，不合古文常法。名要用于人际交流，定得繁难大家不懂则不宜。"名无固实"，异所（不同地点）的二实，或一实而有变化（不同时间），都可共享一名。"名无固宜"和"名无固实"指出了单项概念的繁赜多变，再简单的概念也不可能绝对明确肯定，所以才有"善名"之论。"径易而不拂"就是直截了当（径），简单易懂（易），而不致两下理解拧了（不拂）。名之善否只能是相对的。

逻辑学要把"简约律"，或称"约定俗成律"，作为定义的原则或原理，因为逻辑学要促进认识，正应以约定俗成确认名的模糊性。这应命名为"荀子原理"。荀子的认识超越20世纪30年代的维也纳学派，与之正相反对。他超越了简单、机械的唯分析思维，涵容了复杂性和混一性。

名的模糊性源于：一，事物永远在变，且万有之间混一地相互关联；二，个人对任何概念的理解都基于自己的学习和经验，且随时演变，故与他人总有所异。此所以说：道无常操，名无固实。

以常规之理应对恒变之实，这是逻辑的辩证本质。

西哲奥卡姆提出剃刀原则，与简约律相合，但他不懂模糊繁杂源于存在的本性。

物理学家多强调简单性，那其实是逻辑简约律在物理学的表现。物理学既以追求终极分析为目标，其所取概念自然是最简约的。然而须知，这最简约性是以蕴涵最大模糊性为条件的，而这正是物理学发展的无限性所在。

此处我们引录彭加勒的话[①]说明西哲的类似观点："除非严格性进入定义中，否则就无法在推论中引入严格性。因为数学家所处理的大部分对象长期以来都没有完全定义；他们假定它们是已知的，由于他们借助于感觉和想象来描述它们；但是人们仅有粗糙的图像，而没有一个推理能够赖以成立的精确概念。……纯逻辑永远也不能使我们得到任何东西；它不能创造任何新东西；任何科学也不能仅仅从它产生出来。"

还有个充足理由律。科学预见或假说都应视为逻辑推理的重要方式，预见是推理的结果，这种推理不满足充足理由律。莱布尼兹提出充足理由律，在逻辑学之外的一般哲学的意思是指绝对因果性。但推理是主观认识程序，不是客观实际的完全反映，故充足理由律要以"容欠理由律"相补。这两条互补，逻辑学才与实际推理符合。

最早详论推理之不能完善者应是《庄子·齐物论》：

【夫言非吹也。言者有言，其所言者特未定也。果有言邪？其未尝有言邪？其以为异于鷇音，亦有辩乎？其无辩乎？道恶乎隐而有真伪？言恶乎隐而有是非？道恶乎往而不存？言恶乎存而不可？道隐于小成，言隐于荣华，故有儒墨之是非。以是其所非而非其所是，欲是其所非而非其所是。则莫若以明。物无非彼，物无非是，不自彼则不见，自知则知之。故曰彼出于是，是亦因彼。彼是方生之说也，虽然，方生方死，方死方生，方可方不可，方不可方可。因是因非，因非因是。是以圣人不由，而照之于天，亦因是也。是亦彼也，彼亦是也。彼亦一是非，此亦一是非。果且有彼是乎哉？果且无

① 孙小礼：《20世纪的科学名篇》，湖北教育出版社，2005年，第173页。

彼是乎哉？彼是莫得其偶，谓之道枢。枢始得其环中以应无穷。是亦一无穷，非亦一无穷也，故曰莫若以明。】

此段讲的是“物”和“论”都一样不能确定，从刘勰到胡适，误以为那个“论”字是文论，非。物和论是并列宾语。极论言辩之是非不是必然的。“彼亦一是非，此亦一是非”之语在中国流行至今。“明”指实证，即“照之于天”。“道恶乎往而不存？言恶乎存而不可？”这道和言就是《老子》的道和名。道存于有 / 过去 / 往，而名可名 / 非常名。

【夫道未始有封（周界），言未始有常，为是而有畛（界内分区）也。】【庸讵知吾所谓不知之非知邪？且吾尝试问乎女：民湿寝则腰疾偏死，鳅然乎哉？木处则惴栗恂惧，猿猴然乎哉？三者孰知正处？】【毛嫱丽姬人之所美也，鱼见之深入，鸟见之高飞，麋鹿见之决骤。四者孰知天下之正色哉？】

此论判断之是非分歧源于主观和客观条件皆有不同。

【请言其畛：有左有右、有伦有义、有分有辩、有竞有争，此之谓八德。六合之外圣人存而不论，六合之内圣人而不议；春秋经世，先王之志（志传、记录），圣人议而不辩。故分也者有不分也，辩也者有不辩也。】

此段大意是说：人之所知有限，取舍各有条件。有分有辩，却无封无常。所以推理皆不必然，分有不分，辩有不辩。这也就是说，理由都不是绝对完全充分的。

全篇末尾讲庄周梦蝶的寓言。很多外国人也会讲这个寓言，但罕知其意。那是说：梦的思维与真实的思想活动难分是非真伪，告诫人们推理判断没有绝对准确的，理由都不能绝对充足。

葛洪有一样观点，《抱朴子·论仙》曰：

【事有本钧而末乖，未可一也。夫言有始必有终者多矣，混而齐之非通理矣。谓夏必长，而荠麦枯焉。谓冬必凋，而竹柏茂焉。谓始必终，而天地无穷焉。谓生必死，而龟鹤长存焉。盛夏宜暑，而夏天未必无凉日也。极阴宜寒，而严冬未必无暂温也。百川东注，而有北流之浩浩。坤道至静，而或震动而崩阤。水性纯冷，而有温谷之汤泉。火体宜炽，而有萧丘之寒焰。重类应沉，而南海有浮石之山。轻物当浮，而牂牱有沈羽之流。万殊之类不可

一概断之，正如此也。】

他是论证求仙非不可能，这要质疑。但他说论断没有绝对必然，却不可全然否定。况其求仙也只是要求超长人寿，不必不死。

西汉残书《淮南万毕术》列举了多项实验，结论多非现实。如说：用蛋壳造热气球、夏日能造冰等。从其所述看，都没有造成。但言之凿凿，似有其事，也有一定道理。那种陈述就是假说，没有充足理由。但可资证明那些人不相信绝对的必然性。这种理念是发展科学的动力。

《淮南子》曾以很大篇幅集中地表述推理的不完备，列举大量例证说明实际中存在与推理判断结论相反的情况。《淮南万毕术》与《淮南子》的作者可能是同人（同仁），其书陈述的物理实验，结论多非实际，那就是依据观察再加理由不充足的外推得出的。

充足理由律犹如同一律之不可废，那是理想标准。而兼容科学预见和现实理论的不完善，则是实践的科学逻辑之辩证性的又一要点。

三、辩证法属于名理

黑格尔不了解同异的根本性，更未充分论述在时空中展现的同异，仅以对立统一批评传统逻辑学，不得要领。随后便顺势随流地出现了20世纪初的西方语义哲学，其思想更与荀子相反，认为能够把语词内涵绝对统一，使知识无歧义而归于真理，从而彻底消解哲学纷争。他们认为这是“科学化”，他们不懂科学之无限，而要立即归一于某一绝对真理体系。于是，有玻恩（M. Boren）说：“物理学将于三个月内结束”，等等。这种思想不懂概念的模糊变异及其逻辑学意义。

语义哲学追求的语义严密化是封闭化、固定化，与孔子的“毋意、毋必、毋固、毋我”正相反。这类思潮导致某些科学家把逻辑当作僵化的科学方法。20世纪50年代中国有一部讲热学理论的教科书，以逻辑严密见称，每一概念和判断都有清楚的理由，从头到尾似乎无隙可击。如果把这种理论视为经典而守护，那就会与后来的非线性、非平衡以及混沌学等新理论疏远而落后于发展。理论体系严密如几何学也早已发生非欧理论体系与老的欧氏几何学的分立。

科学教育者须知：科学正是在概念的演变中发展的。好教师要强调中国古典哲学的破旧立新意识，唯此能培养有创造力的科学家。

人类文化整体是群体的创造，然而知识的发展则以个体思维为其基元运作。有时，一件创新思维过程不止于一个人做，许多学者联合攻研是常见的事。这是集体从事概念转化，但仍然是以个体思维为基元动作，有如足球队是一群人，而球的运动是从一个人传给另一个人。

个人在能进行创造之先，要接受社会文化的教育，要继承既有的文化成果；在完成某一项创造之后，要把成果传送给社会。个人（包括合作的小组）在进入新发现之初，思维中概念的运化要发生逻辑混乱，他们的创造过程是打破旧概念进行重建，并重构逻辑关系。完成这一程序后才可以对外公布交流。教育和交流既然要求使用约定俗成的语言，则新概念需要创发者建立新的“约定”然后向大家解说。社会文化的发展模式好像电影胶片，每一帧图像固定不变，而前后两帧即有差异变化。逻辑模式管着每一帧图景，变的只是图景不是逻辑模式。

以中国古典哲学补正西学，使逻辑学成为辩证的完善科学，不仅是消除近代把逻辑看作机械形式的偏见，也是可令辩证法学科避免陷入危机的正路。思维的创造成果要到逻辑处理过的材料中寻求。信息本身是现实事物变化发展的记录反映。逻辑是名理，作为信息分析程序，自然地体现着同异、常变、分析与综合、名与实、道与理等各范畴的分合相立。逻辑规律的守恒性是常与变互动，不是保守的机械形式，完善的逻辑学是辩证的。讲辩证法若不肯定逻辑的守恒性及其辩证性，与逻辑割席而处，就会陷入矛盾。任何人讲解任何学问道理，都不可以不遵守逻辑规则，否则其言即为颠三倒四的疯话。把辩证法与逻辑对立是荒唐的。亚里斯多德的逻辑学只是不完善，不是完全错误。长程推理如证明费马大定理，其中间部段满足三段论法要求以及充足理由律，而其整体按哥德尔不完备定理却不可能满足。因此那证明就不会是唯一而不可移易的。

量子物理学的波粒二象性和相对论的时空变换是自然科学中的典型逻辑辩证问题。波性与粒性互不兼容，可是讲解波粒二象性却仍然要以遵从逻辑规则的陈述进行。既然大量实践证明波粒二象性是正确的，则所谓“不相容”指什么？事实是：波性只是用波敏仪器观测的表现，粒性只是用粒敏仪器观测的表现。又且所有的观测仪器都是宏观复杂系统，原始信息资料总含有统计性内容，而单个孤立的基本粒子则是测不准的，波性与粒性都是大量多次宏观实验的逻辑严密一致确定的统计结果。这些事实决定，波粒二象性的正确陈述不会违反逻辑规则，且符合辩证法。

相对论为不同的动体设定不同的时空，甚至说速度不同的物体寿命也不同。然而全宇宙的统一时空却是客观存在，存在是混一的，没有绝对孤立封闭的物理系统。所设定的不同时空只是简化假设，其中没有绝对精确的测量。

科学理论有逻辑矛盾不等于实际中的矛盾。现代科学的理论前沿充满着逻辑矛盾。例如宇宙大爆炸假说的时空起始点，陈述者没有说明时间、空间、能量、温度等概念的定义，违背约定俗成施行推理。又如所谓 EPR 实验，不管微观粒子的不确定原则，硬性要求把一个单粒子在确定时间内发送到远处确定位置的接收器。数学之例，如计算出若干万位的圆周率数，却没有物理的实在与之对应。此所以有人说数学不在科学之列，因为它不要实证。然而这些也都推动科学进步。认识的任何进步都离不开逻辑的辩证作用，逻辑暴露矛盾又适应矛盾。若不容忍矛盾之说出台必致科学落后。科学在逻辑的矛盾中发展，这又是逻辑之辩证性的表现。

在复杂对象的学科领域，缺乏充足理由的思维是普遍现象。中医是典型，面对疑难杂症的判断必须如此；战争中指挥官的决策当然如此；现实生活中的政治、经济、商务等无不如此。钱学森要求领导决策计算机化，不对！

艺术与科学不同。实践的艺术是为满足人的审美需求搞的创作，是娱情之作，不是为寻求知识进步的循理思维，因而不以推理为交流方式。故逻辑不是艺术的主要规则。相声以谬悠荒唐的说话求取娱乐效果。至于表欲传情嬉笑怒骂更无须讲理。音乐歌咏有声即可，仅表现哀乐之情而已。绘画雕塑舞蹈戏剧亦复如是。

相声《关公战秦琼》可以视为寓言，讥讽当时流行的夸大的矛盾观，把互不相关的人强拉在一起搞斗争。

好诗有时被说成有哲理，大诗人有时被赞美为哲人。之所以不把诗叫"科学"而只限为哲学，是因为诗的语言不讲究逻辑性，读诗的感悟因人而异。旧式汉语格律诗和戏曲唱词有的甚至连文法都不顾，为合辙押韵而颠倒语序。古诗颠倒语序的显例，如杜甫《秋兴八首》："香稻啄残鹦鹉粒，碧梧栖老凤凰枝。"京剧如包拯唱词有"大宋扶保"之类。有人强调科学的艺术性，那意思是在科学家的创造性思维过程中受审美享受推动。中国科学院高能物理研究所的标志雕塑是正负电子对撞模型，好像阴阳鱼。若说那是表现科学之美，则蓝天白云、碧水香荷更美，且非人工设计而出于自然。而那电子阴阳鱼倒像街头广告，实际是它的设计人对自己的理论成果情有独钟。这里我们发现，在科学活动中逻辑与审美追求互动。然而，理不能概括科学思维之全部，创新不必守规矩。

第六章　从名理综观数学

一、数学的正名

数学是什么？这是近代数学基础领域的根本问题，是科技史学和科学哲学的大问题。

数学是：以独立于实际之外的人造概念为基础素材，严守逻辑规则构造的理论体系。

“人造”是指非范畴性概念，可以定义者，例如，几何学的直线、圆、方，数论的素数、无理数；“独立于实际之外”是指不属于物理、心理、伦理等领域那种有所实指的概念。这定义融合了康托尔、罗素等人的思想。按照此说，数理逻辑是数学的分支，而西方传统逻辑学则尚未科学化而属哲学的分支。① 集合论祖师康托尔说：“数学是绝对自由发展的学科，它只服从明显的思维。就是说它的概念必须摆脱自相矛盾，且必须通过定义而确定地、有秩序地与先前已经建立和存在的概念相联系。”

自由有之，但非绝对，要做定义就必有模糊性导致羁绊，使这种联系不全确定而使秩序性不足。罗素说：“纯粹数学完全由这样一类论断组成，假定某个命题对某些事物成立，则可推出另外某个命题对同样这些事物也成

① 引各名家之论见于李文林：《数学史概论》，高等教育出版社，2002 年。

立。这里既不管第一个命题是否确实成立，也不管使命题成立的那些事物究竟是什么，……只要我们的假定是关于一般的事物，而不是某些特殊的事物，那么我们的推理就构成为数学。这样，数学可以定义为这样一门科学，我们永远不知道其中所说的是什么，也不知道所说的内容是否正确。”

他说“永远不知道”有欠推敲，或许是翻译不确。实际他应该说“不管具体是什么”。“关于一般事物”，不是说就是一般事物。既有所“关于”就能知道。正如老子说不可道、不可名者，被荀子批评：“有见于诎（屈），无见于信（伸）。”这里又是西方大学者说话爱绝对的显例。两位大师的话都因绝对化而出了毛病。

至于近年美国人所谓“数学是模式的科学”之说则过于含糊粗疏，特别是忽略了数学概念的人造性和虚拟性。其说法不及韩非之说：“理者成物之文也。”此语中的“文”就是模式，而“理”非单指数学或逻辑学，只是指称在综合的道中所包含的分析的规律。数学概念是摆脱物理以及一般实际的约束，由人们主观设定的，所以既足够完备，同时又足够简约。

有位数学教师说：“数学是求真的。”大数学家哥德尔认为，数学中的“真”与“可证”是两个不同的概念（见上引李文林书）。则哥德尔以为有“数学之真”。此说与罗素不协调。很多数学定义并不求真。例如，现实世界中没有真圆和真方之物，圆和方的定义是理想化的；现实世界中没有无理数；无限大和无限小都是不可能经验的。如此等等不一而足。故只可说数学是求理的，而理是思维的虚拟，这里的“虚拟”不是不存在，仅指脱离具体实际。数学之理不是实际事物的理，是超越实际之理的“理外之理”。

虽然独立于实际之外，却不是与实际无关。因为人创造概念的起点和程序源于实际。特别是古代的初等数学和现代全部应用数学，基本上都与物理实际有对应关系。数学与物理学关系之所以如此密切，是由于物理学的终极分析特性，其概念当然是最简单化的，于是建立数学概念的原材料首选于物理，且多集中于数和形两大类，故很多数学推论就可以与物理问题联系，并成为物理信息的处理工具。数学的价值首在于此，但又是认识论之虚实二者分合相立的典型。故若不脱离实际，则数学也是道理。

然而即便是欧几里得几何学的很多定理也没有实际用处。说“数学是思维的体操”颇有道理。而现代抽象数学离实际越来越远，以数论为例，哥德巴赫猜想之类的命题与织女星温度的务实性不能比，而织女星已经与现实生活风马牛不相及了。求知欲原来不顾实际，逻辑不限制它。

荀子说“制名以指实”，这个“实”是广义的，包括数学的名。不管数学的名离现实多远，毕竟还是从实际抽象而成。只是在数学家那里把数学的名独立化，从而固定化封闭化了，不这样数学的演绎推理就不好办。“不可名”的“常名”不能限定内涵，自不必说。所谓“非常名”，即人为定义的名，其定义中必须使用两个以上既有之名，而这些被用于定义的名也要定义（一百年前美国哲学家皮尔士已有此论）。所以，人为定义的概念内涵并不像表面看来那么简单，仍然不免模糊性，总有发生歧义的可能。这表现在几何学发生非欧的异化。哥德尔不完备性定理的本质也在这里，公理化演绎理论体系里面的公理所言及的概念不能完全确定。公理或公设的概念定义是简约化的，故必是模糊的。公理也是一种判断，要遵守求同存异律。一条推理中的概念间总有说不清的差异，而那相异的部分内涵以其模糊不定而取消演绎的整体严密性。

以希尔伯特 23 条待解问题的第 4 题“直线为两点间最短距离”为例，点、距离、最短，分别是三个不同的概念，都需要定义。例如长短是由测量和数量决定的，测量和数量也需要定义，而且都超出数学之外很难说清楚。所以，不是问题提得模糊，而是所涉概念定义模糊，超出了数学。此即希尔伯特形式主义之所以失败，他似乎未读彭加勒。

集合的概念就是荀子所说的“类”，但是如果忽略求同存异律的根本性作用，则集合论研究家就可能陷入矛盾不能自拔。一个集合总是相对于别的集合之有异的类而规定的，而所谓“所有集合的集合”却排除了差异，已经不是本来意义的集合，与集合的本初定义冲突，逻辑不通[①]。

---

① 罗素的“理发师悖论”是说：a. 本村男人都不自己剃胡子；b. 他们都由我来剃胡子。其中“我”是本村男人之一，而“他们”是排异的。如果“我”自己剃胡子，则 a 为非；如果“我”不自己剃胡子，则 b 为非。另有抽象表述：是 A 集合与非 A 集合合成所有集合的集合。若此合成的东西作为集合，请问它是是 A 的还是非 A 的？此问之不能成立，乃因那合成的东西根本不是集合。它已是至大无外，无与伦比，不再是一个类。

直觉主义者所说的“构造性”有如《周易》爻辞的象，其实质是按求同存异律放发的宽容条件思维，是合理的。

数学也有许多猜想，且常有某一猜想被证明后又被否定的事例。这是容欠理由律的表现。微积分的发明是数学史重大事件，一开头就与其发明人之一莱布尼茨提出的“充足理由律”相悖，约 200 年没有完善的证明，直到柯西和魏尔斯特拉斯才解除其猜想性。而在这 200 年里，竟能依靠理由不完备的微积分方法建立伟大的牛顿力学，实现科学史的重大飞跃。哥德尔不完备性定理就是容欠理由律在纯粹数学中的论证——一切公理化演绎体系都没有充足理由，都是容欠理由的。数学是近现代科学逻辑方法的典范，但充满着与西方传统逻辑学不符合的不完备性。

只有以中国化的名理之学补充西学的传统逻辑学，才能解释全部数学发展史。

抽象数学或纯粹数学不必以联系实际为绝对标准，但若不顾来自实际的三定律——约定俗成律、求同存异律和容欠理由律，就有走火入魔落入科学的旁门左道的危险。而对纯粹物理，如其被误入歧途的数学影响，一样可能走火入魔，至少是浪费很多宝贵的智力资源，干太多无效的事。这里正用得着恩格斯的警告：科学家千万不要忽视哲学理论的指导作用！

二、什么事物有数和量

近代科学重于定量，特别是伽利略－牛顿以来的物理学，以其成果之巨大，使数和量身价倍增。理论物理学家都是造诣高深的数学家，但正如恩格斯所说，他们却不一定是好的哲学家，对数和量的本质的认识在很多人思想里大有可疑。唯心哲学家如黑格尔，把量变看作辩证法的重要范畴，也是受时代科学（可能是化学）的局限。孙小礼等人编辑了名人文集《数学与文化》，其中很多内容是宣传数的伟大，甚有偏颇者。例如，冯·诺依曼在《论数学》说：“能否接受数学方法或与数学相近的物理学方法，已愈来愈成为该学科成功与否的主要标准。”

这是西方的一个很古老的传统思想，即唯理主义。把运用数学的深度作为一门学科发展水平的标度，是很需商榷的。近年有人搞定量历史学，不成功，人类社会不能总体量化。宇宙总体没有两个时刻完全相同，更不能量化。很复杂的事物很难量化，即便找出某一特征量，比如称量爱因斯坦的大脑，没多大用处。汉字的训诂也无法量化。

质项是事物体系的分析的属性，系统整体的综合不言量。中国人口数多，而人口数不能表现中国的总体。液态水和冰都有温度数，而温度不能代表水和冰的全部内涵。

至于量变-质变，须知：首先量变不是动因；又且非一切质项皆有其量，非任何事物皆可量化。黑格尔拔高量的身价是唯科学主义绝对分析化的观念表现。当时牛顿力学高据文化之王座，能量守恒定律新出而爆热，绝对分析和量化的世界观是一时的现象。

哲学的时间不同于物理学的时间。哲学的时间是宇宙总体的终极分析的属性之一，但因宇宙总体既不能进一步再分析，也没有另外的可比较者，故亦不可度量。

物理学作时间计量，先要找一个时钟，也就是标准的可做比对的周期过程。时钟之可作标准者，要求它的周期过程很少受其他事物的影响，周期的时间间隔近似不变，有时还要特意屏蔽周围事物。这种不变如何延伸到宇宙总体？实际不可能。可能的是追求时钟在尽可能的大空间范围的稳定性，但不知一定构造的时钟，经历十亿年或百亿年，计时的量率是否一样。也就是，相隔那么长时间的两件事物，它们的短过程还有时间可比性吗？至少周围的环境变化会是太大的。已知月亮的运行周期经千万年演变已经增大了几乎一倍。所以，在变易第一的前提下，讨论宇宙时间的计量是一件很不靠谱的事情。

爱因斯坦为创四维时空说，在其广义相对论中把时间与三维空间等同处理，却没有说明其间的重大差异。这导致后来的“时间隧道”“时间旅行”之类的谬说。须知，空间是允许局域存在者在有限的条件下作自由选择的，即所谓自由度，可以来，可以往。而时间不受任何有限存在者操控，不许选择，单向延续，没有回头，不是自由度。在有限系统内，局部对整体会有作用。但是，宇宙这个系统与其局部是无限对有限的关系，因而它的局部不能影响总体。此所以说，时间是宇宙总体实现自身差异的方式。作为宇宙总体的属性，时间是绝对的，空间也是绝对的。时空的相对性仅是有限系统内的观察需要，小系统服从更大的系统。坐标变换和运动的相对性都是相对的，只有时空变易的运动本身是绝对的。

汉字“数”和“量”二字所代表的概念内涵是形而上的，即抽象到哲学水平的，能否在任何语境都完整无遗地译成英文？不能！因为这些概念在中西文化发生交会以前有两三千年的独立发展史。例如中国老话说“命有天数，在数难逃”，这里的“数”在英语里就没有简单的对应词。

现代数学哲学给数作定义时，把它分为“基数”和“序数”两大块。指定时间用的是序数，人口数是基数。可是两个概念却共享一套数字，而且数目很大时无法使用特称。英文的一周七天、法国大革命时期的十二个月名，都有特称。而公元年数和历法学的儒略日数，就不能用特称了。

看来，基数和序数之分没有过硬的理由。事实上，数的概念产生于周期性。理论上，数的形成是类比重复再现取同的操作。而基数的采得过程，比如人口中的一类（如某年龄段），也是一个一个去认同，而后“作数”的。所以得说：数是比同的重复性的表述。这个定义的哲学基础是易道主义，同异变化为最高范畴，是存在的第一要义。

庄子说：“无形者数之所不能分也，不可围者数之所不能穷也。”那就是因为不能施行比同操作。量，如物理量，有质量、能量、动量、流量、电量、热量……测量操作要先把质项化成有形之象，一般是化为长度，于是可比。以标准与被测物相比而取同，同则为一，取去此一，余者再取，又得一，后一加前一得二，如此继续而得三、四、五……直到所余不足一，即得其数。在单一质项上比同而生数，其操作谓之“测量”。其结果以数和作为标准的单位这两项的组合表述，谓之量。这操作与计时一样是顺序过程，计时以周期为标准，只是时间推移不由人而已。所以，基数与序数所用的数自当一样。

《墨经》说:【异类不比……木与夜孰长，智与黍孰多?】

木长是空间量，而夜长是时间量；智是信息，而黍是物质。标准单位不同，则无共享之数，即便各有其量也无共合的量。

《尚书》曰:【协时月正日，同律度量衡。】“协、同”是动词。其他字是并列宾语：时是季节，正是正午，律是发声的吹管、度是长度、量是体积或容积、衡是称重。所谓同，是要求大家对同一对象使用相同的计数和称名，称名是指计量单位。秦始皇首次在全中国统一度量衡，前此则在较小地域有同。只要经济交换超越以物易物，有了货币就会有社会公认的度量衡体系。

现代讲定量之风甚有过头，甚至人文社会之学如科学史也有人要搞定量。那么所定之量如何定义？这不是咬文嚼字，事实上因概念不清已经出现了难解问题，如“信息量”到底有没有？通信业界说有，而哲学界多说没有。

信息是什么？不必讲严格定义，信息的主要属性是表示事物的差异变化。计算机专业有所谓“压缩技术”，就是把无差异的块块作简并处理而不失掉信息。差异即是非同，非同不可比，则无所谓量。因而，更无所谓“信息守恒”。技术界说的信息量是用于信息传输记录的载体之量，是信号量。比如一种密码规定每100个字符中仅10个指定序位有效，而通信的信息量计数包括无效字符。有效的是什么？是木长、智多，还是扯闲话？没法比！信息本身没有量。

前文说过，有数不一定成量。讲旧辩证法的说：“一切事物都可以量化”，那是拿黑格尔的“量变到质变”当做普遍定律，错了。从机发论看，信息及其控制作用是以微制巨，不是以量取胜。机发原理与黑格尔的量变观正相反对。

三、古象数分析

说到数，在中国古代，易学中有象数派，迄今世界上似乎只有这一家哲学使用数学。而用数是分析的操作。近年在一些人中流传河图洛书之类的新钻研，自命为自然国学，实质是时新形貌的古老的易学象数学，与刘歆和一行对天文历法的解说没有本质的差别。这种象数学的本质已由春秋时代的韩简给出了简明准确的说明。(《左传·僖十五》)

公元前645年，晋惠公做了秦军俘虏，埋怨他父亲不该不听占卜的预言，与秦通婚，致有今日之败。他的随从大夫韩简说，算卦不过是蓍草给出的偶然之数，管不到今日之事：【物生而后有象，象而后有滋，滋而后生数。】

这“物”是动物，“象”是物种特征，“滋”字初文是二幺并立，表示繁殖，后代的特征当然与父母一样。有同种的多体才能言数。韩简强调数的形成条件是“有同”。

至于为什么最小的几个自然数（1、2、3、4、5、6，以致10、12、15、30、60等）会在宇宙学和基本粒子学中有特出的地位？这是因为这两个学科的特色是“观大同”！宇宙之大，如太阳系，各行星有很稳定的自转和公转周期，且远视皆为正圆形。但宇宙学却不管地震，水灾、瘟疫。基本粒子学也不管病毒、细胞。这都是分异，而数只是取同的表述，最小的自然数则是取大同的表述，如此而已。大尺度时空中事物和大数量微小粒子的统计观察，皆注重其有同导致的周期性和秩序性。

共振趋同是普遍的物理效应，表现万有的混一性。例如挂在一根横张的铁丝上的两个悬摆，如果一个一个分别单挂，自振频率有微差而不同，而在并挂时频率就一致化了。宇宙之万有都有类似这样的相关性。这效应可使大尺度系统以及统计的微观体系内部结构间都有最小自然数的关联，例如，3∶2。而甲子数60则包含甚多简小整数因子2、3、4、5、6、10、12、15、20、30。这才是象数学在形式上有时见效的原因。

然而，仅“观大同”不是科学的最终目的，科学还要“辨小异”。此所以古老的象数学未能引向科学之路，近代科学没有因此就在中国产生。与此一理，被说成传统文化核心优点的“天人合一”也一样不行。现代科学最大特点是开发了新技术，诸如计算机、航天器、克隆羊……这可不是一句“天人合一”能对付得了的。

创新来自“别异”。所谓“异”，首先是时间过程变化所生之异。人类的历史就不能用象数学解释，这正是韩简对晋惠公之言的主旨。韩简说：“先君之败德及可数乎？史苏是占，勿从何益？！”人事的成败是复杂的综合，非由易数决定。凡联系实际的科学也都一样，不取决于简单数字。

开普勒企图用五个正多面体解释太阳系的五大行星（当时只知有五个行星），其想法与中国的象数相似。牛顿的微积分胜过开普勒的多面体，正因其包容无限多异。群论似乎重视简单数字，但它是为实际物质的对称性提供别异的数学工具，运用之妙变化无穷。易学的阴阳二分法似之，但过于简单，只能作哲学方法。中医用之，失之过简。

当人对复杂事物茫然无知时，从最宽泛的数或象数寻求推测，也是一种无奈的选择。高明的占卜未尝不能有一定的命中率。其原因也无非某种“观大同”而已。这正是《易·系辞》所说：“感而遂通天下之故”，所谓“天下之故”所指只能是宇宙已有表现的大同。既谓之“故”，就不是创新思维，更不是求实证的科学研究。

近来常见象数型的“民间科学家”。他们既从河图洛书之类的古老象数讨生活，又一味追随主流科学界的时新语词，围着夸克、群论、超弦、黑洞等时髦语词打转转。姑且不论他是否真懂那些时髦名词的专业本义，安知过若干年那些名词不会像地心说的本轮、均轮一样进博物馆？真正创新的思维得有自己的独立思考，得做预见，以之发动科学群体去实践求证，并付诸应用，那才是真正的理论。

纵观象数学的历史，阴阳五行都要别异而非单纯观同，此所以中医理论有一定的实效。有些人钻进现代天文和物理的前沿阵地窥视窃听，企图捞点谈资，却只拿出几个河图洛书之数自证其入门资格，别异之功既未高于前人，也不能启发创新思维和实验，搬用多少新名词能管用吗？

近年有所谓“计算主义”，以为物质世界是大计算机。然而人造的计算机的功能是几乎绝对分析化的，它不会做质项的综合处理。约定俗成律本质在质项的模糊性，而人造计算机能做的所谓“模糊数学处理”仅止是量的模糊化，所以要由人自外给它输入定义，才能进行诸如机器证明之类的操作。在没有发现计算机有处理质项模糊性的可能性之前，以现有人造计算机为模型，断言世界是大计算机，正与18世纪“人是机器”的思想一样，也与黑格尔夸大“量”的作用一样，是机械形而上学。可否向智能机器人研究者提一条根本要求：攻克质项综合处理大关，令有限的机器拥有像人一样独立做定义的功能，例如赋予计算机诊病的专家系统独立定义的功能，行吗？

阴阳是二元分析概念，以易学为代表；五行是多元互动系统的最简模型化概念。历代正史天文、律历、五行等志有集中陈述。

第七章 评议现代物理学

一、物理学是什么?

物理学是以对物质世界作终极分析为中心的学科。

本章将巡视检验这一从易道哲学导出的观点。

与一切科学一样，物理学以还原性认知为主。所谓“还原”是外国哲学界称呼理论的分析操作之语，信仰上帝者可以解为回归上帝，用者小心！但物理学的终极分析只是学科的中心，其外围与其他学科密切交叉，没有明显界限。只见中心无视外围的物理观是唯还原论，准确称呼应是“唯分析论”。很多理论物理学家属于此类，他们定义物理学为：“研究宇宙间物质存在的各种主要的基本形式及其相互作用、运动和转化的基本规律。”(《中国大百科全书·物理学》卷首文)。所说的“基本形式”只含分析的形式，不谈综合。“基本规律”也只是分析形式的“理”，而非综合的“道”。于是就把应用物理研究项目排除在外了。

很多学者认为，这些已足够了，可以概括一切了。个别人甚至以为自己就是科学的甚至是哲学的最高权威，反对他就是伪科学。须知，规律或理，只是理论，是认识的分析性信息成果，可以用来解说实际，却不是实际，物理学理论尤其是分析的极端。物理学家若对此没有清醒自觉，那就近乎书呆子了。

存在的第一要义是同异变化，宇宙总体没有两个时空点全同，而任何两个时空点的事物又必有所同。

变化的路径是“道”，道是实际的，故而是综合的，是无常的。韩非叫做“道无常操”。但道的分析构成组分是“理”，终极分析的理是守常的。物理规律就是“常理”。既为常理，当然是对过去未来一切时间都有效。在中国“理”和“实”与时间的关系何曾如此纠缠不清？有些人分不清道和理，不知物理只是理，不知道“理”不是实际。物理学的终极分析的重要性在于它是其他科学的基础，基础绝非全部。终极分析之理是最简单的理，而实际存在却是无穷复杂的。马克思激赏进化论，即因其以复杂变异为原理。

物理学的物质是宇宙的分析的构成，物质观念在同异变化中的特别内涵是量的守恒性，包括质量守恒和能量守恒。这导致以守恒为第一性的观念和以分析为科学的唯一方法的偏执。守恒或守常，荀子叫“贯”，相对于变化是辅助性的，不是第一性，且对无限的整体宇宙没有意义。

最基本的终极分析属于宇宙学和微观物理学两极层次，是现代物理学前沿所在。庄子引惠施曰：【至大无外谓之大一，至小无内谓之小一。】宇宙无外，无与伦比，故其本身无所谓规律；单个基本粒子则无内，比类全同，无内部结构形式。宇宙不能没有分开的多元部分，没有分立结构不成其为宇宙。人类仅从实践得来的认识是有限的，不可能超越宇宙的局部而及其总体。以实证认知微观世界，只是对集群的粒子做实验，孤立单个的基本粒子与我们没有直接关系。在宇宙射线和加速器中所见径迹，并非孤立的单粒子，而是运动变化中的粒子，是在时间中展开的不同粒子的集合，而且还必需有此外的大量外在粒子与之相互作用。单个基本粒子则是多粒子和场的分合相立的一份子。孤立的单个基本粒子测不准，故无信息功能，不能使外界直接对它的状态产生完全了解，其存在与宇宙的存在一样，也没有直接的现实意义。

基本粒子的“内”与其是否可能再分割不是一个概念。可以考虑有夸克或超弦，然而说“一个质子由三个夸克组成”与说“氢原子由一个质子和一个电子组成”，两个“组成”不是同等含义。命题的实质是：内部结构组分的变化会使整体属性表现变化。原子和分子都有属性变化，而质子却没有这种表现。何况理论推定的夸克是禁闭着的，不能独立出现！这种理论不符合认识论的标准。

物理学这种分析的终极性并非自古如是，从法拉第发现电磁场才进入终极分析的水平。恩格斯说：“化学是原子的科学，物理学是分子的科学。”因为他那时人们都以为原子是终极不可分的。法拉第－麦克斯韦电磁学的产生才是物理学史最大的革命，后来的相对论和量子物理不过是这次革命的自然延伸而已。

场的概念类似元气说，揭露了物质的真正连续性，为信息概念的物理阐明奠定了基础。信息以光速为极限速率交换传播而否定超距作用，这给空间中各局部的变化以相对较大的自主权，并使因果关联强化了可分析性。在简单的有限封闭的物理系统中，信息的作用不及能量和质量那么明显。穿衣吃饭都是分析的质能作用。西方学者最关心的是最简单的分析质项，例如，杠杆、浮力、石头落地之类。

西学擅长定量实验和数据的逻辑化处理。但这两方面都有所局限，都只是认识方法。实际的物理系统没有绝对封闭的，推理不能绝对完善。物理测量不是相对论的，任何测量仪器和被测物都是多元互动粒子的复合体系，时空计量的结果是测量主体和被测客体的共和记录。现实生活的时空是协调共同事务的参照标准，无论科技生产、政治军事、饮食起居、养生救死，所用时空数据要公共一致，所谓精密度就是这一致度。

哲学的基础概念是总体社会文化传承的成果。历史上不同民族的哲学相差很大，古代物理学史也就呈现不同的面貌。欧洲从文艺复兴发展出了近代科学，为人类做出了伟大贡献；而中国则被阻于元气、浑天等自然哲学观念，加上政治伦理的保守，迟迟不进。古今中外科学史都证明：

哲学是物理学以及一切科学的先导，是文化发展的先机，不是工具。

要解答李约瑟的问题——近代科学何以不出自中国？必须考虑物理哲学这个重要因素。元气是中国古代自然哲学最大特色，作为最彻底的宇宙“物质”的分析概念，其抽象度达到了至今无以超越的极限。本根元气是：不生不灭，无形无质，唯有阴阳，分合变化。然而元气的彻底连续性有其不如西方古原子论之处，原子是可分离的微观单元，这些单元彼此有同。因其分离而有同，才能结合成花样有序的宏观物体，好像有花样图案的地板瓷砖。这样就可以解释从杂乱微观到有序宏观的过渡。

《淮南子》认为：元气化分，轻清者上升而为天，重浊者下凝而为地。上和下是最经典的二分矛盾分合相立关系。认为天与地一样大，天在上，地在下，这是盖天说，其体系化理论初建于公元前3世纪。西汉成书的《周髀》表述了一套相当完善的盖天宇宙学理论体系，它不涉及任何鬼神，用纯科学方法解说昼夜寒暑和南北地差，无疑是理性的，只是言分不及原子论。汉武帝太初改历，以洛下闳为首的浑天派有皇帝支持，战胜以司马迁为首的盖天派，完成了一次重大的科学革命。其说以天为球壳形，球内正一半为水，地如木板漂浮水上。天球绕轴而转形成昼夜循环，总有一半在地底下。这就是“浑天平地”宇宙模型。浑天说只是突破了天总在上的观念，在解说天地的物理结构时仍未达真，未能解除上下/阴阳观念的枷锁。

为求合元气说，汉代人提出宣夜说，取消球形天壳，以天体分布为无限空间，但仍固守元气说的上下观念，得不出地心说。须知地心说是近代物理学的直接源头，由它得出日心说，再由日心说得出开普勒定律，才有牛顿的质点力学。地是比天小很多的小球。球无上下，只有中心。中国古人何以得不出地心说？不是不及西人聪明，也不是传统哲学有误，是所处地理条件限制了认知。西人很早就反复航行于北到挪威南过赤道的大西洋东岸，这种观天条件是地心说的认识基础。中国古人则局处中原。15世纪有郑和远航，如能独立自主发展，也能积累经验得出进一步的认识，但到底令西人抢了先。然而，唐僧一行的科学团队已经得出南北大范围天象观测数据，经验虽非丰富，实亦俱足。一行已始质疑光的直线性和简单勾股法，这正是相对论的核心。之所以未能突破浑天平地说，是元气说的阴阳上下观念作梗，说到底是哲学未能及时突破。这个重大的科学史经验是人类文化的宝贵遗产，完全适用于现代科学（李志超：《中国宇宙学史》，科学出版社，2012年）。

二、现代宇宙学的困惑

我们仅就当代流行的宇宙学来说明哲学的先导作用。

现代宇宙学主流派以广义相对论标榜，自以为阳春白雪，公众对他们的学说敬而难近，不能置辞。然而，爱因斯坦等大师却说科学的终极真理必是简单优美的，因而不该艰涩难懂。中国古老的易学也说“大道易简”。那么，现代宇宙学必是走了弯路，毛病应即是哲学不行。宇宙学因其涉及无限，当然半是哲学。可是竟有宇宙学者说哲学只是物理学的工具①。那么，哲学在物理学家手中只是备用品，可用可不用。中国有位院士说，大爆炸学说是经由实验证明了的。此公虽以物理学为专业，却不懂什么是实验，特别是不懂实验的有限性，而宇宙无限。

广义相对论的死穴在时空观。狭义相对论因其实现了电动力学与牛顿力学的统一而被物理学界接受，但所用时空以罗仑茨变换作规定而绝对分析化，单个电子也可有与一切其他物体不同的时空。那只是数学规定，不是泛用于一般实际的时空。牛顿的时空观坏在虚空化，也是绝对分析思维的结果。时空有绝对性，但不出自虚空，而在于实在。宇宙的差异变化是绝对的。这里再重复《墨经》之说：【久，弥异时也；宇，弥异所也。】改进的现代陈述是：宇宙的时间是宇宙总体自身实现变易的分合方式；宇宙的空间是宇宙局部彼此展列差异的分合方式。

这条原理是评判任何宇宙模型的准则。分者异也，合即弥也，分合之义原已含在原文中，我们所加只是“方式”。因为时空本身作为方式并不规定内容，因而才被牛顿看作虚空的物。我们说那是差异变化的分合方式，也就是说，那是实在事物的存在方式。脱离实在事物则无时空。

黎曼几何是广义相对论的数学基础，其要点是非线性勾股法。作为纯数学，它可以是逻辑自洽的，但若用之于物理就得另说，而此事大有可疑。为简单，我们以一维黎曼空间为例，也就是令三维空间的二维不变。我们取球对称空间的径向 r 这一维作变数，在单一半径上，普通欧氏空间的两点距离

---

① 温伯格：《终极理论之梦》，湖南科学技术出版社，2003 年，第七章标题“反对哲学”。

为 dr。而相对论的黎曼空间却要另由数式 ds^2=qdr^2 规定距离为 ds，q 是个变数。那么请问：dr 若非空间距离，是什么？可测否？若是可测，何需另立个 ds？若不可测，又怎么成其为算式里的一个数？

《中国大百科全书 · 天文学》有广义相对论标准宇宙模型方程式，在上述一维黎曼空间单一半径上是：

$$ds^2= dr^2 \cdot R^2(t)/(1-kr^2)$$

给出这个方程式的人没有解说式中的 ds 和 dr 的可测性，只说，$R(t)$ 是任意函数，k 只可取 1、0、–1 三者之一，1 对应正曲率，–1 对应负曲率，0 即为 0 曲率。他们也没有明确解释这些曲率的物理意义。俱知凡言曲率必有曲率中心，曲线的曲率中心不在那线上，曲面的曲率中心不在那面上。三维均匀各向同性空间（即由爱因斯坦宇宙学原理规定的空间）而有曲率，曲率中心在哪里？如果上式空间的曲率中心在另外某一时刻的空间某点上，所谓曲率的正负或指过去未来之别。则从这个异时空间的曲率中心点向两个相反方向延伸半径，应能达到一个同时空间的两个对极点。由曲率中心看两个对极点，却是一为过去，一为未来；而这两点的观察者彼此看则都只能看对方的过去。

数学家哥德尔解出宇宙方程式的一个解是：同一空间点上的时间，过去可以是未来！爱因斯坦对此大惑不解——因果关系全乱了。“西方科学特色”的逻辑哪去了？

三维空间与时间可以等价共立吗？须知未来一切是无，只有过去是实有。视未来为有是原始神创论。与时间不同，空间坐标的正负两方则同时并立。时间不是空间中与其他三维平列的一维，而是宇宙总合本体存在的显示。时间统摄空间的变化，不受任何有限局域的影响，不是自由度。当那些宇宙学专家们提出 s 有限而宇宙无界时，却是以 r 趋向无穷为前提。到底是那个有限的 s 是空间，还是这个无穷的 r 才是空间？

有人讲“空间膨胀”，而以星系光谱红移为证，不知其空间如何定义，如何计量。作为差异变化的分合方式，时空本身何谈胀缩？若是空间有膨胀，而其内物体 / 距离不胀，那膨胀是怎么测得的？如物体随之而胀，则尺也一起胀，作为量尺的光波长当有与天体同步的胀缩，怎么能测得膨胀？无相对运动的红移与膨胀何关？在小尺度空间里，光谱红移只能是光源与接收者相对运动引起，那不是空间膨胀。在大尺度空间里，观测到的红移更可能是另有原因，例如引力红移，或物理常数特别是光速 c 有变。

哥德尔大定理说：公理化逻辑体系不可能自我完备，必含不能在其内部做出证明的判断。宇宙学的理论体系也照样逃不出这条限制。现行相对论宇宙学的逻辑不仅不完备，也不自洽。正如非欧几里得几何学，或许有“非爱因斯坦宇宙学”，其基本假定或即在光速有大尺度变化。

不止一位诺贝尔物理奖得主说，现代理论物理学的任务是说明时间和空间是什么。错了，物理学本身不能作此说明，这是哲学的任务，但不要期望解决。

哲学的使命是要研究永远不能彻底解决的问题！

三、量子物理学的使命

与至大无外的总体整合相对应，在宇宙的至小分析那头是量子力学的微观世界。量子物理学大师玻尔与爱因斯坦不同，他不固执唯还原论的观点。可以说，玻尔是近代理论物理学家中最有哲学头脑的一个，而且他对中国古典哲学有更深的感情。现代粒子物理学在无休止地追求粒子的分析结构时走得太远，实际无法对其终极性理论作直接的实验证明。坂田昌一主张无限可分层次结构说，这应属唯还原论。不管他怎么分，微观粒子的波粒二象性总是普遍根本的，这决定了微观粒子是测不准的。体系随其组成粒子数增多而转为可能测得相对较准，才可有信息运作。波性是存在的时空弥散性，直到弥散性由多元叠加而相对地部分地消解，不确定性减小到一定程度，才算进入宏观世界，而有信息。

信息是实际的存在方式，是表现于当下现实的复杂系统整合的方式。信息记录历史并控发巨变，是万物进化的发机。在热力学中，简单物质体系的熵总是增加。但信息的作用却是令熵减少。热力学的熵增加要求大量体系结构分解，然而宇宙中的物质却不断地结合成更复杂的体系，故熵增加不是终极原理。

究其原因，熵增加原理是以系统中的质项数目有限以及系统封闭为条件的。检验熵增加原理的实验，也都是封闭系统；实际事物的质项则是无穷多，更加还有机发现象，遂令变化无限翻新。生物发生和进化导致现在的规模和水平，整个地球表面都占满了，正说明复杂化不遵守熵增加原理。这一点不因地球在宇宙中很小而可否定。机发论是对现代理论物理学，特别是统计物理学的严重挑战。从宇宙到微观，实际的运动变化不是经典统计物理学的天地。

不仅单个的微观粒子不能构成信息的存贮和运作，甚至单个 DNA 分子也存不住信息，此所以做 DNA 测定需有足够的样品量。如果一个精子里只有一条 DNA 分子，则其中的原子若有越位窜乱，就不能恢复。

生命的本质是信息，神者生之本。个体人的有效寿命是智力寿命。文化有成的精神成果可以不随个体朽灭。如《墨经》说：【文，死也，可。】生命信息承载于分子层次，却不能依靠单分子。只有多个分子互相修补随时发生的损坏，个体才能维持较长的寿命，但也无永生。而生命信息则经由遗传延续长久。大脑的模式必非现代计算机样式的各司单职的单件组合，而是弥散的存贮和演算。遗传信息的发展进化靠的是逐代更新，个人智慧则在主客互动和大脑运行中补失和创新。个体生物的正常寿命必与其所有同样基因分子总数对应，人的基因比松柏复杂，而寿命远小于松柏。生理学和医学的长远目标是“自生克隆”，即：以个体发生发育传宗接代以至伤病老死的全过程为对象，认识并掌控其中的基因修补机制。精神病学、心理学和智能教育学的物理基础命题应是神经元分子软件的优化和程序病毒的防治。

四、物理学基础概念的局限性

先推敲尺和钟的概念。标准尺从国王的脚或肘演进到保存在巴黎的铂铱米尺，再改进为 Kr^{86} 的发光波长 605.780 210 6 纳米。最近的更改是规定整数 Nc=299 792 458，再把真空中的光速定为 c=Nc 米 / 秒，于是 1 米和 1 秒就都有定义了。长度标准的精度和稳定归结为光速 c 和时间标准的精度和稳定问题。

光速 c 的不变性以全部物理学经验为依据，只是集体信念。计量长度，例如移动干涉仪镜子时记录光度峰值数。实际操作可能简化步骤，但本质都是接续取同。例如从尺上直接读数，那接续取同的过程是在尺的制作中完成的。

此处仍是计量的共同原理起作用：数的概念产生于周期性，一个数的形成是类比重复再现取同的操作，数是比同的重复性的表述。在时间计量中，周期性没有隐蔽，数的本质便直接表现了。历史事实也的确如此，人类最早的数的概念应该是从计日数得来，而日是地球自转周期。

上述理论立足于哲学的变易论：一切存在的最根本属性是分合异同。一切认识过程始于比较不同事物的异同。测量就是一种比较。因此自然数是一切实际计量得数的原貌，小数不过是以最末位的 1 为单位的自然数。实际计量得不出无限多位数，也就是得不出绝对精确的整数、循环小数、无理数。计量中作为比较标准的物理质项单元没有绝对稳定和绝对相同的，故任何计量都没有绝对精确性。

如果认为真空中光速是宇宙常量，永无变化，而 Nc 之规定正是一个自然数，故用光波计量长度只在省却了另定标准的麻烦。但那种测量却需要以时间计量为本，而时间是比长度更基本的物理量。所以从理论上说，长度标准的新规定仅比老标准有更强的逻辑性。

看看 Kr^{86} 光波长的 10 位数怎么得来？又怎么使用？孤立原子发光以线状光谱为主。这说的是：原子化的稀薄气体在放电管里发的光由光谱仪分析，其光谱由一些数值不连续的单色光构成。原子之间若离得太近，互相影响作用，发光的波长就渐趋弥散连续。所以，要获得单色性好的光，需要气体尽量稀薄，温度要低。（原子走得慢，互相遭遇碰撞的次数少，运动方向和速度的差异少。）激光发明后，人们想利用它单色性好的优点取代 Kr^{86} 光。

但是激光的单色性是由外部人工设备（两片反射镜组成的共振腔）决定的，不是原子内在的自然属性，单色性虽好，波长却不够稳定。什么是单色性？又何谓光波长的稳定性？这不是个容易理解的概念，很多科普书，以致教科书都说的不准确，有的甚至大错。

光是电磁波，在空间一个固定点，表现为电磁场的振荡。“单色”的物理定义是：空间一点的电磁场随时间的变化是准确的正弦函数。然而物理实际没有绝对精确的正弦振荡，首先，没有在时间中无限延续的正弦振荡。任何有限时段中的实际的正弦振荡都是无穷多微分化的精确正弦振荡叠加积分的总合。自然存在的只有近单色光或准单色光，其中每一周期的时长、位相和振幅都有微差。或者更准确地说，每一时刻场的数值都会偏离作为平均值的理想正弦函数。偏离越小，单色性就越好。物理实际中没有数学的频谱分析意义上的绝对精确的正弦波。用最概括的说法解释这一现象，有下述理由：

第一，原子所处的现实世界整体不是绝对真空，周围是个充满变动着的物质的宇宙，不管密度如何稀薄，外部实物和场对发光原子的影响作用都不会绝对消除；第二，发光原子本身也随时间发生变化，发光过程延续至多不过 1 微秒；第三，观察者（或受光体）与发光体一样，自身和环境都在变化中，它所感受到的场值信息也与客观真实值有所偏离。这里表现的是：一切皆变。从恒变的世界中求取分析的认知，是求知变中之常。变中之常只是理，最常之理是形而上的，在一切有限事物中都不能绝对精确地表现。人可以用理性思维把握形上常理，但不能达到终极。因为：第一，认知对象无时不变；第二，人的认知操作的实践是有限的。几何学的圆和方有严密的定义，而现实世界中没有完全符合那定义的圆和方。

理性不等于符合实际。相对论是一项理性思维成果，但其基本公式无法直接验证。按相对论，两个相对运动的坐标系不能互相对表，而时间却是属于全宇宙的。光速真可以作为终极基准吗？秒的终极基准到哪去找？首先，这些终极基准的存在便是物理学史造成的信念。注意，这说的不是个人信仰，是人类文化的成果，是来自群体的经验，但仍仅为信念，或称“范式”，不是不可破的。

诺奖得主大卫·格罗斯在 2005 年 2 月 7 日中科院理论物理所演讲（王震雷：“物理学将来的 25 个问题”，《科学》，2006 年第 1 期）。他模仿希尔伯特提了 25 个问题，第 11 问是“时空是什么？”然而这不是个物理学问题，而是个哲学问题，因为它涉及无限，物理学本身没有能力解决它。在某种意义上，它甚至是个信仰的问题，因为对立观点的持有人，包括我们自己，常常是由自己的人生观、世界观或宗教信仰出发而作取舍，不能被哲学和科学说服的。

主流的理论物理学家们关心时间的“箭头”，说是：“现有一切物理规律都是适用于时间的正反两个方向的。而时间本身却只是单向地延续，不知为什么。”这个问题早在中国古代哲学家们就解决了。过去的历史是宇宙整体的存在，老子称过去为“有”，而未来是“无”，现在为“玄”，新生事物为“妙”。历史之“有”不停顿地变而生新。这也是儒学的基本观点，易曰：“生生之为易”，“天地之大德曰生”。

若说物理学的规律都是时间可逆的，统计物理学的熵增加原理却不可逆。但以严格的逻辑说法，统计物理与其他物理规律不同，不是终极分析的理，是物理学中的“另类”。它的研究对象是有限封闭系统中的多元（趋向无穷多）组分的总体性状。这与人文、社会、生命等复杂对象的学科是一样的，其不同点只在统计物理把对象简化到物理的同类（如一样的分子），以及单一的质项（如动能），于是可以引用简单物理定律和数学方法。故可以说，统计物理学的判断不是标准的基础物理学定律而更近于数学。统计物理的时间不可逆则是一切复杂事物共有的本性。

把综合的统计物理除外，终极分析性的物理定律果真全都是时间可逆的吗？波是物质的重要存在形态。波是连续介质（首先是场）中各点状态变化的传播。波传播不可逆！

惠更斯提出光的波动说，他创立了“波前”和“子波”的概念，以之解说波的传播。波前是处于振荡之同相位的各点组成的线或面。“同位相”是指与作为标志的振动最高峰的时间差相等。波的继续传播是：波前上各点作为新的子波源，引起周围介质振动，子波的叠加总合构成传播。问题就出在这些子波引起的外周新振动不是各向同性的，而是向前不向后的。这事没有道理论证。此后过一个半世纪，菲涅耳继承惠更斯的子波概念，用微积分计算子波的叠加干涉，给出空间各点的振动：

$$U(p)=-\frac{j}{\lambda}\iint_{\Sigma}H(x,y)\frac{\exp[jk(\rho_s+\rho_p)]}{\rho_s\rho_p}*k(\theta_s,\theta_p)\mathrm{d}x\mathrm{d}y$$

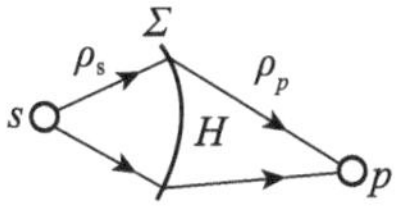

图 7.1　空间各点的振动

它描写的如图 7.1 所示，一个点光源 S 的光通过一个面 Σ 在 P 点造成光振动 $U(p)$。一般情况 Σ 面上存在对波的固定的变换作用，以变换函数 $H(x, y)$ 描述，x、y 是 Σ 面上的坐标，$H(x, y)$ 是面上各点对入射波振幅的衰减系数和位相增量。Σ 面上与 S 距离 ρ_S 的点的入射光振动因子是 $\exp(jk\rho_S)/\rho_S$，因子 $\exp(jk\rho_P)/\rho_P$ 是这点发出的子波在 P 点造成的光振动。这积分是一切波成像的理论基础，成像光具则表现为 $H(x, y)$。在我们现在的问题中，为了简单，只须令 ρ_S 为常数，即 Σ 是球面波的球面，以及 H=1，即没有变换物 / 光具。我们关注的是 $K(\theta_s, \theta_p)$，它的名字叫做“倾斜因子”。而 θ_S 是入射波面与 Σ 面的交角，以 S 为中心的球面上的 $\theta_S=0$。θ_P 是 P 点方向与 Σ 法线的交角，随着 θ_P 的变化，K 的取值应在 1 和 0 之间。菲涅耳曾经给出过一个 K 的算式，后来基尔霍夫又给出另一个算式，别人也做过不同的计算。倾斜因子当初是为了解释所谓“倒退波”问题而设。子波作为球面波，有没有向光源方向的倒退发射？这是个困难的问题。有人埋怨惠更斯“引入了倒退波的困难”，这是不了解历史，惠更斯的波模型无倒退波。他的波是以笛卡儿的以太为介质，笛卡儿以太由一样的微粒组成，光波被看作同样微粒碰撞形成的纵波。在碰撞中动量守恒（动量守恒是惠更斯的研究成果）当然就没有反方向运动。在这模型里倾斜因子的不对称可以解释。但从微粒以太模型来看，即知倾斜因子是随介质性质而有所不同的东西。倒退波之成其为困难，是连续介质的问题，特别是电磁场中的横波不能用微观粒子碰撞的动量转移来解释。在 θ_p 趋近 π 时，必须令 $K=0$，因为没有倒退波！这是个不能由逻辑论证的实际规定，是个公设。对连续介质场中的波而言，波前的外面（传播方向的前方）的振动与内面（后方）的振动是因果关系，即时间上是先内后外的。波传播之不可逆，是因为波传播的因和果的关系就是时间的先和后的关系。

进一步还有，在均匀连续无限界的介质中，可以有点状波源造成的发散波，没有与此正相反对的汇聚波。因为，可以造成一点的激荡，却不可能发生相当大半径的均匀圆周形激荡。这里说的“点波源”当然不是无尺度的理想几何点，只要激荡区域直径小于波长就行。实际波源都是发生于有限大区间的振荡，凡是多点一起作用的振动源，都适合此处的讨论。总之，波作为物质存在形态，物理的基本规定就是时间不可逆。把物理学规律说成是全部时间可逆，只是某种心理偏向，并非通晓物理的合理之论。

有限空间里的电磁场含无穷多微分元，则电磁场是个“超巨系统”。一切其他种类的波，其传播介质在有限大的空间中也是超巨系统。这样我们就不难说明为什么没有“倒退波”了，因为有一条原理叫“巨系统无全逆行”，一切巨系统都不可逆转。这原理仅据哲学的复杂性就完全确立，用不着数学，也无须实验。宇宙当然是最大的超巨系统：总体宇宙没有两个时刻全同。物理学并非放之四海而皆准。

宇宙时空的唯一性。这本是个理论科学与哲学的命题，虽然原非深奥，却被学者们搞得乌烟瘴气，混沌不堪。其实，战国时期的易道学者已经有了很好的论断。倒是近年的一些理论物理学家搅浑了水。时空的定义原不需太多的科学处理，人类文化的基本经验和思维就已把握住主要因素。那些搅混水的说法多出自非理性信仰。

本书前文已经说过：《老子》用“天地”称呼宇宙，用“有”和“无”规定时间【无，名天地之始；有，名万物之母。】“始”是未来。《墨经》进一步定义宇宙时空为【久，弥异时也；宇，弥异所也。】

中国古代称空间为“六合”，即上下左右前后，或东西南北上下。“维”字原指绳子，很早就被用来表示宇宙空间的方向，如《楚辞》有“八维”，指天地的四方。张衡《灵宪》“八极之维”指天地的八个几何的方向线，从中心连向八极，即东、东南、南、西南、西、西北、北、东北。《易·系辞》：【易有太极，是生两仪，两仪生四象，四象生八卦，八卦定吉凶，吉凶生大业。是故法象莫大乎天地，变通莫大乎四时，县象著明莫大乎日月。……】

此文明显是说易学是讲宇宙学的，或至少是从宇宙开始说事，所说的四象八卦应当是从形下的空间方向引申为抽象概念。古代儒师多不精于天文，近代人又拼命批儒，就把易学的宇宙学内涵神秘化而湮灭了。“太极”原即“大极”，义指圆形居室的中心大柱。仪也是柱，是标准柱。这里是借用作理论的抽象语词。但这项抽象分两个步骤：

第一步抽象为宇宙学之义，“大极”指全宇宙空间，“两仪”指一上一下的天和地。叫做“太极”的全宇宙空间，就是《墨经》说的【宇，弥异所也。】

第二步抽象为哲学之义，上引《易·系辞》全句指整体与部分的分与合，包括时间和空间。

《列子·汤问》：【殷汤问于夏革曰：“古初有物乎？”夏革曰：“古初无物，今恶得物？后之人将谓今之无物，可乎？”殷汤曰：“然则，物无先后乎？”夏革曰：“物之终始，初无极已。始或为终，终或为始，恶知其纪！然自物之外，自事之先，朕所不知也。”殷汤曰：“然则上下八方有极尽乎？”革曰：“不知也。”汤固问。革曰：“无则无极，有则有尽。朕何以知之！然，无极之外复无无极，无尽之中复无无尽。无极复无无极，无尽复无无尽。朕以是知其无极无尽也，而不知其有极有尽也。”】

注意，文中“物”指动物。“上下八方”就是空间。“尽”原指容器中空，此指“空间的破缺”，即问“空间里边有没有不是空间的东西？”“无极之外”的意思是：既然已经说了是没有什么极了，还说什么“无极之外”？

这样说，是否把《列子》的思维水平过分现代化了？没有，他既然问到“极”之外是否“无”，那就是已经想到空间以外是不是空间了，当然也可以想到空间里边有没有不是空间的空洞或破缺。无论如何，这种思维很不寻常。没法子，古代文献记录如此。虽然《列子》书有假，可是这一段不像假的。即便是假的，也还是晋代的，也很早。夏革说：“没有！空间无极无尽，时间无终无始。”

近代数学从几何学开始，有“三维空间”的概念。汉语用“维”字翻译是好的。数学的多变量函数把每一自变量称“维”。从几何空间的三个自变量，扩展为任意函数的自变量，且不限于三个，那不是物理量。理论物理学只要与实际联系得好，改其义而用之亦无不可。但是不可随意伪造逻辑关系，比如“三维动量”概念可用，但那不是空间，不能与三维空间并立而言“六维空间”。这不是“搅混水”吗！

相对论搅混水有一百年了。它用普通的自变量空间加上质量和时间，造出个因变量函数体系，叫做“非欧空间”。若说那是“弯曲”的，也无所不可，但经典的空间概念是废除不了的，而且永远是自立的，有意义的。

戏法的猫腻在于给每个不同的动体安个坐标系，有相对运动的坐标系之间不能对表——非欧的时空是分裂的。然而实际的时间和空间都是全宇宙统一的，那就是《墨经》的“弥”字所指。相对运动的坐标系只是为计算方便所设，不是绝对的。相对运动本身是相对的。

广义相对论推算出：全宇宙空间是有限无界的类似球形的东西，这个推论无法验证。如果发明一种极大极好的望远镜，向远处看，在几百亿光年之外能看到观察者自己吗？不能！因为几百亿年以前完全没有这位观察者，他自己现在所在的地点也无从辨认，不管是否有过大爆炸。而信息传递极限速度是光速，没有超距的信息传递。

易道哲学早就说世界是【唯变所适】的。瞬息不停地变化的世界本身就否定空间有限。我们人类的文化是宇宙变化日新的成果。

无论唯物主义经典著作，还是中国古典哲学的易道主义，都强调世界的统一性，而以分合变易为前提。无论时髦的理论物理发明出多少套时空或宇宙，也改变不了这一基本原理。现实的宇宙及其时空只有唯一的一个体系。

第八章　儒学文化论之政治伦理

文化是社会群体的信息体系。如何看待文化，是社会意识的重要表现。全球人类的文化观差别很大，神创论认为文化是上帝所创，唯心论认为文化是佛的大彻大悟。

自然论认为文化来自历史积代的创造。前面第四章已经说过。这种文化观基本符合实际，大概是从考察边远落后民族的文化得来。方法论的指导原理是发展观。与同时的西方文化观比较，不啻天上地下。下面评述代表人物。

一、孔子——仁教论的奠基人

孔子是中国历史上第一位有专书《论语》传述其思想的伟大学者，其书是孔子的弟子们的合作成果。要正确诠释孔子，必须先知道周代的社会是封建制度。战国时期开始向家国主义社会转变。至秦始皇统一，宣布“废封建”，中国的社会制度发生大转型。处在这中国历史大变革的前夕，孔子是改革的思想启蒙者，是反封建的先驱。

《左传·昭公三十二年》记录，鲁昭公被权臣季氏驱逐，死在晋国。赵简子问史官：“季氏出其君，而民服焉，诸侯与之，君死于外而莫之或罪。

何也？”史墨回答：【天生季氏，以贰鲁侯，为日久矣。民之服焉不亦宜乎！鲁君世从其失，季氏世修其勤，民忘君矣。虽死于外，其谁矜之。社稷无常奉，君臣无常位，自古以然。故《诗》曰：“高岸为谷，深谷为陵。”三后之姓，于今为庶，主所知也。】

这是一种反封建思想。鲁君失道，就没人要他。君位不是固定在谁家的。礼法制度被虚化，实际上是报废了。赵简子也是晋国的大夫权臣，像季氏一样，他们正需要这种理论支持。后来赵、魏、韩三家分晋，都称了王。史墨的话虽是顺应赵简子说的拍马的话，却也是合情合理的。

然而孔子与史墨的观点有异。他在昭公离开鲁国后也去了齐国。看孔子后来表现，有两次意图应叛臣之召，赵简子和季康子也召过他，他虽未应召却也都没拒绝，想去做事。历史说明，三十五岁时的孔子还较保守于君臣关系的礼法，此外，他还想用从上到下的集权方式改革封建制度。后来他在周游列国时积累了丰富体验，对各诸侯国君已不抱希望，就指望由小地区扩展。由此事可见，考察孔子的思想也要看到他的变化过程才行。

从这些事实可以解释孔子为什么赞扬周公，周代的封建礼法是在周公摄政时期奠基的，后人皆以其功归于周公，谓之“制礼作乐”。那些礼乐是维护等级政治的形式，在王权强盛的前提下是有效的。鲁是周公的封国，保存周公的礼乐最完备。孔子生于鲁，教养于鲁，又以儒业出身，偏爱周公是有其原因的。由此也可理解，何以孔子的《春秋》是尊王的。

五十六岁那年孔子做了鲁国宰相，没多久，看到鲁君和季氏并不尊重他的意见（按理自然会有奸臣搞阴谋破坏），就辞官不做，带领一些弟子去周游列国。在外边转游了十二年，向西没有到秦，向北没到晋和燕，向南没到过吴、越，只是在现在的豫东皖北一带游历。在这十二年里，没有一个国家重用孔子，但是孔子的学问名声大振。五十六岁以后的孔子主要成就是教育弟子。有三千弟子，七十二贤人，其中很多人做官。弟子又有弟子，学派发展为“显学”，其中也有人另立门派，自成一家。据说墨家的创始人墨翟、阴阳家的祖师邹衍都出自儒门。先秦学术史的诸子百家实以孔子为最早最大的一家。

孔子自称“述而不作”，他只传述前人的典籍，自己不写书。他整理过《尚书》和《诗》，研究过《易》。《春秋》是鲁国史官旧作，是否经过孔子改写，近代有人质疑。即便其书有些文字能肯定不是孔子写的，也不能排除孔子改写过其中某些部分。至于《礼》《乐》二经，没有证据说明在孔子生年已经有了这两部书。今传《礼记》主要是汇编秦儒的文章。而《乐》已失传，无从考据。

后人有称《易》《诗》《书》《礼》《乐》《春秋》六门课业（后称“六经”）为“六艺”者，与礼、乐、射、御、书、数的六艺不同，前者是知识，后者是技能。

孔子的学说主要由《论语》传述，这是孔子身后由弟子们追记的孔子言论集。至于《易》的序传，今有所谓“十翼”，即十部解说之书，早自欧阳修已经辩明那不是孔子之作，而是战国时代儒家的作品。汉代传承的《论语》不止一家，有鲁、齐等分派，后来只剩下鲁派。这里只把《论语》的重要内容按现代学术概念分类，作些介绍。

1. 伦理思想

【樊迟问仁，子曰：“爱人”。】(《颜渊》)（笔者注：引文后是篇名。）

【子贡曰：“如有博施于民而能济众，何如？可谓仁乎？”子曰：“何事于仁，必也圣乎。尧舜其犹病（疲劳）诸！夫仁者，己欲立而立人，己欲达而达人。能近取譬，可谓仁之方也已。】(《雍也》)

【仲弓问仁，子曰：“出门如见大宾，使民如承大祭。己所不欲勿施于人。在邦无怨，在家无怨。”】(《颜渊》)

【子曰：“人而不仁如礼何？人而不仁如乐何？”】(《八佾》)

【颜渊问仁，子曰：“克己复礼为仁，一日克己复礼，天下归仁焉。为仁由己，而由人乎？”颜渊曰：“请问其目？”子曰：“非礼勿视，非礼勿听，非礼勿言，非礼勿动。”】(《颜渊》)

【子曰：“志士仁人无求生以害仁，有杀身以成仁。”】(《卫灵公》)

【子曰：“富与贵是人之所欲也，不以其道得之不处也（处，处身于富贵)。贫与贱是人之所恶也,不以其道得之不去也。君子去仁,恶乎成名?君子无终食之间违仁,造次(出错)必于是,颠沛必于是。"】(《里仁》)

【子曰:"君子而不仁者有矣夫,未有小人而仁者也。"】(《宪问》)

孔子的伦理思想是儒学的重点,可以用一个字"仁"为代表。今人在这一概念的解释上也颇有分歧,以前搞大批判的有说孔子的仁的对象只是君子,而君子是奴隶主。不对,"爱人"是博爱,从甲骨文和金文到楷书,"济众"的"众"字都是指普通劳动大众。《论语》记有:马厩失火,孔子问:"'伤人乎?'不问马"。所问的"人"当然不是奴隶主。普遍的博爱在封建时代是革命的先进思想,是后世儒学家国主义的基石,是家国主义不会极端化为军国主义的保证。

君子与小人之分,在孔子之前的时代或许有指称非贵族为小人者,犹如百年前美国很多白人称黑人为劣等人。"君"是统治者,他们的"子"自然是贵族。但是"君子""小人"这两个词的含义发生了转化。在《论语》里已经是经常指思想道德高低之分了,而且在秦后的语言中几乎只有这个意思,不再有以贵贱分的了,除非作者刻意模仿古文古义。孔子本人自认"少贱",但他决非自认小时候是个道德卑鄙的"小人"。

孔子对不同人的"问仁"回答不一样,他是针对每人的具体情况作答。其实他在回答任何问题时都是这样。

樊迟为人似乎迟钝而甚勤奋好问,有笨鸟先飞之志。孔子对他的问题总是回答浅近易懂,讲仁,就是"爱人"二字而已。

从他答子贡可知,他认为仁不是难办的事,不是非圣人不可的,难道说尧舜行仁很累吗?仁只不过是推己及人而已,你自己不喜欢的事物别人也不喜欢,那就不要迫使别人去接受它。讲"近取之譬"就很容易明白了,不要把仁想成太高深太难办的事!

颜渊是学得最好最聪明最有哲学头脑的学生,孔子给他的回答是较细较深的概念。可以想象,《论语》的记录省略了师生二人之间在前面开头的基础性的简单讨论,写下来的只是后面的话。因为仁是为公,所以要"克己",也就是去私。而私欲的动机当然要由私欲的主体自己来克服。从回答颜渊的话里可以了解孔子的“礼”所包容的含义，至少是一部分含义，那就是为公的行为规范、约束、制度。这样就可以理解下面的引文：

【林放问礼之本，子曰：“大哉问！礼，与其奢也，宁俭；丧，与其易也，宁戚。”】(《八佾》)

【子曰：“礼云礼云玉帛云乎哉？乐云乐云钟鼓云乎哉？”】(《阳货》)

为什么说，礼不等于只是祭祀用的钟鼓玉帛？因为那只是礼的形式的部分。从“视听言动”四事看，视听的对象是外在客观事物，而言动是主体自我行为。如果说“礼”只是形式的仪式，如祭祀之类，那就不存在个人言动非礼的问题。还有“复”字，是与后面“归仁”的“归”字对应的。既谓之“克”，则是私心已经发生。一般人不可能避免私心的发生，若大家都能经过“斗私”而复归于礼，那就“天下归仁”了。文化大革命中林彪要“斗私批修，克己复礼”，不管“批修”，表面上看“斗私”没有什么不对。上引古文里说的“礼”，是孔子当时使用的广义概念，这样的礼不可能是宗教礼仪，不能以此说儒是宗教。在孔子之后，人们把“礼”又局限为形式的祭祀礼仪、应对进退之类的规矩，这是语言朝精密性发展的要求。

《孟子》多言“义”，多处以仁与义并举；言礼较少，也常以礼与义并举。他说的“礼”就主要是狭义的了，而用“义”来表示孔子的广义“礼”之概念的其余部分。

语词用意的变迁是现在争论的起因之一。于是我们要正确解释孔子，就不能不做汉字词义发展史的考据。考据训诂之学也不能局限于具体事物。

关于伦理以及个人修养的其他概念：

【子曰：“君子喻于义，小人喻于利。”】(《里仁》)

这里又给君子和小人做出区别，如其君子仅指贵族，那却正是不讲仁义只喻于利的一群，是要借《春秋》口诛笔伐的对象。

【子曰：“弟子入则孝，出则弟（即悌），谨而信，爱众而亲仁，行有余力则以学文。”】(《学而》)

【子曰：“性相近也，习相远也。”】(《阳货》)

“性”是儒学讨论贯彻始终的大问题，这里孔子只是提个头，说的是人的秉性有先天与后天之分。

2. 知识和教育思想

【樊迟请学稼，子曰："吾不如老农。"请学为圃，曰："吾不如老圃。"樊迟出，子曰："小人哉，樊须也！上好礼，则民莫敢不敬；上好义，则民莫敢不服；上好信，则民莫敢不用情。夫如是，则四方之民襁负其子而至矣，焉用稼？"】(《子路》)

这是以前批儒谈得最多的一条，被说成是孔子鄙视体力劳动。孔子"多能鄙事"，必知农稼。所以樊迟才来请学，决不会是针对老师短处要他难堪。四方之民都来了，不稼吃什么？让人民挨饿还谈什么仁？所以"焉用稼"是针对樊迟一个人说的，是要他站在当领导的立场上考虑。"小人"这个词是指：樊迟不去致力于建立老师要求的行仁济世的宏图大志，落入只顾个人生活的"小农思想"，正如"土改"时批评某些志向短浅的农民共产党员，只想要"二亩地，一头牛，老婆孩子热炕头"一样。按照孔子与颜渊的讨论，这是不能"克己"。后来樊迟曾随冉有与齐兵打仗，得胜而归。按《左传》的叙述，他的射箭工夫高超，自认是跟老师学的军事。樊迟的学习成绩虽不及前十名，也属七十二贤人之列。

【子曰："有教无类。"】(《卫灵公》)

这是说他的教育不分出身对象，一律平等。

【子曰："默而识之，学而不厌，诲人不倦，何有于我哉？"】(《述而》)

这是说学和教没有自己个人的条件限制。

【子曰："三人行必有我师焉，择其善者而从之，其不善者而改之。"】(《述而》)

【子曰："盖有不知而作之者，我无是也。多闻，择其善者而从之，多见而识之，知之次也。"】(《述而》)

【子曰："我有知乎哉？无知也。有鄙夫问于我，空空如也，我叩其两端而竭焉。"】(《子罕》)

【子曰："我非生而知之者，好古，敏以求之者也。"】(《述而》)

【孔子曰："生而知之者上也，学而知之者次也，困而学之又其次也。困而不学，民斯为下矣。"】(《季氏》)

【子曰："诲女知之乎！知之为知之，不知为不知，是知也。"】(《为政》)

【子曰："不愤不启，不悱不发。举一隅不以三隅反，则不复也。"】(《述而》)

这是提倡学习要加强联想，接受启发。

【子曰："学而不思则罔，思而不学则殆。"】(《为政》)

这条比较难懂，学是向主体注入知识，"思"是以联想而创新的自我启发。他说的是注入与启发并重。

【子绝四：毋意，毋必，毋固，毋我。】(《子罕》)

【子曰："中人以上可以语上也，中人以下不可以语上也。"】(《雍也》)

这是教学的循序原则，不能过急地要求学生学习超越基础。

【子曰："唯上知与下愚不移。"】(《雍也》)

此语以前多被歪批，应做正面解释："只有最高的智慧和最低的愚昧是改不了的。"然而世上没有绝对的聪明，天生的白痴则是残障，正常人都要学习上进。这是警告人们要谦虚好学。

【子曰："质胜文则野，文胜质则史，文质彬彬，然后君子。"】(《雍也》)

这句难懂在几个字："质"是德能素质，"文"是文化修养，两者要般配。文太少就与乡下人一样无知，质缺乏就像有些史官那样不实在。文与质都丰润才是好样的。

从所引之文总合来看，孔子知道文化知识是社会群体所掌握的财富，而教育是面向社会群体的。"知"在于社会，故应择善而从；以仁为原则，故应有教无类。但是像我们这样用逻辑论式讨论文化教育与社会的关系，在孔子的言论中还没有，这要到荀子才有所发扬。孔子对信息的全息性和联想原理有所体会：学习要举一反三，闻一知十，要独立思考。既然要"思"，要举一反三的启发，那当然是：一，不要意——凭感情臆断；二，不要必——绝对化；三，不要固——僵化；四，不要我——主观主义。既然还没有对知识本质的深入认识，那么这些方法论的东西虽然很好，也只是经验的，缺乏理论的深入。

这样，“教”便是孔子思想中与“仁”并立的基本概念。

3. 社会政治思想

【子曰：“大哉尧之为君也，巍巍乎唯天为大，唯尧则之。荡荡乎民无能名焉。巍巍乎其有成功也，焕乎其有文章。”】(《泰伯》)

孔子盛赞尧舜，他热情歌颂他们的大公无私，认为他们的思想行为完全符合仁的全部要求，是一切君王的典范。这是针对春秋乱世统治阶级最有力的批判。虽然尧舜的事迹荒渺难考，但在孔子当时，理论的语言还很贫乏，一种宏大的政治理想的陈述，必须借用有形象的具体的事例，尧舜就是事例。从现实需要出发，上古传说真实与否是次要的。孔子这一说法是重大创造，它成为后世全部儒家以至诸子百家的基本政治学话语，因而也为批判皇权的腐败建立了概念基础。然而，尧舜毕竟还是帝王，禅让不是全民直接选举。在中国文化里确实缺少民主思想的充分基础。不能苛求于孔子。

【子曰：“道之以政，齐之以刑，民免而无耻；道之以德，齐之以礼，有耻且格。”】(《为政》)

这段话是“文化大革命”评法“批儒”最关注的，也是现在常说的命题：德教与法制并立。此处要细讲。此“道”是导；“免”是免于犯罪被罚；“耻”是自责的心理活动；“德”是民的自我觉悟；“礼”是上述广义的礼，即行为规范，自觉的自我约束；“格”是“格物”的“格”，是指认识，有自觉性。孔子强调对群众做教育，让大家主动自觉地遵纪守法，即孔子所谓“礼”。单靠强硬的法制，虽然也可以有表面上的稳定，却非根治。正如下面引文所说的“暴虐”。秦之为虎狼之国，就是只要暴虐的法治，不管德治，既无爱也不教，统一了天下而不能持久。汉儒之否定秦政，也只在这一点。汉武帝尊儒后两千年间，儒家吸收法家精华，接受其成功经验，但不搞绝对化的法治，这应该是皇权家国主义政治能够延续两千年的原因之一。这种思想实际是荀子的思想，从汉到清，实际执行的政治理论是荀子之学。到了现代，这条原则仍然有效。2004年10月的报纸上有说：香港官员有“三不贪”，即“不能贪，不敢贪，不愿贪”。这实际是孔子之言的实现。不能，管理制度严密，是“道之以政”；不敢，法律惩罚严厉，是“齐之以刑”；不愿，自我要求高尚，就是“道之以德，齐之以礼”了。

【子曰：“不教而杀谓之虐，不戒视成谓之暴。”】(《尧曰》)

【子曰：“道千乘之国，敬事而信，节用而爱人，使民以时。”】(《学而》)

【子适卫，冉有仆。子曰：“庶矣哉！”冉有曰：“既庶矣，又何加焉？”曰“富之。”曰：“既富矣又何加焉？”曰“教之。”】(《子路》)

【齐景公问政于孔子。孔子对曰：“君君，臣臣，父父，子子。”公曰：“善哉！信如君不君，臣不臣，父不父，子不子，虽有粟，吾得而食诸？”】(《颜渊》)

【子曰：“民可使由之，不可使知之。”】(《泰伯》)

“富之”“教之”之语是孔子思想最精辟的概括。当我们说“科学和民主是手段不是目的”，那么，善良的革命家、社会活动家的终极目的是什么？是公众的物质生活和精神生活的丰富化、平等化。而孔子此言正是这个意思。既言“教”，何谓“不可使知”？这最后一语也是“文化大革命”大批判的焦点，同“上知下愚”相似，与他的“教”和“道之以德”原则矛盾。应该取朱熹的解释：“不可使知之”，是说没法给大众说清楚，不是秦之“愚黔首”。

君臣父子关系是家国主义的核心概念，不同于个人主义，更不是民主个人主义。儒家要求树立君父的权威，但那是有条件的而不是极端绝对的家国主义——军国主义。“文化大革命”大批判说儒家主张“君要臣死，臣不得不死……”，孔子没有说过类似的话。他周游列国，起因是鲁君不听他的话，而不是全从君意，君要怎样就怎样。到孟子那里，甚至说，坏的君主可以杀掉！那种歪曲的大批判真是指鹿为马。“君君”是说君的行为要符合君的身份，不是说臣子必须一切服从君。

【子张问：“十世可知也？”子曰：“殷因于夏礼，所损益可知也；周因于殷礼，所损益可知也。其或继周者，虽百世可知也。”】(《为政》)

此言之“礼”显然是广义的礼。

【子曰：“天下有道，则礼乐征伐自天子出；天下无道，则礼乐征伐自诸侯出。自诸侯出盖十世希不失矣；陪臣执国命，三世希不失矣。天下有道则

政不在大夫。天下有道则庶人不议。”】(《季氏》)

【丘也闻：有国有家者不患寡而患不均，不患贫而患不安。盖均无贫，和无寡，安无倾。】(《季氏》)

孔子反对多等级制度，由此可以说孔子是反封建的先驱。先驱不等于大彻大悟的先知先觉，只是指他走的大方向是后来人的路子，是个正确的开路人，犹如20世纪初有很多民主革命的先驱，如林则徐、严复。如果说春秋战国是奴隶社会，或由秦至清是封建社会，那就不能说孔子是反封建的先驱了。孔子并不很明确要废除封建，只是想在权力分配上消除多级乱政。在他年纪较轻时，他首先看不惯的是不仁不义的行为，但还想维护宗法。他的“礼”的概念内涵包括宗法制度。对周公制礼作乐，他是赞扬的，但却未明白正是周公主持建立了封建制度。

礼乐的制定者不一定是周公本人。春秋时代的乱政表面上是乱了周公的礼乐，实质上是封建制度的罪过。封建制度与礼乐是两回事。对任何制度，礼乐都有好处，只需内容作适当的改变，比如现代中国就不存在对帝王三拜九叩山呼万岁了，中央政府不搞祭天大典了，可是尊敬国家领导人的礼仪总是要有的。说到底，还是权力的问题。孔子确实反对多等级的封建式权力分配，他那时诸侯已经割据纷争了，如孟子所说：“春秋无义战。”反对割据，反对不义战争，是大多数人民群众的最大利益。正因孔子代表大多数人民群众的最大利益，他才受到大多数人的拥戴。这与共产党参加北伐，以求消灭军阀割据是一样的。

他的“均无贫”思想是平均天下，是原始的共产主义。后来《大学》把这一思想明确强调为“平天下”。

孔子的理论在形式上看并不是很清晰。虽然他说过要“正名”，现代人也多认为这是中国逻辑学的先驱之论，但毕竟只是一个看法，没有内容。然而他把两三个最基本的概念反复说明，使人对他的思想体系有很清楚的认识，那些概念的逻辑关系了然无疑，这就达到了教育的目的。

孔子还在许多领域提出重要的好的指导思想，包括财政、法律、逻辑、语言、文学诗艺、家庭伦理……都是代表当时最先进文化的，此不细讲。这里只强调：由于在其前没有这种系统的理论思维和言论，所以孔子的话就都是创新的伟大的，不愧为至圣先师的教导。

二、孟子——民贵论的奠基人

孟子（约公元前372～前289年）名轲，邹人。邹，地在今山东邹县，原为鲁南小国之邾国，鲁之附庸。孟子也像孔子一样，从小无父，由寡母在穷困中带大。世传孟母三迁的故事，都是其母要给孟子好的教育。《史记》记录孟子的文字不多，全录如下：

【孟轲，驺人也，受业子思之门人，道既通，游事齐宣王，宣王不能用。适梁，梁惠王不果所言，则见以为迂远，阔于事情。当是之时，秦用商君富国强兵，楚魏用吴起战胜弱敌，齐威王宣王用孙子田忌之徒而诸侯东面朝齐。天下方务于合从（纵）连衡（横），以攻伐为贤。而孟子乃述唐虞三代之德，是以所如（“如”义为“到”）者不合。退而与万章之徒序《诗》《书》，述仲尼之意，作《孟子》七篇。】

此文没有说出当时政治要害，商君、吴起都是废封建的斗士，是社会改革的先驱。此所以说孟子为迂阔，并不是什么以“合纵连横”为历史发展的大端。欧阳修、朱熹都说司马迁读书少，是的。

孟子以继承和发扬孔子学说而著名于世。他的书没有遭到秦始皇烧毁，汉儒说原由未以儒书名义流传，而是被放在诸子书之列。案汉末赵歧《孟子注疏·孟子题辞》：【孟子既没之后，大道遂绌（通诎、屈）。逮至亡秦，焚灭经术，坑戮儒生。孟子徒党尽矣。其书号为诸子，故篇籍得不泯绝。】

可见秦之焚书不焚诸子书，只坑儒生，只禁儒家经术。

在宋代之前，孟子没有受到太多的重视，宋明理学把孟子特别突出出来，奉为“亚圣”。韩愈认为：圣贤之道从尧舜禹汤文武周公传到孔子，再到孟轲，“轲之死不得其传”。他说：“孟氏醇乎醇者也。荀与扬大醇而小疵。”荀指荀子，扬是王莽时代的扬雄。宋儒把韩愈这段话说成是“道统论”。有关崇孟抑荀的问题在下文中解释。

孟子强调“王道”和“仁政”，反对战争，要求给民众固定的产业，免受饥寒，能度荒年，再给他们教育。这都是宣扬孔子的主张，但强调小家庭的利益。反战和贵民是孟子的家国主义核心思想。这对秦后两千年的政治起了很好的作用，为抑制穷兵黩武的军国主义做出了重大贡献。在中国这样的大国，皇权很易尚武。有近代西方学者说过：世界各国君王都穿军装，只有中国不然。

在《孟子》的《梁惠王上》篇一开头就说：

【孟子见梁惠王。王曰：“叟！不远千里而来，亦将有利吾国乎？”孟子对曰：“王，何必曰利，亦有仁义而已矣。王曰何以利吾国，大夫曰何以利吾家，士庶人曰何以利吾身，上下交争利，而国家危矣。”】

把“仁义”和“利”这一对矛盾先摆出来，义利关系就是公益与私利的矛盾；作王的和作大夫的与民争利，则是“领导与群众”的矛盾。孟子要明确：他所抓的是一切社会最根本的矛盾。

【孟子见梁惠王。王立于沼上，顾鸿雁麋鹿曰：“贤者亦乐此乎？”孟子对曰：“贤者而后乐此，不贤者虽有此不乐也。……古之人与民偕乐，故能乐也。”】(《梁惠王上》)

【齐宣王见孟子于雪宫。王曰：“贤者亦有此乐乎？”孟子对曰：“有。人不得，则非其上矣。不得而非其上者非也，为民上而不与民同乐者亦非也。乐民之乐者，民亦乐其乐；忧民之忧者，民亦忧其忧。乐以天下，忧以天下，然而不王者未之有也。”】(《梁惠王下》)

孟子的这个思想，后来被范仲淹表述为一句名言：“先天下之忧而忧，后天下之乐而乐。”

孟子说：“我听说大王您曾经看到一头将要被杀的牛在流泪，就下令放了那牛，换成羊。百姓都知道您对牛的爱心，哪知是以小易大！不过没关系，这到底是‘仁术’。君子不忍杀生，是以说，君子远庖厨。可是，恩及禽兽，却功不至百姓，为什么？所以您对于王道‘是不为也，非不能也。’若说‘挟泰山以超北海’是不能，那么要他‘为长者折枝’而说不能，就是‘不为’了。只要您能老吾老以及人之老；幼吾幼以及人之幼。天下可运于掌上。”

孟子还对梁惠王说：【无恒产而有恒心者，惟士为能。若民，则无恒产，因无恒心；苟无恒心，放僻邪侈，无不为已。及陷于罪，然后从而刑之，是罔民也。焉有仁人在位，罔民而可为也？是故明君制民之产，必使仰足以事父母，俯足以畜妻子；乐岁终身饱，凶年免于死亡，然后驱而之善，故民之从之也轻。今也制民之产，仰不足以事父母，俯不足以畜妻子，乐岁终身苦，凶年不免于死亡。此惟救死而恐不赡，奚暇治礼义哉？……五亩之宅树之以桑，五十者可以衣帛矣。鸡豚狗彘（读滞，猪）之畜无失其时，七十者可以食肉矣。百亩之田勿夺其时，八口之家可以无饥矣。谨庠序（学校）之教，申之以孝悌之义，颁白者（白发人）不负戴于道路矣。老者衣帛食肉，黎民不饥不寒，然而不王者未之有也。】(《梁惠王上》)

此文“八口之家”已不是大夫之家，而是普通劳动者的家。在孔子的时代，“天下”指臣服于周王的一切地域，“普天之下莫非王土”；“国”指城墙里的区域，或扩而大之指诸侯的领土（“中国”原义指中原各国）；“家”主要是指大夫的家。士、庶人等只讲“身”。秦废封建以后，天下与国家不分了。有时皇上用“国家”自指，宋朝人则把皇上叫“官家”。社会上一般的“家”都是指以血缘关系在一起生活的至亲的家庭小群体。孟子讲的家已是普通小家庭。

“滕文公上”谈了井田制，他说这是夏商周三代的古制：

【夏后氏五十而贡，殷人七十而助，周人百亩而彻。其实皆什一也。彻者彻也。龙子曰：“治地莫善于助，莫不善于贡。”贡者校数岁之中以为常。乐岁粒米狼戾，多取之而不为虐，则寡取之；凶年粪其田而不足，则必取盈焉。为民父母，使民盻盻然，而终岁勤动，不得以养其父母；又称贷而益之，使老弱转乎沟壑；恶在其为民父母也？夫世禄，滕（在今滕县）固行之矣。《诗》云：“雨我公田，遂及我私。”惟助为有公田。由此观之，虽周亦助也。

【设为庠序学校以教之。庠者养也；校者教也；序者射也。夏曰校，殷曰序，周曰庠，学则三代共之。皆所以明人伦也。人伦明于上，小民亲于

下，有王者起必来取法，是为王者师也。《诗》云：“周虽旧邦，其命维新。”文王之谓也。子力行之亦以新子之国。】

贡、助、彻是赋税制度之名。孟子对井田制的说明是：

【夫滕地褊小。将为君子焉，将为野人焉？无君子莫治野人，无野人莫养君子。请野九一而助，国中什一使自赋。卿以下必有圭田，圭田五十亩，余夫二十五亩，死徙无出乡。乡田同井，出入相友，守望相助，疾病相扶持，则百姓亲睦。方里而井，井九百亩，其中为公田。八家皆私百亩，同养公田。公事毕，然后敢治私事，所以别野人也。此其大略也。若夫润泽之，则在君与子矣。】(《滕文公上》)

后来汉代的天文书《周髀》使用“一里三百步，一步六尺”的规定，那就是从理想的井田制来的，实际阡陌分划不必是规整几何的井字。边长一里的正方形以井字等分为九块，每块一百亩都是边长一百步的正方形。于是面积一亩的正方形边长就是十步或六丈，即其面积为36平方丈。“里”的这一规定至今犹在。

以前有人说孟子的设计是自给自足的小农经济，他们忘了“国中什一使自赋”那句话，那是指城市里的劳动生产者的赋税也定为十分之一。城里的人多非农民。若说孟子只知农业，不管手工业或工业，那就不能解释他与许行的争论：

【有为神农之言者许行自楚之滕，踵门而告文公曰：“远方之人闻君行仁政，愿受一尘而为氓（平民）。”文公与之处。其徒数十人，皆衣褐捆屦织席以为食。陈良之徒陈相与其弟辛，负耒耜而自宋之滕。曰：“闻君行圣人之政，是亦圣人也。愿为圣人氓。”陈相见许行而大悦，尽弃其学而学焉。

【陈相见孟子，道许行之言，曰：“滕君则诚贤君也，虽然未闻道也。贤者与民并耕而食，饔飧而治。今也滕有仓廪府库，则是厉民而以自养也，恶得贤。”

【孟子曰：“许子必种粟而后食乎？”曰：“然。”曰：“许子必织布而后衣乎？”曰：“否，许子衣褐。”曰：“许子冠乎？”曰：“冠”。曰：“奚冠？”曰：“冠素。”曰：“自织之与？”曰：“否，以粟易之。”曰：“许子奚为不自织？”曰：“害（妨害）于耕。”曰：“许子以釜甑爨，以铁耕乎？”曰：“然。”曰：“自为之与？”曰：“否，以粟易之。”曰：“以粟易械器者不为厉陶冶。陶冶亦以其械器易粟者，岂为厉农夫哉？且许子何不为陶冶舍，皆取诸其宫中而用之。何为纷纷然与百工交易，何许子之不惮烦？”曰：“百工之事固不可耕且为也。”曰：“然则治天下独可耕且为与？有大人之事，有小人之事。且一人之身而百工之所为备，如必自为而后用之，是率天下而路也。故曰或劳心或劳力，劳心者治人，劳力者治于人。治于人者食人（食人，给别人食物），治人者食于人，天下之通义也。”】(《滕文公上》)

这是孟子批评许行的重农主义。他说：“有大人之事，有小人之事。……劳心者治人，劳力者治于人。治于人者食人，治人者食于人。”这是现实的合理的社会分工论，只是他把管理者叫“大人”，把受管理的叫“小人”，这是现代革命者不爱听的词，似乎缺少平等观念。而管理或领导是劳心，这却不可怀疑，古今中外实际都这样。“文化大革命”批判说那是为剥削阶级说话，实际上那是超越阶级的观点。孟子还从反对平均主义说明他的观点：

【夫物之不齐，物之情也。或相倍蓰，或相千万。子比而同之，是乱天下也。】(《滕文公上》)

这是对社会人群运用同异论。他这观点与荀子一样。

井田制是孟子的理想——耕者有其田，真正实行也不一定成功。1958年人民公社失败的教训是：在纯为公的事务中不能保证人们认真地“同养公田”，要实行小岗村体制才行。管理好也罢，稍有错误弊害，则失去群众信任，为公之事即流于应付。1958年的错误又决不止于一点点而已，在一些地方的领导集团里，上压下，下骗上，全把群众利益置之不顾，视群众劳力如儿戏，农民怎能认真干活？

基本的原理在于：任何社会或群体都有“领导与群众”和“公益与私利”这两对矛盾。在人数众多的群体里，口头的或抽象道义的约定缺乏实效，必须有以民法约制的权力，在物质性的激励和惩罚的管束下，才能有正常的可持续发展的社会生活。退而求其次，就只有期求好的君主作领导。或者靠贤者去对君主说教，使之觉悟而行善政。这些想法都太天真不切实际，是“迂阔”的理想主义。

【孟子谓齐宣王曰：“王之臣有托其妻子于其友而之楚游者，比其反（通返）也，则冻馁其妻子。则何如？”王曰：“弃之！”曰：“士师不能治士，则如之何？”王曰：“已之（罢免）!”曰：“四境之内不治则如之何？”王顾左右而言他。

【孟子见齐宣王曰：“所谓故国者，非谓有乔木之谓也，有世臣之谓也。王无亲臣矣，昔者所进，今日不知其亡也。”王曰：“吾何以识其不才而舍之？”曰：“国君进贤，如不得已，将使卑尊、疏逾戚，可不慎与！左右皆曰贤，未可也。诸大夫皆曰贤，未可也。国人皆曰贤，然后察之，见贤焉然后用之。左右皆曰不可，勿听。诸大夫皆曰不可，勿听。国人皆曰不可，然后察之，见不可焉，然后去之。左右皆曰可杀，勿听。诸大夫皆曰可杀，勿听。国人皆曰可杀，然后察之，见可杀焉然后杀之。故曰国人杀之也。如此然后可以为民父母。”齐宣王问：“汤放桀，武王伐纣，有诸？”孟子对曰：“于传有之。”曰：“臣弑其君可乎？”曰：“贼仁者谓之贼，贼义者谓之残。残贼之人谓之一夫。闻诛一夫矣，未闻弑君也。”】(《梁惠王下》)

这是孟子的民主思想最鲜明的表示。他认为任何君主和官员都要听从民众评判，不行的就要罢免。有罪的就要杀，包括君王在内。

【孟子曰：民为贵，社稷次之，君为轻。是故得乎丘民而为天子，得乎天子为诸侯，得乎诸侯为大夫。诸侯危社稷则变置。】(《尽心下》)

【齐宣王问卿。孟子曰：“王何卿之问也？”王曰：“卿不同乎？”曰：“不同，有贵戚之卿，有异姓之卿。”王曰：“请问贵戚之卿。”曰：“君有大过则谏，反复之而不听则易位。”王勃然变乎色。曰：“王勿异色也！王问臣，臣不敢不以正对。”王色定，然后请问异姓之卿。曰：“君有过则谏，反复之而不听则去（离去）。”】(《万章下》)

这又是孟子民主思想的明确表示。孟子的民主思想与现代民主观念有所不同，他对君权没有限制办法，只靠说服教育。有能力的可以把王换掉，没有能力的只好走人。所以准确地说他只是“民贵”思想。孟子知道尧舜的禅让是不现实的，他就只好大讲“王道”。他讲井田制只能是“取譬”而已，由此要求君王限制自己的剥削，把群众利益看得尽量重些。

对王制，孟子有其禅让之论：

【万章曰：“尧以天下与舜，有诸？”孟子曰：“否，天子不能以天下与人。”“然则有天下也，孰与之？”曰：“天与之。”“天与之者，谆谆然命之乎？”曰：“否，天不言，以行与事示之而已矣。”曰：“以行与事示之者如之何？”曰：“天子能荐人于天，不能使天与之天下。诸侯能荐人于天子，不能使天子与之诸侯。大夫能荐人于诸侯，不能使诸侯与之大夫。昔者尧荐舜于天，而天受之，暴之于民，而民受之。故曰天不言，以行与事示之而已矣。”曰：“敢问荐之于天而天受之，暴之于民而民受之，如何？”曰：“使之主祭而百神享之，是天受之。使之主事而事治。百姓安之，是民受之也。天与之，人与之，故曰天子不能以天下与人。舜相尧二十有八载，非人之所能为也，天也。尧崩，三年之丧毕，舜避尧之子于南河之南。天下诸侯朝觐者不之尧之子而之舜，讼狱者不之尧之子而之舜，讴歌者不讴歌尧之子而讴歌舜。故曰：‘天也。’夫然后之中国，践天子位焉。而居尧之宫，逼尧之子，是篡也，非天与也。《泰誓》曰：‘天视自我民视，天听自我民听。’此之谓也。”】(《万章上》)

这里孟子阐述了他对“天下国家属于谁”的看法。首先不是属于天子、诸侯、大夫。“天”是主人吗？天却不能说话，而是以事态的进行和结果来表现，首先是以人民接受与否为准来决定。所谓“天受”只是祭祀，那没有可否之别。所以真正做主的还是人民。“天视自我民视，天听自我民听”说的就是：实质上人民就是天。这思想应该说，的确是民主思想，但只是说人民有选择君主的资格，没有说如何建立选举权、罢免权和立法权。他所说的尧舜事迹也许并无根据，这没有关系，见解已经表达出来就行了。但还给传位于亲儿子的作法优先，则是与当时实际情况的妥协。君王可以强言自己的儿子好，却也保证不了传来传去到某一代终于垮掉。到那时，改朝换代是合理的。这是儒学为中国政治的未来历史发展准备好的改进领导状态的理论，是家国主义的重大发展。后儒推重孟子，是从与君权的劣根性对抗出发，并非无理。

现代批判者说孟子是唯心主义者，若从上述言论来看，理想主义则有之，却看不出他这里是表现了唯心主义。

说他是唯心主义是从他主张人性善来的：

【告子曰："性犹杞柳也；义犹桮棬（木质餐具）也。以人性为仁义，犹以杞柳为桮棬。"孟子曰："子能顺杞柳之性而以为桮棬乎？将戕贼杞柳而后以为桮棬也？如将戕贼杞柳而以为桮棬，则亦将戕贼人以为仁义与？率天下之人而祸仁义者必子之言夫！"

【告子曰："性犹湍水也，决诸东方则东流，决诸西方则西流。人性之无分于善不善也，犹水之无分于东西也。"孟子曰："水信无分于东西。无分于上下乎？人性之善也，犹水之就下也。人无有不善，水无有不下。今夫水，搏而跃之，可使过颡；激而行之，可使在山。是岂水之性哉？其势则然也。人可使为不善，其性亦犹是也。"

【告子曰："生之为性。"孟子曰："生之为性也，犹白之谓白与？"曰："然。"曰："白羽之白犹白雪之白，白雪之白犹白玉之白与？"曰："然。"曰："然则犬之性犹牛之性，牛之性犹人之性与？"

【公都子曰："告子曰：'性无善无不善也。'或曰：'性可以为善，可以为不善。是故文武兴则民好善，幽厉兴则民好暴。'或曰：'有性善，有性不善。是故以尧为君而有象（舜之弟，顽劣）；以瞽叟为父而有舜；以纣为兄之子，且以为君，而有微子启、王子比干。'今曰：'性善'然则彼皆非与？"孟子曰："乃若其情，则可以为善矣，乃所谓善也。若夫为不善，非才之罪也。恻隐之心人皆有之，羞恶之心人皆有之，恭敬之心人皆有之，是非之心人皆有之。恻隐之心仁也，羞恶之心义也，恭敬之心礼也，是非之心智也。仁义礼智非由外铄我也，我固有之也，弗思耳矣。……"

【孟子曰："口之于味也，有同耆焉；耳之于声也，有同听焉；目之于色也，有同美焉。至于心，独无所同然乎？心之所同然者何也？谓理也、义也。圣人先得我心之所同然耳。故理义之悦我心，犹刍豢之悦我口。"】(《告子上》)

关于人性本初为善还是为恶的问题，是儒家争论的热门话题。代表者：

孟子主张人性本善，告子主张人性有善有不善，荀子主张人性本恶。宋朝人编的《三字经》一开头就是“人之初，性本善。性相近，习相远。”正是孔子和孟子的话。如果人性本善，则仁、义、礼、智这四大品德是先天就有的；人之所以有不善，那是后天变坏的。这个观点太过简单，宋儒说“理”天生就在心中，遂成唯心。

人的先天本性是动物本能，是生存竞争。动物若有为群体牺牲的行为，那也是本能，而非来自文化教育。人与动物区别，要超越其他动物，必须接受来源于社会群体的文化教育。摆在需要“杀身成仁，舍生取义”的大是大非面前的经常是很抽象的因果关系，并非当下的直接的险情。孟子把“义”发挥为重要概念。动物们没有这种选择问题，也不可能做这种选择。但是人类从小就生活在社会中，不自觉地接受最基本的文化教育，具有起码的仁义礼智修养，例如语言和思维，爱父母兄弟的感情等等。这使很多人持有与孟子一样的看法，以为善性是与生俱来的。即便来自后天，也是不自觉的，也是“弗思耳矣”。孟子说过：

【人之所不学而能者其良能也；所不虑而知者其良知也。孩提之童无不知爱其亲者。及其长也，无不知敬其兄也。亲亲仁也，敬长义也。无他，达之天下也。】(《尽心上》)

然而孟子也强调后天教育，没有好的教育，人要变坏。所以他的性善论并没有害处，而且给人以爱别人和牺牲自己的理由。

【孟子曰：“鱼我所欲也，熊掌亦我所欲也。二者不可得兼，舍鱼而取熊掌者也。生亦我所欲也，义亦我所欲也。二者不可得兼，舍生而取义者也。生亦我所欲，所欲有甚于生者，故不为苟得也。死亦我所恶，所恶有甚于死者，故患有所不辟也。”】【孟子曰：“仁，人心也。义，人路也。舍其路而弗由，放其心而不知求，哀哉！人有鸡犬放（逃逸），则知求之。有放心而不知求！学问之道无他，求其放心而已矣。”】(《告子上》)

孟子对立世为人的观念有很动人的名言：

【居天下之广居，立天下之正位，行天下之大道。得志与民由之，不得志独行其道。富贵不能淫，贫贱不能移，威武不能屈。此之谓大丈夫。】(《滕

文公下》)

从那“三不能”可以说：儒学有强烈的英雄主义内涵。

孟子自命甚高，几次为了君主不尊重他，便拒绝赏赐或立即离去。他的名言有：

【天将降大任于是人也，必先苦其心志，劳其筋骨，饿其体肤，空乏其身，行拂乱其所为。所以动心忍性，曾（增）益其所不能。】(《告子下》)

孟子自任要为天下治乱而争辩：

【公都子曰：“外人皆称夫子好辩，敢问何也？”孟子曰：“予岂好辩哉？予不得已也。天下之生久矣，一治一乱。当尧之时，水逆行泛滥于中国。蛇龙居之，民无所定，下者为巢，上者为营窟。《书》曰：‘洚水警余’洚水者洪水也。使禹治之。禹掘地而注之海，驱蛇龙而放之菹，水由地中行，江淮河汉是也。险阻既远，鸟兽之害人者消，然后人得平土而居之。尧舜既没，圣人之道衰，暴君代作，坏宫室以污池，民无所安息，弃田以为园囿，使民不得衣食。邪说暴行又作，园囿污池沛泽多而禽兽至。及纣之身，天下又大乱。周公相武王，诛纣伐奄，三年讨其君，驱飞廉于海隅而戮之，灭国者五十，驱虎豹犀象而远之，天下大悦。《书》曰：‘丕显哉，文王谟；丕承哉，武王烈。佑启我后人，咸以正无缺。’世衰道微，暴行有作。臣弑其君者有之，子弑其父者有之。孔子惧，作《春秋》。《春秋》天子之事也。是故孔子曰：‘知我者其惟《春秋》乎？罪我者其惟《春秋》乎？’圣王不作，诸侯放恣，处士横议。杨朱墨翟之言盈天下。天下之言不归杨则归墨。杨氏为我，是无君也。墨氏兼爱，是无父也。无父无君是禽兽也。公明仪曰：‘庖有肥肉，厩有肥马，民有饥色，野有饿殍。此率兽而食人也。’杨墨之道不息，孔子之道不著，是邪说诬民，充塞仁义也。仁义充塞则率兽食人，人将相食，吾为此惧。闲先圣之道，距杨墨，放淫词，邪说者不得作。作于其心害于其事。作于其事害于其政。圣人复起，不易吾言矣。昔者禹抑洪水而天下平，周公兼夷狄而百姓宁，孔子成《春秋》而乱臣贼子惧。《诗》云：‘戎狄是膺，荆舒是惩’则我莫敢承。无父无君是周公所膺也。我亦正人心，息邪说，放淫辞，以承三圣者。岂好辩哉？予不得已也。能距杨墨者圣人之

徒也。”】(《滕文公下》)

这一大段虽然冗长，但内涵丰富。它给出了当时主要的历史知识，说到了当时的杨朱、墨翟的学说，表明了孟子把自己与大禹、周公和孔子并列的心态。关于杨墨，他还说过：

【杨子取为我，拔一毛而利天下，不为也。墨子兼爱，摩顶放踵，利天下，为之。】(《尽心下》)

孟子讲“诚”。诚是指主体内在意识及其自我扩展的努力，或曰求知修身的努力，实际上就是信仰。他说：

【诚者天之道也，思诚者人之道也。】(《离娄上》)

【尽其心者，知其性也。知其性则知天矣。存其心，养其性，所以事天也。夭寿不贰身以俟之，所以立命也。……知命者不立乎岩墙之下。……万物皆备于我矣。反身而诚，乐莫大焉。……穷则独善其身，达则兼济天下。】(《尽心上》)

孟子的这些概念和命题——心、性、命、诚……也是后来《中庸》的主要讨论课题（但是若说《中庸》是子思－孟子学派之作则未必）。宋明理学又特别关注，做出很多发挥。

《孟子》在先秦著作中以文采名于世，晚近千年地位提高到科举必读，其中许多语句不仅成为日常成语，中学课本也采收其中一些名段。此书值得诵读。

三、荀子——易道和家国理论体系的奠基人

荀子名况，又叫荀卿或孙卿，祖籍赵国。赵本夏墟，荀氏则土著大族，由此也许可以解释荀子何以偏崇于禹。其生卒年不详，《史记》说他五十岁来稷下，很多人说那太晚了，不对头。若按《风俗通》说，荀子年十五来齐之稷下，那么他是赶上与孟子交流的。清儒胡元仪考证，认为荀子生于周赧王十六年（公元前 299 年），五十来稷下是对的，卒于秦始皇三十四年（公元前 213 年，正是焚书之年）活了八十七岁，算下来比孟子晚一个世纪。

稷下是齐威王、宣王时期在临淄郊外建立的学宫。那是齐国盛世，齐王隆重礼遇各国学者，给他们豪宅高薪，称他们“列大夫”，让他们只讨论学问，不管政事。据说人多的时候有几万人，恐为夸张，几百人是可能的，多出来的是学生。

宣王死后，愍王即位，穷兵黩武，四面出击，先胜后败，临淄失陷，被杀于莒。在愍王败死之前，学者们看出大势不妙，都纷纷离去。后来田单战胜燕军，襄王恢复，再兴学宫，荀子又回来。那时老学者没剩几个，荀子“最为老师”，“三为祭酒”（《史记》语），祭酒是首席学者。由于有人在齐王前说他的坏话，荀子离齐到楚，楚相春申君叫他作兰陵令。又有人说坏话，他就去了赵国。楚国又有人对春申君说荀子的好话，春申君又派人请他回来，再作兰陵令。不久春申君被杀，荀子作不成官，就在兰陵住下来著书，养老终葬。今有墓地在临沂南境。

在他的书里（《儒效》篇）记录了他与秦昭王的谈话，可知他曾去过秦国。他对秦国政治状况的印象相当好，认为社会秩序井然，官僚贵族不腐败，不结党营私。但是他觉得秦国还是缺少一些东西，缺的是什么？缺儒！宋儒说他认为缺的是礼，不对。若社会清廉，人们都遵纪守法，则所缺的只可能是形式的礼，只是玉帛钟鼓，而不是孔子所说玉帛钟鼓以外的实质的礼。若从儒学的家国主义而言，荀子可能是不满于秦国政治的军国主义化，缺少的是仁政。荀子这一意见可能是促成吕不韦编《吕氏春秋》的因素，但吕氏之书终究不具有很高的思想水平，立意平庸，不能与儒道并列。

荀子非常博学，按汉代人传述的儒学师承传授的世谱，似乎汉初的五经都是经过荀子传下来的。这从《荀子》书的内容看是可信的，书中多处引述《诗》《书》，处处讲礼，确实是一位通儒大师。西汉名儒如贾谊、董仲舒、刘向，都很尊重荀子，那既因荀子是他们的先师，也与汉家政治“杂用王霸之术”相关。秦后儒学吸收了法家的精华，而这正是荀子学说的特征。或如下文引清儒阎若璩之说，秦后二千年实际执行的都是荀子之术。

宋儒贬低荀子抬高孟子。宋唐仲友说，有两大原因：一是他主张性恶；二是他的两个大弟子李斯和韩非都叛儒归法，而且李斯为人又很讨厌。从纯形上性的哲学角度看，则应是宋儒倾向于心性的内向省求，而与孟子更为贴近。此外还有一个可能的原因，那仍是儒学理想与皇权的对立。皇权政治一直不能摆脱腐败昏暴，儒家想不出好办法，只有翻出孟子的理想主义，用他的迂阔的说教来对付，而那较激烈的“民贵论”就不大敢多提说了。反之，荀子提倡强化君权以至于霸道，若按现代标准，确实不如孟子的“民贵君轻”论。但荀学的政治实质还是家国主义，只不过孟子重家，而荀子重国。

到了清代，实学复兴，人们重又提高荀子的评价。近年则把荀子说成是唯物主义者，而孟子被说成唯心主义者，两家地位又与前大不一样。然而对中国古代很难说能仅以唯心唯物对哲学家做出清晰的判别。如果我们说孟子不过是个理想主义者，那么荀子也不过就是个现实主义者而已。其实，荀子与孟子都一样主张仁义和王道，一样重礼劝学，都是继承发扬孔子儒学的大师。王道当然不是民主。

评价各家儒学，不宜按学者的人品善恶来分析，因为学术议论是公开的。阴谋只是政治，不在学术。如果各家之论都是为公，则其优劣只在方法的得失。孟荀之异如此。

今传《荀子》书是西汉刘向整理过的，有三十二篇，大体上形成了逻辑的整齐划分。前八篇所言重在个人修身求学，次八篇重在治国平天下，再八篇是哲学的世界观和方法论，最后八篇是些零杂的内容，包括两篇诗赋体的文字。有人说最后几篇中有的不是荀子本人所作。下面我们按这划分做介绍，其实各篇内容是互相混融的。

【君子曰：学不可以已。青取之于蓝而青于蓝；冰，水为之而寒于水。木直中绳，輮以为轮，其曲中规。虽有槁暴，不复挺者，輮使之然也。故木受绳则直，金就砺则利。君子博学而日参省乎己，则知明而行无过矣。故不登高山不知天之高也，不临深溪不知地之厚也，不闻先王之遗言不知学问之大也。干越夷貉之子，生而同声，长而异俗，教使之然也。……吾尝终日而思矣，不如须臾之所学也；吾尝跂而望矣，不如登高之博见也。登高而招，臂非加长也，而见者远；顺风而呼，声非加疾也，而闻者彰。假舆马者非利足也，而致千里；假舟楫者非能水也，而绝江河。君子生非异也，善假于物也。……不积跬步无以至千里，不积小流无以成江海，驽马十驾功在不舍。锲而舍之，朽木不折；锲而不舍，金石可镂。】(《劝学》)

这是对人的知识教育养成的说明，个人的知识要由继承前人而来，也就是由社会教育而来。学习过程是渐进的累积，要用锲而不舍的精神意志从事。

接下去讲修身，除了端正目的讲究方法等，荀子要求学习儒学的《书》《诗》《礼》《乐》《春秋》，特别强调礼的重要：【礼者法之大分，类之纲纪也。故学至乎礼而止矣，夫是之为道德之极。】他的“礼”是“法”的主要部分。此所以我们说，在他对秦的评价中，认为缺失的不会是礼。

荀子与孟子一样，也讲要“诚”。《荀子·不苟》：

【君子养心莫善于诚，致诚则无他事矣。唯仁之为守，唯义之为行。诚心守仁则形，形则神，神则能化矣；诚心行义则理，理则明，明则能变矣。变化代兴谓之天德。】

《中庸》也有“诚则明”等语，与荀子相近者比孟子多。这些话很抽象，表现哲学的发展，但与现代汉语相差很远。

“养心”是精神修养，“诚”是坚定的信仰。“守仁”是思想的坚定，“行义”是实践的坚定。“形”是指思想明确，“神”是认知精深，能自我进步以成“化”。实践坚决，以此行义则占“理”，“明”是由外而内的认知发展，于是能“变”而创新外物。

他还讲“公”，“公生明，偏生暗”(《不苟》)。这些是机发论方法，荀子谓之“操术”，等于现代哲学语词“方法”：

【君子位尊而志恭，心小而道大，所听视者近，而所闻见者远。是何也？则操术然也。故千人万人之情，一人之情是也。天地始者，今日是也。百王之道后王是也。君子审后王之道，而论于百王之前，若端拜而议。推礼义之统，分是非之分，总天下之要，治海内之众，若使一人。故操弥约而事弥大，五寸之矩，尽天下之方也。故君子不下室堂，而海内之情举积此者，则操术然也。】(《不苟》)

【彼后王者天下之君也。舍后王而道上古，譬之是犹舍己之君而事人之君也。故曰：欲观千岁则数今日，欲知亿万则审一二，欲知上世则审周道，欲知周道则审其人所贵君子。故曰：以近知远，以一知万，以微知明，此之谓也。……五帝之外无传人，非无贤人也，久故也；五帝之中无传政，非无善政也，久故也；禹汤有传政而不若周之察也，非无善政也，久故也。传者久则论略，近则论详。略则举大，详则举小。】(《非相》)

从自然哲学而言，历史是实际存在，但历史作用于现实是通过信息实现的。“以近知远，以一知万，以微知明”，正是要通过信息求知，“君子”的治国之道无非制机而已。这是机发论方法，不同于黄老派的“无为而治”。前人只关注文中“先王后王”之言，不知其哲学方法论的深刻内涵，显然是西学思维占据了头脑。

“后王”的概念为荀子独有。“文化大革命”中批孔孟之“法先王”为复古主义，即以荀子此言作为一条正面论据，但远非深刻，未达其真旨。实际上，荀子并不反对法先王，也认为要“论于百王之前”。他只是说：要重在“今日”。他的后王也不是当时的哪一个王，只是文武周公而已，他们比荒渺无稽的尧舜清晰（察）。在某种含义上，甚至他可能还暗示以后王为孔子，或别的圣贤精英以至他自己。他是说，不管多大的道理也要从近前的事物认识起始。【不闻不若闻之，闻之不见不若见之，见之不若知之，知之不若行之。】(《儒效》)，这些见解是明白的现实主义。

荀子批评子思和孟子的学说——“略法先王，案往旧造说，僻违，幽隐”，意即脱离实际：

【略法先王而不知其统，犹然而材剧志大，闻见杂博。案往旧造说，谓之五行。甚僻违而无类，幽隐而无说，闭约而无解。案饰其辞而祗敬之曰：“此真先君子之言也。”子思唱之，孟轲和之。世俗之沟犹瞀儒嚾嚾然不知其所非也，遂受而传之，以为仲尼、子游为兹，厚于后世。是则子思、孟轲之罪也。】(《非十二子》)

“先君子”是子思指称孔子。案《孟子》书无“五行”之名，只有“仁义礼智圣”五项并举，那在字义确为“行”，荀子或指此。带头宣扬金木水火土的五行之说者其实是邹衍，是位出身于儒的著名天文学家，也在稷下住过。后面我们要提到，他倡为“五德终始论”，说：“三王之道如循环”。

南宋王应麟《困学纪闻》评论说：

【荀卿始为法后王之说。李斯师之，谓：“诸生不师今而学古。”太史公亦惑于流俗之见，六国表云：“传曰法后王，何也？以其近已，而俗变相类，议卑而易行也。”文帝谓：“卑之毋甚高论。”宣帝谓：“俗儒好是古非今。”秦既亡，而李斯之言犹行也。孟子曰：“为政不因先王之道，可谓智乎？”】

此言毁誉两可。清初阎若璩为这段话作按语则纯是誉：

【尝谓三代以下之天下非孟子治之，乃荀卿治之。何则？孟子法先王，荀卿法后王。只观《文献通考序》发端便引荀子曰：“欲观圣王之迹，则于其粲然者矣，后王是也。”】

明太祖序其大诰，亦曰：“俗儒多是古非今，奸吏常舞文弄法。滔滔者岂非皆李斯之徒也乎？”

王应麟和阎若璩并不同意法后王，但他们指出：二千年的皇权家国政治，实际都是按荀子的主张办事。这却是符合实际的，因为荀子的主张是现实主义。至于说“李斯之言犹行”则有暗示文字狱类暴政之意，并非普适于一切时代之论。其意无非暗示：实际施行的都是霸道，不是孔孟王道。

其实，荀子说的“后王”不过是文武周孔而已，绝非幽厉。后儒先后王之争实际是反映儒学与皇权的矛盾。如其都要法后王，对宋儒而言，则秦皇汉武唐宗宋祖都要为法了。秦皇之不可为法是公认的，汉武帝和唐太宗也不足为法。对本朝皇帝俯首称臣山呼万岁不过是行礼而已，哪个儒生会当真认为眼前这个皇上可法？却是除了李逵又有哪个大宋臣民敢拿那老赵官家贸然说三道四？说到底，先王后王都是王，皇上们都讨厌儒生们“是古非今”。可是儒生们若都“是了今”，那可就满朝奸佞了。说又说不得，就还是来尊孟吧。荀子对社会的不平等议论如下：

【凡人有所一同。饥而欲食，寒而欲暖，劳而欲息，好利而恶害，是人之所生而有也，是无待而然者也，是禹桀之所同也。目辨白黑美恶，耳辨音声清浊，口辨酸咸甘苦，鼻辨芬芳腥臊，骨体肤理辨寒暑疾养，是又人之所常，生而有也，是无待而然者也，是禹桀之所同也。可以为尧舜，可以为桀跖，可以为工匠，可以为农贾，在势注错，习俗之所积耳，是又人之所生而有也，是无待而然者也，是禹桀之所同也。】【尧舜者非生而具者也，夫起于变故，成乎修，修之为待，尽而后备者也。】【夫贵为天子，富有天下，是人情之所同欲也，然则从人之欲则势不能容，物不能赡也。故先王案为之制礼义以分之，使有贵贱之等，长幼之差，知愚能不能之分。皆使人载其事而各得其宜，然后使悫禄多少厚薄之称。是夫群居和一之道也。故仁人在上则农以力尽田，贾以察尽财，百工以巧尽械器，士大夫以上至于公侯莫不以仁厚知能尽官职。夫是之谓至平。故或禄天下而不自以为多，或监门御旅抱关击柝而不自以为寡。故曰：斩而齐，枉而顺，不同而一，夫是之谓人伦。】（《荣辱》）

这是说人生下来是平等的，君王与普通人一样。只是后天的"待"（条件）特别是修习条件形成差别，不能要求一律平等，物资不能满足所有人的要求。各尽其职才是"至平"。这"平"是"平天下"的平，"平天下"本意是"平均天下"，是各尽所能各取所值。荀子认为人生来平等，不平等是实际条件所致，差异是现实存在，只能追求"不同而一"。这一社会学观点特别合理，即便现代民主自由之论也不过如此。文中仍用"先王"表示贤能的王。

《王制》篇是《荀子》书中对社会的理论做深入具体分析的古代杰作，请看下引各段。

【虽王公士大夫之子孙，不能属于礼义，则归之庶人；虽庶人之子孙也，积文学，正身行，能属于礼义，则归之卿相士大夫。】

这是提倡平民政治以针对封建政治。事实上，到荀子之时，封建制度已是尾声末季。已经有不少实例，如苏秦、张仪，是平民登为卿相的。荀子之言无非顺时应势而已。不过，这些议论把他的后王论又矫正中和了一些，复归于平民性。这才是真儒！

【听政之大分，以善至者待之以礼，以不善至者待之以刑。两者分别，则贤不肖不杂，是非不乱。贤不肖不杂则英杰至，是非不乱则国家治。若是，名声日闻，天下愿，令行禁止，王者之事毕矣。】

由此可见，荀子主张礼与刑并用。注意“分”字，荀子讲分，多于讲合。从哲学来说，变异为存在之本，异为主，是绝对的；同为辅，是相对的。有同异即有分合，故必强调分。文中“国家”指国和家。

【分均则不偏，势齐则不壹，众齐则不使。有天有地，而上下有差。明王始立而处国有制。夫两贵之不能相事，两贱之不能相使，是天数也。势位齐而欲恶同，物不能澹（通赡，义为满足）则必争，争则必乱，乱则穷矣。先王恶其乱也，故制礼义以分之，使有贫富贵贱之等，足以相兼临者，是养天下之本也。】

社会人群有差别是普遍的，不是只有阶级社会才有差别。任何国家的军队都要用军阶制，而且细分到十多个等级，这是军事管理的合理要求。但是从三国魏建立官阶的九品中正制，却是皇权政治的需要，较高级的民主社会在官职上虽也要分，却不宜分得太细，尤其不宜固定化，要能上能下。

【马骇舆则君子不安舆，庶人骇政则君子不安位。马骇舆则莫若静之，庶人骇政则莫若惠之。选贤良，举笃敬，收孤寡，补贫穷，如是则庶人安政矣。庶人安政，然后君子安位。传曰“君者舟也，庶人者水也。”水则载舟，水则覆舟，此之谓也。】

载舟覆舟之论在荀子的书中不止一见，据他说（《哀公》篇）那是孔子说的，故谓之“传”。这话成为后世政论的箴言，如唐魏征《谏太宗十思疏》说：“载舟覆舟，所宜深慎。”

荀子的理想社会经济不是封建的地区割据隔离的经济，是大一统的分工合作互通有无的经济：

【王者之等赋政事，财万物，所以养万民也。田野什一，关市几而不征，山林泽梁以时禁而不税，相地而衰政，理道之远近而致贡，通流财物粟米无有滞留，使相归移也。四海之内若一家，无幽闲隐僻之国，莫不趋使而安乐之。夫是之谓人师，是王者之法也。北海则有走马吠犬焉，然而中国得而畜使之；南海则有羽翮齿革曾青丹干焉，然而中国得而财之；东海则有紫紶鱼盐焉，然而中国得而衣食之；西海则有皮革文旄焉，然而中国得而用之。故泽人足乎木，山人足乎鱼，农夫不斲削不陶冶而足械用，工贾不耕田而足菽粟。故虎豹为猛矣，然君子剥而用之。故天之所覆，地之所载，莫不尽其美，致其用。上以饰贤良，下以养百姓而安乐之。夫是之谓大神。】

荀子在人类社会的构成原理上有很精到的分析，具有超越时代的高级水平：

【水火有气而无生，草木有生而无知，禽兽有知而无义。人有气有生有知亦且有义，故最为天下贵也。力不若牛，走不若马，而牛马为用，何也？曰“人能群，彼不能群也。”人何以能群？曰分。分何以能行？曰义。故义以分则和，和则一,一则多力，多力则强，强则胜物（动物）。故宫室可得而居也。故序四时裁万物兼利天下。无它故焉，得之分义也。故人生不能无群，群而无分则争，争则乱，乱则离，离则弱，弱则不能胜物，故宫室不可得而居也。】(《王制》)

在这里，荀子的认识已经进到阐明了人类文化根源的深度。群而有义，“群”是社会，“义”是人文伦理，也包括生产技术，都是文化的教育成果。“群”和“分”是辩证的分合相立关系，既分而一，以义而和，于是强而胜物。

但是荀子从他的性恶论出发导出了一种近乎要搞专制独裁的政治观点，这是近乎“霸道”的思想。《性恶》篇说：

【古者圣人以人之性恶，以为偏险而不正，悖乱而不治，故为之立君上之势以临之，明礼义以化之，起法正以治之，重刑罚以禁之。使天下皆出于治，合于善也。是圣王之治而礼义之化也。今当试去君上之势，无礼义之化，去法正之治，无刑罚之禁，倚而观天下民人之相与也。若是则夫强者害弱而夺之，众者暴寡而哗之，天下之悖乱而相亡，不待顷矣。】

《王制》篇包含一段几百字的专题短文，题名为“序官”，是“群”的概念的细说。文中简要地为官制做出设计规定。除了管国防军事的、管文化教育的，管治安司法的，还特别有管生产的、管环保的，水利、交通、百工一应俱全。后来在《礼记》中有《王制》之篇，实为“序官”的扩大，再后有《周官》之书，更是《礼记·王制》的扩大。我们为这个社会学思想取名

“职分论”。

与官职设计配合，在“富国”篇里还有精兵简政之论：

【上不隆礼则兵弱，上不爱民则兵弱，已诺不信则兵弱，将率（帅）不能则兵弱。上好功则国贫，上好利则国贫，士大夫众则国贫，工商众则国贫，无制数度量则国贫。】

接着又有进一步发挥：【百技所成，所以养一人也。而能不能兼技，人不能兼官。离居不相待则穷，群而无分则争。穷者患也，争者祸也。救患除祸则莫若明分使群矣。……德必称位，位必称禄，禄必称用……使民必胜事，事必出利，利足以生民，皆使衣食百用出入相揜。】

前人有解释“一人”为君王的，不对！这里是“一人为大家，大家为一人”的“每一人”。在某种意义上说，是“各尽所能，各取所值”的原则，是一种社会主义思想。

荀子批评墨子，说他的平均主义搞不好生产：

【墨子之言昭昭然为天下忧不足。夫不足非天下之公患也，特墨子之私忧过计也。今是土之生五谷也，人善治之则亩数盆，一岁而再获之。然后瓜桃枣李一本数以盆鼓，然后荤菜百蔬以泽量，然后六畜禽兽一而专车，鼋鼍鱼鳖鳅鳝以时别一而成群，然后飞鸟凫雁若烟海，然后昆虫万物生其间，可以相食养者不可胜数矣。夫天地之生万物也，固有余足以食人矣；麻葛茧丝鸟兽之羽毛齿革也，固有余足以衣人矣。夫有余不足，非天下之公患也，特墨子之私忧过计也。天下之公患，乱伤之也。胡不尝试相与求乱之者谁也？我以墨子之非乐也，则使天下乱；墨子之节用也，则使天下贫。非将堕（毁）之也，说不免焉。墨子大有天下小有一国，将蹙然衣粗食恶，忧戚而非乐。若是则瘠，瘠则不足欲，不足欲则赏不行。墨子大有天下小有一国，将少人徒，省官职，上功劳苦，与百姓均事业，齐功劳。若是则不威，不威则罚不行。赏不行，则贤者不可得而进也；罚不行，则不肖者不可得而退也。贤者不可得而进也，不肖者不可得而退也，则能不能不可得而官也。若是则万物失宜，事变失应，上失天时，下失地利，中失人和。天下敖然若烧若焦。墨子虽为之衣褐带索嚽菽饮水，恶能足之乎？既以伐其本竭其原，而

天下焦矣。】

他所形容的墨子治国的后果，多么像当年的人民公社呀！“穷光荣”的日子谁也不愿再去过了。

可以从《强国》篇的“孙卿子答秦相应侯问”看荀子政治观点的大概。他赞赏秦国的法制：百姓怕官不敢捣乱，百吏办事肃然认真，百官不贪不奢不拉帮结派，百事处理快捷而不滞留。可是，有一个大缺点，就是无儒。那意思是仁义道德讲得太少，礼义文章不够隆盛。有点像今天说的：不重视文化。

接下来我们介绍荀子的《性恶》篇。

【人之性恶，其善者伪也。今人之性，生而有好利焉。顺是，故争夺生而辞让亡焉。生而有疾恶焉。顺是，故残贼生而忠信亡焉。生而有耳目之欲，有好声色焉。顺是，故淫乱生而礼义文理亡焉。然则从人之性，顺人之情，必出于争夺，合于犯分乱理，而归于暴。故必将有师法之化，礼义之道，然后出于辞让，合于文理，而归于治。用此观之，然则人之性恶明矣。其善者伪也。】

这里的“伪”字是人为的意思，不是假冒伪造。

荀子反对孟子的性善论：

【孟子曰“人之学者，其性善。”曰：是不然。是不及知人之性，而不察乎人之性、伪之分者也。凡性者，天之就也，不可学，不可事。礼义者圣人之所生也，人之所学而能，所事而成者也。不可学不可事而在人者，谓之性。可学而能/可事而成之在人者，谓之伪。是性、伪之分也。】

然而荀子又说：“途之人可以为禹。”因为“途之人皆有可以知仁义法正之质，皆有可以能仁义法正之具。”那么他与孟子之间在终点上又合拢了，都是要把人教育成为善者。于是性善也好，性恶也罢，都无害于教育。他不说人皆可为尧舜，而说皆可为禹，虽有标准略低之意，也不无抬高禹的嫌疑，似乎他对家天下更多容忍。此外，荀子尊禹，或许因为禹是他的先祖。

为了强调后天教育，荀子还批判了刑法的株连规定。

【古者刑不过罪，爵不踰德。故杀其父而臣其子，杀其兄而臣其弟。刑罚不怒罪，爵赏不踰德，分然各以其诚通。是以为善者劝，为不善者沮。刑罚甚省而威行如流，政令致明而化易如神。】(《君子》)

这比“文化大革命”中的“唯成分论”要更讲道理。

总起来看，荀子不仅是儒学大师，也是集先秦诸子大成的学者。这里说的是荀子的社会文化理论，加上前几章的纯哲学成果，比之孔子和孟子，荀子的理论创建蔚为大观。他对诸子之学的批评大都可以认同，如说：“墨子蔽于用而不知文。惠子蔽于辞而不知实。庄子蔽于天而不知人。”(《解蔽》)都是比较恰当的评价。汉初经学多由荀子传承，而后世家国政治实遵荀子。故曰：荀子为儒学史枢纽。

他与孟子形成对比的关系，孟子偏于理想主义，而荀子则如冯友兰所说，是现实主义。

但是还得强调，荀子比孟子前进了许多，在社会伦理和经济政治各方面，都有孟子所不及的务实的理性分析的研究成果，更符合科学精神。他的性恶论虽非完善，比性善论更贴近唯物的生物进化论。在先秦，他的学问是最博大精深的，不愧“最为老师”。

近年有人说，中国没有产生近代科学，是墨子的学说没有发扬。应该说，是荀子的学说未得发扬，才使科学停顿在求实分析的初级阶段，没有进入伽利略－牛顿的境界。墨子的理想主义与孟子不同，从幼稚短浅的狭隘见解出发，脱离实际转成虚幻。

荀子偏向君主专制，在那个时代是现实的观点，不算是妨碍进步的错误思想。若非从君主制度出发，怎么制定适合的政法体制？当时中国毫无民主思想和制度的苗头，不能要求他脱离实际去规划什么民主政治。就连孟子那一点点民贵思想，都做不成任何现实可行的政治方案。

四、《礼记》及《大学》《中庸》《孝经》

关于礼经，先要注意，“礼”的概念从周公孔子到汉，有重大演变。孔子说的礼，是把祭礼、祀礼、应对等看作形式，社会关系中的主从、权责、义务等才是礼的实质。故子曰“礼乎礼乎，玉帛云乎哉；乐乎乐乎，钟鼓云乎哉。”到孟子时代就只侧重形式了，而原来的实质内涵另用别的语词表示，如忠孝仁义等，不再混称为“礼”。这是表达方式的进步。当然，后儒不会改动《论语》，注解还得按孔子原意说，而这情态却造成解读孔子的分歧。荀子更把“礼”发展为社会分工，谓之“礼别异”。

礼经含《礼记》《仪礼》《周礼》三部。汉代礼经仅指《仪礼》，即以形式为主的礼，汉以后改指《礼记》。

四库提要说：【礼记正义三十六卷，汉郑元（玄）注，唐孔颖达疏。隋书经籍志曰：“汉初河间献王得仲尼弟子及后学所记一百三十一篇献之，时无传之者。至刘向考校经籍检得一百三十篇，第而叙之。又得明堂阴阳记三十三篇、孔子三朝记七篇、王史氏记二十一篇、乐记二十三篇，凡五种合二百十四篇。戴德删其烦重，合而记之为八十五篇，谓之大戴记。而戴圣又删大戴之书为四十六篇，谓之小戴记。汉末马融遂传小戴之学，融又益月令一篇、明堂位一篇、明堂一篇，合四十九篇。”云云。其说不知所本，今考后汉书桥元（玄）传云：“七世祖仁，撰礼记章句四十九篇，号曰桥君学。”仁即班固所谓小戴授梁人桥季卿者，成帝时尝官大鸿胪。其时已称四十九篇，无四十六篇之说……】

《礼记》与此前五经大有不同，是一部文集，各篇内容和风格差别很大，编次也欠条理，本来不算是经，只是传，后与《仪礼》《周礼》（讲官职体系设计，即“礼别异”者。）合称“三礼”，遂升格为经。汉代收集的礼书各篇中，内容在现代仍有思想史价值的，看来远非孔子所为。《月令》一篇抄自《吕氏春秋》。《大学》《中庸》两篇是讲修身养性的理论文章，后来被朱熹单列为四书的两部。《王制》篇则是《荀子》书同名篇中“序官”一段文字的扩展。《乐记》是乐的理论，也明显是荀子学派之作，是《荀子》书《乐论》篇的扩展，朱熹猜测是荀子本人之作。

推断：《礼记》的汇编在秦始皇统一之后焚书坑儒之前就有人做了。《吕氏春秋》的编成是秦王政八年（公元前 239 年），《月令》编入《礼记》即在其后，不会晚到马融。这也是秦儒的蒙混手法，以便对特务们说所编不是儒书。《中庸》篇则有“今天下，书同文，车同轨，行同伦”之语，当然是秦统一后的话语。这都是秦儒哄弄秦政的小手段。今人有的认为《礼记》是汉儒汇编出来的，不全面。它本来是多人之作，在秦朝编成的可能性最大。当然会有小部分篇章是汉代人作的，但不能否定秦儒编辑过，只是被秦始皇烧禁得惨，又因是由零散文章汇集而成，没有统一结构，故至汉已经溃散，需要重新编辑。

在秦，这些零散作品可能就是李斯建议烧禁的“百家语”。既然《孟子》能以“子书”为名而得免，则所谓“百家”并非泛指包括儒家并及其外的诸子百家，而只是儒学的百家。这“百家语”才最伤秦始皇的脾胃，非烧不可。至于其他子书，《荀子》当头，《老子》《庄子》《韩非子》《吕氏春秋》，以至《孟子》……不都没烧，好好地流传着吗？汉初之所以先有《仪礼》，是因为那是荀子所传，没有直涉秦朝政治，所以未被烧禁。而《礼记》书名秦未必有，其中颇有非议秦政者。《礼运》篇最为意味深长，借孔子之口暗示对秦之家天下的直接反对。

【孔子曰：“大道之行也，与三代之英。丘未之逮也，而有志焉。”大道之行也，天下为公，选贤与能，讲信修睦。故人不独亲其亲，不独子其子。使老有所终，壮有所用，幼有所长，矜寡孤独废疾者皆有所养。男有分，女有归。货恶其弃于地也，不必藏于己；力恶其不出于身也，不必为己。是故谋闭而不兴，盗窃乱贼而不作。故外户而不闭。是谓大同。】

【今大道既隐，天下为家。各亲其亲，各子其子。货力为己。大人世及（君主传位称“世及”，如夏商二代“兄终弟及”）以为礼，城郭沟池以为固，礼义以为纪，以正君臣，以笃父子，以睦兄弟，以和夫妇，以设制度，以立田里，以贤勇知，以功为己。故谋用是作，而兵由此起。禹、汤、文、武、成王、周公，由此其选也。此六君子者未有不谨于礼者也。以著其义，以考其信，著有过刑，仁讲让，示民有常。是谓小康。】

在现代人看来，这一篇的思想非常先进。“天下为公”成了孙中山的革命口号，以之推翻帝制，建立共和。李敖在2004年12月21日的凤凰卫视节目上说：“《礼记·礼运》的‘天下为公’是原始的共产主义思想。”有道理。相对的“今天下为家”不可能是孔子说的话，因为在秦统一之前没有人强调全天下为一家之事。那与《春秋》大义不协调，只可能是秦儒之言。此文把实行礼义看作第二等的不得已的办法，是大道之隐的状态。把禹汤文武成王周公称“六君子”，而不称“先王”，还说他们作成的功业不过是“小康”。

《大学》全篇原为《礼记》第四十二章。据说是孔子之言，而曾子作传。孔子的话全文是：

【大学之道，在明明德，在亲民，在止于至善。知止而后有定，定而后能静，静而后能安，安而后能虑，虑而后能得。物有本末，事有终始。知所先后，则近道矣。古之欲明明德于天下者，先治其国；欲治其国者，先齐其家；欲齐其家者，先修其身；欲修其身者，先正其心；欲正其心者，先诚其意；欲诚其意者，先致其知；致知在格物。物格而后知至，知至而后意诚，意诚而后心正，心正而后身修，身修而后家齐，家齐而后国治，国治而后天下平。自天子以至于庶人，壹是皆以修身为本。其本乱而末治者否矣。其所厚者薄，而其所薄者厚，未之有也。】

这段文字其实并不丰满，但可以看作对儒者要求从个人修养起步，以治国平天下为目的。而且，文中没有区别阶级权势，天子和庶人一样。现代人注重科学，对以“格物”起步最感兴趣，最赞许。可以说，《大学》是儒学的宣言书，是入门誓词，要求入门者立八条大誓：格物—致知—诚意—正心—修身—齐家—治国—平天下。

此文后附《传》，当然不是孔子的话，但其内容比较丰富。我们则取“齐家治国”之文，造语为“家国主义”。

“在亲民”朱熹注：“程子曰亲当作新。”作此解的根据应是《传》之二章，所引三句古典都讲“新”。其全文曰：

【汤之盘铭曰：苟日新，日日新，又日新。《康诰》曰：作新民。《诗》曰：周虽旧邦，其命惟新。是故君子无所不用其极。】

这与《易·系辞》一致，主变求新，提倡创造发明。

“平天下”，按《礼记·乐记》有子夏对魏文侯之言：“修身及家，平均天下。”则“平”的意思是平均，不是平定（局域的暴乱、叛乱、战乱、不服从、不朝贡，等等）。这与“天下为公”用意一致，是平均权利和财富，这才是《大学》以致全部儒学思想的核心。后儒很多人引录子夏这句话。实际上《论语》已有平均思想的表述：

【丘也闻：有国有家者不患寡而患不均，不患贫而患不安。盖均无贫，和无寡，安无倾。】(《季氏》)

荀子曰：【出若入若，天下莫不平均，莫不治辨。是百王之所同也，而礼法之大分也。】

朱熹在其《诗集传序》文中再次提说：【审之言行，枢机之始。则“修身及家，平均天下”之道，其亦不待他求而得之于此矣。】

他给《大学·传》之十章作注说：【君子必当因其所同，推以度物，使彼我之间各得分愿，则上下四旁均齐方正，而天下平矣。】

“所同”指人心所同都获得满足，均齐方正为“天下平”。

【至于前后左右无不皆然，则身之所处上下四旁长短广狭，彼此如一而无不方矣。彼同有是心而兴起焉，又岂有一夫之不获哉。所操者约而所及者广，此平天下之要道也。】

《传》文之九章有机发论的陈述：

【一家仁一国兴仁，一家让一国兴让，一人贪戾一国作乱。其机如此。此谓一言偾事，一人定国。……故治国在齐其家。】

从上引各句看《大学》作者似也是秦儒，或即荀派。

二程建议《大学》《论语》《孟子》《中庸》为“四书”，作为小学生启蒙教材。原初的次序按内容难易，次序是：学、论、孟、庸，后因出版家以篇幅较短的《中庸》与《大学》合为一本较为方便，就成了学、庸、论、孟的次序。

《中庸》是《礼记》第三十一章，内分33小段（亦称“章”），字数比《大学》多好几倍。宋儒尊孟抑荀，朱熹从汉儒说，认为《中庸》作者是子思，传授到孟子。实际它是秦朝儒生之作，如其书之第28章说：“今天下，车同轨，书同文，行同伦”，那在子思和孟子时代是没有的事。“行同伦”是指废封建之后没了贵族等级。

文中重点讲性与道，以及诚明之义，却并没有强调性善论。而荀子讲诚的文字更多，与此文没有不同。不能由此断其出于子思或孟子，反而是说出自荀子一派的根据更多一些。说它出自思孟，是宋儒要利用它讲自家的性理。

孔子首言“中庸”。程颐解“中”为“不偏不倚”，朱熹继承此说，虽不为错，仍不到位。甲骨文“中”是立杆测影的午影正中[①]，是精密意义的科学名词。这里是要求最高的正确性，不许随便通融。程颐未达其“精确”之意。《尚书》舜语禹：“人心惟危，道心惟微，惟精惟一，允执厥中。”自孔安国《传》以“危”为危险/不安全，朱熹说：“人心易私而难公”，皆非。危是高，人心期望常欲超越实际；客观动因的关键则隐微难见，未来难以预测，唯有执中，以求精一。宋儒曲解危字，用意或在以此辨公私？“庸”者用也，其字偏旁“广”表示概念的覆盖面大，意在强调抽象性；中间是“手”，表示操控实行，强调主体的运作；下“用”表示以用的含义为主。“用”的古义是“因此”，与因果性密切相关，如《尚书》的许多“用”字。字形组成和《中庸》全文显示，“庸”的含义大概指人对事物的操控实行。于是，“中庸”的含义是以人为主体的最正确的实践运作；书的内容则首先是以修身为主的政治伦理方法论。然而此书内容，尤其是21～26六章，还具有更高抽象度，更高形上性，其中关键文字的训解至今未能全通，需要继续发掘开拓。例如“诚”有信仰之义，前儒之解未尽。

至于“庸君”“庸医”，以庸为平常以至无能，这是后来的转义而非孔子“中庸”原意。“文化大革命”前后很多人歪批“中庸”，说“中”是抹稀泥的中间调合政治路线，“庸”是庸俗、平庸……

下面摘引《中庸》一些段落。其文先从一般的道讲起，引向人的主观行为方法。第一章是：

【天命之谓性，率性之谓道，修道之谓教。道也者不可须臾离也，可离

---

① 甲骨文“中”字形为中部圆圈像日，上下各三撇像日光。今人把这些撇画为曲线是误解，源于《说文》说那是“飘带”，非。参考萧良琼女史之文。

非道也。是故君子戒慎乎其所不睹，恐惧乎其所不闻。莫见乎隐，莫显乎微，是故君子慎其独也。

【喜怒哀乐之未发谓之中，发而皆中节谓之和。中也者天下之大本也，和也者天下之达道也。致中和，天地位焉，万物育焉。】

“性”指事物的自然属性，在儒家只强调人性。由性决定的过程就是道。道不可“离”是根据道的形上性而言的，是【道不离器，器不离道】。空间上有形之物可以互相分离，而道是实际因果性，是无形的（形而上），是每一事物都具有的混一的存在。如此解道与《老子》完全一致。回到主体，君子“慎独”，个人独处也与混一的道离不开。

喜怒哀乐是情，情是人的非理性反应。“未发”与自然客体的无情而“不发”相同，唯此可以是精确中正的“中”。但既为人，焉得无情！只要感情之发恰如其分就好。与道相协相谐，不过激，不狂越，是为“和”。中和为天下（不是天地，是人间）之大本达道，“致中和”则主体与外在世界的存在浑然合一。“天地位焉，万物育焉”是说宇宙万物按其实在状态运行着，意指主体的言行不背乎自然，而达到天人和谐的境界。从强调人际和谐而言，“致中和”是反对极端家国主义的，这对秦后的政治伦理影响很大。

中庸难能：由“中和”而“中庸”是从主客并观转到专注主体。“子曰：中庸不可能也”。此言：作到高标准的中庸不是靠本能或习惯，具体到每事每物都要思考斟酌，遵道而行是很难的事。达成中庸要点在于修身，修身始于格物致知。这是强调与外在世界的同一，是尊重科学。从认识论说，孔子的话也有认识不可能穷尽真理之义。“阴阳不测”，故只能“几于道”，即接近道，不可能完全彻底地与客观的道一致。其书第二十章：

【仁者人也，亲亲为大。义者宜也，尊贤为大。……故君子不可以不修身，思修身不可以不事亲，思事亲不可以不知人，思知人不可以不知天。……好学近乎知，力行近乎仁，知耻近乎勇。知斯三者则知所以修身，知所以修身则知所以治人，知所以治人则知所以治天下国家矣。】

仁义——忠恕，这是修身的终极目标，事父事君，要孝要礼，讲智仁勇……，都是以仁为中心的人伦政治。到现在还用“仁义之师”形容人民解放军。对秦始皇来说，仁政和孝道正是他的弱点。儒生们讲这些，无疑触痛了他心中最忌讳的敏感点。冲突不可避免！

真——细讲这个命题要与“美”的概念结合。《中庸》第 21 ～ 22 章有对真的深刻论说：

【自诚明谓之性，自明诚谓之教。诚则明矣，明则诚矣。（第 21 章）……唯天下至诚为能尽其性。能尽其性则能尽人之性，能尽人之性则能尽物之性，则可以赞天地之化育。可以赞天地之化育，则可以与天地参矣。】（第 22 章）

诚和明对应“真善美”的“真”。诚是自内向外的表述 / 显示；明是自外向内的受教求知。表显之真是真诚、诚信，是个人的精神信仰；教研之真是真理、学问。儒家把“真”一分为二，拆解为一对概念，这比西方哲学精详先进。把修身立德的性情修养与格物致知的科学活动融合为一，正是儒学思想的精华。孔子说过：“巧言令色鲜矣仁。”指的就是表里不一没有诚信的人品。据说他为此杀了少正卯。然而诚还有外推一层的意思，第 25 章：

【诚者自成也，而道自道也。诚者物之终始，不诚无物。是故君子诚之为贵。诚者非自成己而已也，所以成物也。成己仁也，成物知也，性之德也，合内外之道也。故时措之宜也。】

他人和外物也各有其诚，那是他（它）们各自的性，即本质。所以说“不诚无物”，意思是外在事物无不按其本质（性）表现为现象。所以，“诚”不是只限于主体意识的概念。尽人之性和尽物之性就是接受人和物的诚。其方法是下文的“致曲”。这“曲”要按古初原意解为容器，特别是铸造用的范模。“致曲”是把自己与外人外物置于一体，主客混融，躬亲实践，恰如四清口号“与贫下中农同吃同住同劳动”。如此解说，则在前面第 23 章的文句就明白易懂：【其次致曲，曲能有诚。诚则形，形则著，著则明，明则动，动则变，变则化。唯天下至诚为能化。】

教为大经，教的目标是“尽人之性”，是改善个体人的精神世界的诚。而“尽物之性”则是彻底掌握外在事物的本质。教的最高效果是能“赞（帮助）天地之化育”，其次是“动变 - 能化”。诚与道近，也还要分开，“诚者自诚也，道自道也。”诚先要内向成己，成物则是外向的事，但却是由知而致，故谓“性之德也，合内外之道也。”“唯天下之至诚为能经纶天下之大经，立天下之大本，知天地之化育。”（第32章）这又与秦政之愚民正相反对。

【天地之道可一言而尽也：其为物不贰，则其生物不测。天地之道博也，厚也，高也，明也，悠也，久也。今夫天，斯昭昭之多，及其无穷也，日月星辰系焉，万物覆焉；今夫地，一撮土之多，及其广厚，载华岳而不重，振河海而不泄，万物载焉；今夫山，一卷石之多，及其广大，草木生之，禽兽居之，宝藏兴焉；今夫水，一勺之多，及其不测，鼋鼍蛟龙鱼鳖生焉，货财殖焉。】（第26章）

“为物不贰”是说没有两同，差异是绝对的，不强调规律性而重视复杂性多元性，仍指得道之难。多是一的重复，一勺变多勺等。这里讲的一与多的辩证法非常高明，正与现代人常说的：“总体大于部分之和”一致。

【大哉圣人之道，洋洋乎发育万物，峻极于天，优优大哉。礼仪三百，威仪三千，待其人而后行。故曰：苟不至德至道不凝焉。故君子尊德性而道问学，致广大而尽精微，极高明而道中庸，温故而知新，敦厚以崇礼。是故居上不骄，居下不倍。国有道，其言足以兴；国无道，其默足以容。】（第27章）

“礼仪”和“威仪”前儒之解未足详正。“仪”是标准，此指案例类的规矩或法案。礼仪是日常的行事规范，有三百条；威仪是刑法，有三千条之多。当然都是概略之数。

《中庸》的伦理是按家国主义原则说的，而与今之偏向自由民主人权的原则有所不同。其实，伦理观念是人类社会任何时代都不可或缺的。到了现代，只不过要把“君”换为“领导”，不要愚忠愚孝，要讲新时代的法制。“造端乎夫妇”也是对的。夫妇者人之大伦。说儒学讳言两性是误解，必须解除。中庸的现代政治意义正在于：对逢迎上意而忽左忽右的行为要严厉批判。残酷革命曾要求铁的纪律，但并非要下级走极端，和平时期更要理法当头。“诚”“慎独”“在下位不援上”等提法，反对唯上偏激。

但《中庸》对持直抗上的品德几乎不讲，强调“明哲保身”“不怨天尤人”“获乎上有道”“默足以容”，是继承老子的无为主义。这与“杀身成仁”的思想不同，可能是作者为避秦之暴政所做的策略性忍让。其实，秦亡之后的儒学并没有大力宣扬明哲保身观点。忠臣经常抗命直谏不怕杀头。反而是说话与君上永保一致的人总被视为奸佞。

“继绝世，举废国”，如解为恢复分封政体，与孔子思想不合。“继绝世”不是恢复旧贵族的世袭爵位，那是不可能的。要恢复的是被兼并的败废小国的文化和经济。《论语》还有“举逸民”，那更是从老百姓的生活着想，把逃亡的和失业的民众安置好，搞好生产生活。凡此皆应是用于讽谏秦政——秦统一后不优先考虑被灭六国的民生经济，却大修宫殿长城，赋役极重，决非善政。

讲鬼神是配合“慎独”之说。《中庸》是在很抽象的意义上讲鬼神的，含义只是：动变中有无形的存在，于冥冥中起作用。这是从实际出发的一种信仰，与基督教的神学一样。而对秦始皇这却是一种精神上的威胁。与此相关的第 19 章说“郊祀之礼，以事上帝”自然也可理解，仅此不能说儒是宗教，也非迷信。至于第 24 章说“祯祥妖孽，见乎蓍龟”当然要否定，那是时代局限。《中庸》讲“前定”是决定论－宿命论，也要否定。沈括《梦溪笔谈》就说“事非前定”。

《中庸》思想的核心与孔孟荀一致而有所发展，故一向受儒家重视。在家国主义理论体系形成过程中，《中庸》的作用很重要，它阐发了深刻的人性 / 人道主题，反对战争杀戮迷信愚昧，反对自私欺诈不诚无信，特别是强调“和”，正是社会伦常之大端。

到宋代，理学诸儒把它提升到很高的地位，因为它主要是讲“心、性、命”等概念，正是理学的中心话题——理，但却很自然地又融合心、性、命等作为中心，可见仅以理并不倾向“唯物”。因为“理”是主观认识范畴下的东西，不仅唯心者可以讲科学，科学家以致物理学家也可信仰唯心主义。

宋儒简拔《中庸》于群篇之上，是有见地的。但他们只侧重人文内容，未能注重发挥其自然哲学和科学哲学方面，而其解说仅以强调理的先天存在为中心，那是错的。

《孝经》是儒家伦理学第一经典，唐代始尊为经，宋代列入十三经。近些年批儒，最受冷落的儒经是《孝经》，几乎没人研究它。但是我们如果要全面了解儒学，就不能忘记这部儒经。它强调整个社会的伦理道德都要从孝敬父母说起做起，这与我们所说的“家国主义”在观念上一致——这种社会以家庭为社会基础，家庭伦理是首要的。社会安定自孝始。如果说迄今为止的现实社会无非以家庭为基元，则《孝经》的命题本身就是不可废的，只可能研究它的缺弱点或时代局限性，不可能全盘否定它。

据说《孝经》作者是曾子（曾参），但很早就被质疑。它也与《大学》《中庸》一样是属于《礼记》的一篇。《四库全书总目》认为是孔子弟子们的“遗言”。从书中“终始”的先后含义，可以推断大概成书于汉初。唐玄宗为之作注，公元745年刻成石碑，至今存于西安碑林。按四库古本全文是1810字，被按自然段分为18章。朱熹认为：前6章才是原本，后面的都是后儒作的传。本文无须分为六章，所引的《诗经》都文不对题，是后人硬加上去的。第9章和第12章后半是用《尚书》《左传》的文字拼凑的，前边5个“子曰”要去掉。（他总共给去掉223个字）。

他的见解很有道理。陈振孙的《直斋书录解题》评论此书：

【抱遗经于千载之后，而能卓然悟疑辨惑，非豪杰特起独立之士何以及此！此后学所不敢仿效而亦不敢拟议也。】

意谓这是朱熹治学的典型表现，后代人特别尊崇他是有道理的。今引录朱熹所定古本原文如下：

【仲尼闲居，曾子侍坐。子曰“参，先王有至德要道以顺天下，民用和睦，上下无怨。汝知之乎？”曾子避席曰“参不敏，何足以知之。”子曰“夫孝，德之本也，教之所由生。复坐，吾语汝。”

【身体发肤受之父母，不敢毁伤，孝之始也。立身行道，扬名于后世以显父母，孝之终也。夫孝始于事亲，中于事君，终于立身。

【爱亲者不敢恶于人，敬亲者不敢慢于人。爱敬尽于事亲，而德教加于百姓，刑于四海，盖天子之孝。

【在上不骄，高而不危，制节谨度，满而不溢。高而不危，所以长守贵，满而不溢，所以长守富。富贵不离其身，然后能保其社稷，而和其民人。盖诸侯之孝。

【非先王之法服不敢服，非先王之法言不敢道，非先王之德行不敢行。是故非法不言，非道不行，口无择言，身无择行，言满天下无口过，行满天下无怨恶。三者备矣，然后能守其宗庙。盖卿大夫之孝也。

【资于事父以事母而爱同，资于事父以事君而敬同。故母取其爱，而君取其敬。兼之者父也。故以孝事君则忠，以敬事长则顺。忠顺不失以事其上，然后能保其爵禄而守其祭祀。盖士之孝也。

【用天之道，因地之利。谨身节用以养父母。此庶人之孝也。故自天子以下至于庶人，孝无终始，而患不及者，未之有也。】

从文中以诸侯保"社稷"，而卿大夫守"宗庙"来看，这确是春秋时代的话语。但对这两者却都没提说如何对待父母，只对天子和士庶言"事亲""养父母"。按朱熹的思维方式继续贯彻下去，则那中间关于诸侯和卿大夫的两段也可能是后来加进去的，那是为了更像孔子时代的话语。我们知道，秦始皇时期确实是只有天子和士庶，没有诸侯和卿大夫。这里指有其社稷和宗庙可保可守的诸侯和卿大夫，是春秋封建制度中的，而不是废封建后有其名而无其实的诸侯卿大夫。若说此文原为秦儒制作是合适的。它与《大学》的模式相似，原文（或称"经"）很短，经后附有稍长的传。或者，这么短的文字也不会构成一部经，则后边的文字也不都是传，有些是最初的原文。

简短经文的有效部分，对天子只说不要"恶慢于人"，要以"德教加于百姓"；而对普通士庶则说，先要维护身体完好，莫受损害，再养好父母。这简直是针对秦的暴政而发之言。而这类主张倒很像是《老子》的养生思想。

后边的传，有些话具有深长的含义，摘引评说如下：

【子曰：教民亲爱莫善于孝，教民礼顺莫善于弟（通悌），移风易俗莫善于乐，安上治民莫善于礼。】

关于乐能"移风易俗"之语，我们在下章讨论。

【子曰：夫孝，天之经，地之义，民之行。】

说孝是老百姓天经地义的行为，这一点都不错。

【天地之性人为贵，人之行莫大于孝。】

这里回归于“民为贵”原则。注意唐太宗讳“民”字，此处“人”或原是“民”。

【父子之道天性、君臣之义 [ ]。父母生之，续莫大焉。君亲临之，厚莫重焉。子曰“不爱其亲而爱他人者，谓之悖德；不敬其亲而敬他人者，谓之悖礼。”】

文中 [ ] 里好像脱掉两字，如“天道”。续，就是种族延续，没有父母生儿育女，就没有人类。难道还有比爱双亲更重要的吗？

【五刑之属三千，而罪莫大于不孝。】

《中庸》有“威仪三千”之语，五刑就是威仪。

【君子之事亲孝，故忠可移于君；事兄弟，故顺可移于长；居家理，故治可移于官。是以行成于内，而名立于后世矣。】

这里说，以孝为基础，其他各种社会关系都可以理顺。

【曾子曰：“若夫慈爱恭敬安亲扬名，参闻命矣。敢问子从父之令可谓孝乎？”子曰：“是何言与！是何言与！昔者天子有争臣七人，虽无道不失其天下；诸侯有争臣五人，虽无道不失其国；大夫有争臣三人，虽无道不失其家；士有争友，则身不离于令名；父有争子，则身不陷于不义。故当不义则子不可以弗争于父，臣不可以弗争于君。故当不义则争之。从父之令又焉得为孝乎。”】

注意，专对大夫言“家”，这也是春秋特有的话语。

这一段很有意思。“文化大革命”大批判说儒家是“君叫臣死，臣不得不死；父叫子亡，子不得不亡。”而孟子说的却是：暴君可以诛杀。到底谁杀谁？而此处则说的是：父不义，子要争。从父之令而非义者不为孝。孔子之所以要去周游列国，不就是因为他不想顺从鲁君的错误行为吗？秦始皇不是个君吗？哪个儒生说要任凭被活埋？孔子后裔孔鲋抱着诗书去投靠陈涉，哪里是忠于秦始皇？儒有其该批者，但先要科学地分析历史信息，不能胡乱批判。

这里必须提及荀子，其书“子道”篇说：【从道不从君，从义不从父，人之大行也。若夫志以礼安，言以类使，则儒道毕矣。虽舜不能加毫末于是矣。】

若由这里看，未尝不可以说《孝经》作者是荀子学派。

再下面是最后一段，说的是：丧亲的孝子要哭，要穿丧服，吃的简单些少些。这都是应该的。但不可过分，“无以死伤生，毁（表示哀悼的自毁行为）不灭性。”“生事爱敬，死事哀戚，生民之本尽矣，死生之义备矣，孝子之事亲终矣。”有这些就足够了，不要为丧亲而损害活人。减损衣食的“毁”不要减损到人的生活必需的水平以下。北魏文帝母亲去世，五天不吃饭，大臣就拿“毁不灭性”这句话劝他。后世常有记述某孝子因丧亲哀毁致死者。那些记述既与《孝经》不符，也不见得与事实一致。儿子紧跟父或母死了，恐怕不是由于哀痛过分，而是别有原因，比如是传染病之类。那种说法，恐是为骗取朝廷旌表编出来的。

由此看来，《孝经》并没有多少不合于自然人情的要求。它联系到“忠顺”也是时代意识而已，要体谅。既然事父不可从其不义之令，那么事君不是也一样的吗？全文总体精神是人本主义的，甚至是偏于孟子的贵民思想的。

大批判的说法可以拿《中国大百科全书·哲学》的“《孝经》”条为代表：“它肯定‘孝’是上天所定的规范”。说这话的人不知道：《孝经》以天与地合言，就意味着天是和地一样的自然物，没有说天能作什么“定规范”之类的话。

还说：“把‘孝’的社会作用绝对化、神秘化，认为‘孝悌之至’就能够‘通于神明，光于四海，无所不通。’”

“通于神明”不等于就是神秘主义。这里的“神明”比西方的上帝更接近为自然之物。说《孝经》“要借用国家法律的权威，维护封建的宗法等级关系和道德秩序。”这大概就是多年来很少有人研究《孝经》的认识上的原因。从我们上述分析看，在那个时代写下那样的文字，只能是颠覆或削弱封建秩序，看不出维护的意思。

西方基督教说一切人都是上帝的儿子，生育的血缘关系被淡化或取消了。这是违反自然的。如果我们的儒家学者曾经批判过墨家“无君无父”，反对佛家否定家庭关系提倡“出家”，那么很自然地也会反对父子都是上帝的儿子的说法，会说那不合天理。

以《孝经》为代表的儒家伦理思想促成汉朝帝王的孝道宣传，但也可能是两者互动。其目的无非要维持自家的家天下。汉家皇帝们自称是以孝道治国，每位皇帝身后的称号都在前头冠以“孝”字，如“孝文帝”“孝景帝”“孝武帝”之类。晋朝也学这个样子。选官则有“孝廉”名目。唐朝更有玄宗皇帝亲为《孝经》作注。此后历代继承这个传统，于是，孝成为中国传统文化的伦理核心。皇权政治自然地要把孝道引申于忠君，但是儒家一直坚持不肯放弃忠君的有条件性，对昏暴的君主没有忠的义务。但是“忠”于国家民族，为天下黎民百姓献身，这却是无条件的。无论正史还是稗官野史民间文学，都歌颂与皇帝的错误言行对抗的臣子，称之为“忠臣”，与《孝经》的“争臣”概念一致，海瑞就是典型。反之，那些对“昏君”表示永远紧跟的是“奸臣”。

此处再顺便说说“三纲五常”。孔子只说“君君臣臣父父子子”没有说谁为谁纲，董仲舒《春秋繁露》“基义章”说到君臣、父子、夫妇三对关系，没说“三纲”。他把孟子的“仁义礼智”加上个“信”，就是后人说的“五常”。其论君臣父子夫妇之文如下：

【凡物必有合，合必有上，必有下，必有左，必有右，必有前，必有后，必有表，必有里。有美必有恶，有顺必有逆，有喜必有怒，有寒必有暑，有昼必有夜，此皆其合也。阴者阳之合，夫者妻之合，子者父之合，臣者君之合。物莫无合，而合各有阴阳。阳兼于阴，阴兼于阳，夫兼于妻，妻兼于夫，父兼于子，子兼于父，君兼于臣，臣兼于君。君臣、父子、夫妇之义皆取诸阴阳之道。君为阳，臣为阴，父为阳，子为阴，夫为阳，妻为阴。阴道无所独行，其始也不得专起，其终也不得分功。有所兼之义。】

伦理关系也属阴阳范畴，或如近人所说，是矛盾关系。而且注意“不专起，不分功”，那还是一种近于平等的意识。东汉章帝到白虎观讲学，诸儒讨论，形成《白虎通义》之书。其中才有“三纲”这个词：“三纲者何谓也？谓君臣父子夫妇也。”此书也没说谁服从谁的话，而且还引《孝经》“父有争子，则身不陷于不义”，要求做儿子的要对为父的不义提出争议。

可是近年批儒者有意歪曲，如《中国大百科全书·哲学》说三纲五常是“维护着封建宗法等级专制制度”。至少，到《白虎通义》还看不出它有什么“专制”的含义。朱熹首言“三纲五常”，他批佛老，说：“佛老之学不待深辨而明，只是废三纲五常这一事已是极大罪名，其他更不消说。”这也批得有理。至于明清之儒怎么讲，那是儒学演化的问题，又当别论。

五、立名——人生观的信息意识

谚语说：“人过留名，雁过留声”，这话里的“名”所指不只是姓名的两三个汉字，或是能从户籍档案查得的资料，而是指其人的社会影响，或曰“文化的信息存留”。

苏东坡《赤壁赋》说：“苏子曰：‘客亦知夫水与月乎？逝者如斯而未尝往也，盈虚者如彼而卒莫消长也。盖将自其变者而观之，则天地曾不能以一瞬，自其不变者而观之，则物与我皆无尽也。’”这些话超越了我们说的“文化信息存留”，而是泛指《老子》哲学宇宙论的“有无论”。

《老子》开头：“道可道，非常道。名可名，非常名。”12 字是易道哲学基本范畴的经典表述。全章 59 字是易道哲学的纲领。

易道哲学认为：基本存在是历史。已经过去的历史，哪管一分一秒，既往矣，即已固化，不可改动。此之为“常”，东坡谓之“物我无尽”。但历史的第一特性是变易生新。太阳、地球、月亮、原子、电子、光子，有哪一刻是静止的？东坡谓之“不能一瞬”。

整个两汉文化极富原始创新，而变易创新至今仍是中国传统文化的主流意识。虽然历代政治改革总有人反对，那是维护统治者利益。

名是信息。老子已经认识名的重要，虽未说透，但直到现代西方哲学，都没有悟到信息的根本性。由于老子的超前启发，中国文化一直重视信息。典型表现就是《史记》那句经典性的话："神者生之本"。他的意思是"生命的本质是信息"。这比说"生命的本质是蛋白质"超越一个等级，甚至是几个时代。准确说，是现代人在这个命题上，比司马迁落后21个世纪，比《老子》落后23个世纪。

朱熹是宋明理学的代表，他在讨论鬼神问题时，不认为鬼神是实有的事物。但他无法否认人们搞祭祀，特别是祭祀祖先的信念，于是他用他的"气"作解释：

【人所以生，精气聚也。人只有许多气，须有个尽时。尽则魂气归于天，形魄归于地而死矣。……人死虽终归于散，然亦未便散尽，故祭祀有感格之理。先祖世次远者，气之有无不可知。然奉祭祀者既是他子孙，毕竟只是一气，所以有感通之理。】

八百年前没有现代科学，西方以神学的上帝解释生死。中国学者用气来解释，应该说是更接近科学，至少是理性的思维。如果他把气改进为信息就很好了。朱熹不是唯物主义者，但他那个气却太过唯物。物质变动不居，唯它的什么？朱熹说是理和气，不如老子说是道和名更正确。

聚散说初起于庄子之语："人之生，气之聚也。聚则为生，散则为死。"魂气归天之说出自《淮南子》："烦气为虫，精气为人。是故精神天之有也，而骨骸者地之有也。精神入其门，而骨骸反其根。我尚何存？！"这里的"精神"是个人的思想感情，是作为个体人的本质的信息。植物人丧失了精神，就同死人一样了。人死是：骨肉归地化土，精神散入太空。"我尚何存！"四字大义是有限的个体生命向无穷宇宙的回归，这一问多么沉重，多么昂扬！

"神"字初文是"申"，在甲骨和金文为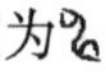，形似两个"人"相连，一个卧地归土，一个腾跃升天。这正是《淮南子》所说的死亡过程。

朱熹的气的概念偏于形而下，他尚未把握传统文化内涵中的"信息"，不理解老子为什么讲"名"。老子是史官，他对既往历史的意义体会很深。而当时传史的主要任务之一是"正名"。孔子强调"必也正名乎"，作《春秋》就是要为历史正名，要分辨正邪善恶。《荀子》书专立“正名”篇，强调只有正名才能很好地指导现实行为。以此范文澜说中国古代是史官文化，虽说不够全面，却有道理。

个人精神是社会群体文化的一个细胞，来自社会的培养教育，又集群组合成为文化。“自我”就是个人精神，是活人的信息处理系统的自称，这种系统拥有相当规模的主动制机权。文化则是社会群体的信息体系。个人不仅从社会文化学习知识和道德，还要作反哺贡献。

《左传》记鲁大夫叔孙豹之言：【穆叔如晋，范宣子逆之（迎接），问焉。（范宣子）曰：“古人有言曰，死而不朽何谓也？”……（穆叔回答：）“豹闻之，大上有立德，其次有立功，其次有立言。虽久不废，此之谓不朽。”】

这就是所谓“三立”。什么是死而不朽？就是立德、立功、立言。不管你对“德、功、言”三个字作何解释，我们的理解，那就是对社会文化的贡献。

孔子曰：【弗乎！弗乎！（不！不！）君子病（感伤）殁世而名不称焉。吾道不行矣，吾何以自见于后世哉！乃因史记作《春秋》。】(《史记·孔子世家》)

司马迁《报任安书》：【隐忍苟活，身幽粪土之中而不辞者，鄙没世而文采不表于后世也。】作《史记》的动机是：【欲以究天人之际，通古今之变，成一家之言。惜其不成，是以就极刑而无愠色。】

这都是中国历代知识分子的榜样，都是要称名后世。

“俱往矣，数风流人物还看今朝！”（毛泽东词《沁园春·雪》）这是中国传统世界观和人生观的表述，不是个人自我表扬。

第九章　儒学文化论之美学观念

一、美学观念及乐论

本章的“美学”，兼指文学和艺术理论。中国古代的高级文艺主要是由儒家包揽的，这本来就是儒家的本业。孔子授徒既重视礼乐，又重视文辞修养，子游、子夏都是他教出来的擅长文辞的优秀弟子。诗和乐属“六艺”之列，是孔门教育的重点课程。

文学和艺术在哲学上是美学这一分支的研究对象。现代中国的美学界从西洋引入一些基础概念，尽人皆知有所谓“真善美”命题。近年竟有中国人说，中国古代根本没有“真善美”的概念。我们说，不但很早就有，而且论述深刻完善。孔子有论善与美，是在《论语·八佾》中评论音乐时说的：

【子谓：韶尽美矣，又尽善也。谓：武尽美矣，未尽善也。】

据前儒解说，“韶”是舜的乐章，“武”是周王朝的乐章。这里的“善”是“人性善”的善，是与人为善的仁善，不是完善的善。孔子对韶和武评价不同，与他对公天下和家天下的褒贬评价有关，他是把美的理念与政治标准紧密结合的。而俗语“尽善尽美”的善是指完善。《中庸》表述的“尽性”，则是与“真”密切联系在一起的概念。《大学》文首说的“止于至善”，以“明德”和“亲民”并立，是完善与仁善的有机结合。在公私一体意义上的完善或“至善”“尽善”就是仁义。但孔子没说明什么是美。按我们的观点，真、善、美，都是在评价的意义上立言的。真不等于实，善不等于义，美不等于利。

真，是认知和表述与实际存在符合的评价；

善，是言论和行动对社会利益贡献的评价；

美，是现象和感觉受个人性趣欣赏的评价。

注意，这里的“性趣”之性，是《中庸》话语的“性”。“真”就是《中庸》所说“明”和“诚”一对概念。

这里再度引录《中庸》之说：【自诚明谓之性，自明诚谓之教。诚则明矣，明则诚矣。唯天下至诚为能尽其性。能尽其性则能尽人之性，能尽人之性则能尽物之性，则可以赞天地之化育。可以赞天地之化育，则可以与天地参矣。】

在由外而内的认知意义上的真就是明。孔子说：“中庸不可能也”。现在则有列宁的“相对真理”之论。人的认识总是有限的，也就是相对的，不可能做到绝对准确。尤其在总体的人类文化史上，人对自然和社会的认识，总是不断改正错误，不断前进。这样，过去历史上出现过而现在已被否定的认识，就不可以因其已被否定而予否定评价。这个含义在科技文化的评价上表现最明显，对人文和社会科学也一样。对古人不能要求过高，要体谅。典型之例，如本书多次提到的中国古人的鬼神观念。

在由内向外的道德意义上的真就是“诚”，是外向表述与内心思想一致，这内心思想是个人的信仰。一个人说话写文章表里相异，阴一套阳一套，缺乏诚信，那是无德。下节讲《文心雕龙》，关于文人品行的论说，即属于文学评价的“真”的命题。对他人和社会群体不真诚，则其对自然科学的求知（尽物之性）也会出毛病，兴趣受个人主观爱恶影响，就要偷奸耍滑，不愿吃苦付出。

先立“至诚”，然后才能“尽性”而赞天地之化育，包括人伦和自然。社会总体文化发展要求个体至诚。

所谓“美”的问题较复杂。现代美学由于历史上西学唯心唯物的争辩被弄得扑朔迷离，我们不多嘴，只先以科技评价为例来谈谈。

近世以理论物理学为中心，曾经流行一种科学美的论点，认为科学理论之美在于简单、和谐、对称。个别人对此持崇拜心态，说什么："不懂理论物理的人就不能体验这种最高尚的美。"这种言词在外界人听起来十分刺耳。中国传统科学和儒家文化不讲究什么简单和谐对称，至少不把这当作最高标准，那岂不是很不美？不能这么说！

物理学是以对物质作终极分析为中心的学科，所以物理学理论表现为以本质和规律为核心的简单性。于是理论物理学家们凡获得此类成果便欣喜若狂，他们以简单和谐对称为物理理论之美，无可非议。然而，即使物理学也不是都在研究这类问题，也有很多复杂问题要研究。至于全部科学技术，物理之外一门比一门复杂。科学整体作为一个研究对象，已经超出自然科学之外进入了人文领域。儒家和道家学者们无不对复杂性感兴趣，如果谁能抓住"天机"，一举攻克一个最复杂的难题，那才是最美的事！

什么叫"美"？

美是以个人兴趣嗜好为准，对外在事物所作个人评价。

四川人以辣为美食，江浙人以甜为美食；吸毒者以精神麻醉和幻觉为美，正常人则视若自杀，避之唯恐不及；中国人爱听的京戏唱腔，欧洲人多数不能欣赏；一辈子住在深山里的人看到开阔平原感到美，而长期定居平原或城市的人却以山景为美。习惯了的为美，太习惯了的又不为美，故而习惯不是美的原因，心理上的适应和调剂性变化才是美的原因。父母看自己儿女美，工匠看自己的制品美，这是成就的心理愉悦反应。

总之，美因人而异，可以完全相反，但非全无准则，这准则就是个人心理需求取向，就是荀子说的"情"和"欲"。由于个人生于社会，教养于社会，一个社会的文化——环境、习俗、传统观念、教育等，造成这个社会大多数成员有较为一致的心理取向，于是美也就有了一定的社会一致性。特别是当其与社会道德、行为规范结合时，人又有自我压抑天然生理欲求的心理活动，以及由好胜心、羞耻心导致的与他人求同的心理活动，个人心理大为复杂化。于是美这个概念就使人很难捉摸，就像唯心的"精神"这个概念是人对自身的信息活动来源不清楚才创造出来的，而“鬼神”的概念则更为原始。

美的社会化不是它的本性，它的本性是个体的，但如个体的追求与社会利益（即仁善）冲突，个体将不得不改变自己的审美标准。如果个体追求与对客观现实的认识（即真）矛盾，也行不通。然而，却不能阻止个体的人随时产生种种与真和善冲突的审美追求，只是人类的社会文化和体制随时迫使个体改正而已。如其不触犯群体利益，不违背客观现实，也就谈不上是非善恶，个人有自由各取所好。

有了这样的理解，运用儒学的话语，我们可以把真善美的最高标准简要地陈述为：诚明、仁义、谐和。也就是：

真是内外诚明；善是极于公益；美是天人谐和。

“天人谐和”不是“天人合一”，是天人物我的最美好的适配，人由此得以享受最高乐趣。天，包含大自然，谐和则包括生态环保，对个人而言则包括社会，所以与善实为一体。仁义之善而臻极致，自然是完善的，因而也就是真。最高水平的真善美是三位一体的。

文学艺术是为满足人们的审美需求搞的创作。文艺作品不一定具有真和善的品格，而儒家从来强调文艺必须为仁义道德教育服务，因而就应该是真善美三结合的。神话故事可以是虚构的幻想的，但那只是美学意义的“文”。如荀子所说：“以为文则吉，以为神则凶”，不能使人陷入迷信的非非之想。此所以刘勰不言小说（见下节）。

关于真善美的结合，仍然可以引孔子的话：

【质胜文则野，文胜质则史，文质彬彬然后君子。】（《论语·雍也》）朱子注：【野，野人，言鄙略也。史掌文书，多闻习事，而诚或不足也。彬彬犹班班，物相杂而适均之貌，言学者当损有余补不足，至于成德则不期然而然矣。】

孔子说的“文”是指形式的表现的状态，即文饰；“质”是指内在的本质的实在。“野”指乡下人，文化低，但朴素憨直；“史”是史官，最有知识，最会说话，但所说的大事大理多是传诵，并非都是自己的思想。这段话是对文人品德提出的高标准要求，文人无德是常见的事。文艺作品与其作者内心相反，则那作品的价值就大可怀疑。例如蔡京、秦桧、严嵩都是很优秀的书法家，但后人不喜欢收藏他们的作品。他们的字不值钱，到现在就很少见了。

鲁襄公二十九年（孔子7岁时），吴公子季札访鲁，观赏周乐，发表了一些感想。周乐是周王廷的乐，下级诸侯皆不能作，唯鲁有特权可以演奏。季札既已至鲁，机会难得，他就要求观赏周乐，于是鲁君命乐工们为他表演。他对每种乐曲，从各诸侯国的国风，到周王廷的雅和颂，一一评论。他的评论都是与民风政治联系的，他能提前预言郑国先亡，陈国不能持久。太低级的自郐以下不做评论。季札虽非儒家，但他发表的意见被儒家视为正确，引为同志。《左传》“季札观周乐”之文节录如下：

【吴公子札来聘，请观于周乐。使工为之歌周南、召南。曰：“美哉，始基之矣，犹未也，然勤而不怨矣。”为之歌邶、墉、卫。曰：“美哉，渊乎，忧而不困者也。吾闻卫康叔武公之德如是，是其卫风乎。”为之歌王，曰：“美哉，思而不惧，其周之东乎。”为之歌郑。曰：“美哉，其细已甚，民弗堪也。是其先亡乎。”为之歌齐。曰：“美哉，泱泱乎大风也哉。表东海者，其大公乎。国未可量也。”为之歌豳。曰：“美哉，荡乎，乐而不淫。其周公之东乎。”为之歌秦。曰：“此之谓夏声，夫能夏则大，大之至也。其周之旧乎。”为之歌魏。曰：“美哉，沨沨乎，大而婉，险而易，行以德辅。此则明主也。”为之歌唐。曰：“思深哉，其有陶唐氏之遗民乎，不然何忧之远也。非令德之后，谁能若是。”为之歌陈。曰：“国无主，其能久乎。”自郐以下无讥焉。为之歌小雅。曰：“美哉，思而不贰，怨而不言。其周德之衰乎，犹有先王之遗民焉。”为之歌大雅。曰：“广哉，熙熙乎。曲而有直体。其文王之德乎。”为之歌颂。曰：“至矣哉，直而不倨，曲而不屈，迩而不偪，远而不携，迁而不淫，复而不厌，哀而不愁，乐而不荒，用而不匮，广而不宣，施而不费，取而不贪，处而不底，行而不流。五声和，八风平，节有度，守有序。盛德之所同也。”】

他对雅颂极尽赞美，现存中国传统音乐几乎没有符合这种评价的。冼星海“黄河大合唱”及贝多芬“第九交响乐”或许够格。

先秦儒家以荀子的分析为最深刻。《荀子·乐论》以批判墨子为纲。《墨子》的《非乐》篇认为：不是直接关系到物质生产生活的事，像音乐这样的东西，“上考之不中圣王之事，下度之不中万民之利”，没有实用性，要否定。荀子反对墨家的狭隘实用主义。摘录如下：

【夫乐（音乐）者乐（快乐）也，人情之所必不免也。故人不能无乐，乐则必发于声音，形于动静。而人之道（导）声音动静，性术之变尽是矣。故人不能不乐，乐则不能无形，形而不为道，则不能无乱。先王恶其乱也，故制雅颂之声以道之，使其声足以乐而不流，使其文足以辨而不諰，使其曲直繁省廉肉节奏足以感动人之善心，使夫邪污之气无由得接焉。是先王立乐之方也，而墨子非之奈何？

【故乐在宗庙之中，君臣上下同听之，则莫不和敬。闺门之内，父子兄弟同听之，则莫不和亲。乡里族长之中，长少同听之，则莫不和顺。故乐者审一以定和者也，比物以饰节者也，合奏以成文者也，足以率一道，足以治万变。是先王立乐之术也，而墨子非之奈何？

【故听其雅颂之声，而志意得广焉。执其干戚，习其俯仰屈伸，而容貌得庄焉。行其缀兆，要其节奏，而行列得正焉，进退得齐焉。故乐者，出所以征诛也，入所以揖让也。征诛揖让其义一也，出所以征诛则莫不听从，入所以揖让则莫不从服。故乐者天下之大齐也，中和之纪也，人情之所必不免也。是先王立乐之术也，而墨子非之奈何？

【且乐者先王之所以饰喜也，军旅鈇钺者先王之所以饰怒也。先王喜怒皆得其齐焉，是故喜而天下和之，怒而暴乱畏之。先王之道礼乐，正其盛者也，而墨子非之。故曰墨子之于道也，犹瞽之于白黑也，犹聋之于清浊也，犹之楚而北求之也。

【夫声乐之入人也深，其化人也速，故先王谨为之文。乐中平则民和而不流，乐肃庄则民齐而不乱。民和齐则兵劲城固，敌国不敢婴也。如是则百姓莫不安其处，乐其乡，以至足其上矣。然后名声于是白，光辉于是大，四海之民莫不愿得以为师，是王者之始也。乐姚冶以险，则民流僈鄙贱矣。流僈则乱，鄙贱则争。乱争则兵弱城犯（犯，疑为圯讹），敌国危之。如是则百姓不安其处，不乐其乡，不足其上矣。故礼乐废而邪音起者，危削侮辱之本也。故先王贵礼乐而贱邪音。其在序官也，曰修宪命，审诛赏，禁淫声，以时顺修，使夷俗邪音不敢乱雅，太师之事也。墨子曰："乐者圣王之所非也，而儒者为之，过也。"君子以为不然，乐者圣人之所乐也，而可以善民心。其感人深，其移风易俗，故先王导之以礼乐而民和睦。夫民有好恶之情，而无喜怒之应，则乱。先王恶其乱也，故修其行，正其乐，而天下顺焉。

【正声感人，而顺气应之，顺气成象而治生焉。唱和有应，善恶相象，故君子慎其所去就也。君子以钟鼓导志，以琴瑟乐心，动其干戚，饰以羽旄，从以磬管。故其清明象天，其广大象地，其俯仰周旋有似于四时。故乐行而志清，礼修而行成，耳目聪明，血气和平。移风易俗，天下皆宁，莫善于乐。故曰乐者乐也。君子乐得其道，小人乐得其欲。以道制欲则乐而不乱，以欲忘道则惑而不乐。故乐者所以导乐也，金石丝竹者所以导乐也。乐行而民向方矣。故乐者治人之盛者也，而墨子非之。且乐也者和之不可变者也。礼也者理之不可易者也。乐合同，礼别异。礼乐之统，管乎人心矣。穷本极变，乐之情也。著诚去伪，礼之经也。】

从周公孔子以来，以"礼乐"为正宗话语，所以荀子只能就音乐而言美学原理。

他所说的"情"和"欲"是个人兴趣，不同于道。"得道"是社会文化的教化效果，或理性思考所得，是明和诚的交互作用。人既然都要求取快乐，需要音乐，如果没有合理的导引，弄出来的歌舞会淫乱邪恶。所以治国者一定要加以良好的导引，崇扬善美的音乐舞蹈。评价文艺作品，要看作者是君子还是小人，这也是真美善一体的观念。

好音乐不仅可以使人际关系和谐，庄敬肃穆，还可以整齐群体步骤节律，使军队加强纪律，提高战斗力。荀子说的很对，只不过这因果功效是潜隐的，不是显而易见立竿出影。例如近代欧洲文化崇尚的经典音乐，从巴赫、贝多芬到帕瓦罗蒂，应该很有助于其科学和工业进步、军队的整饬等等。中国古典音乐，如江南丝竹、苏杭昆曲，柔曼有余、刚健不足。京剧中有些刚健的成分，但只限于个人独唱，没有表现“天下之大齐”的大合唱、交响乐。直到革命战争才有激励斗争的雄壮歌曲。现在歌坛则满是流行音乐和性感舞姿。

叔孙通制礼是运用社会心理效应。儒家礼乐论是抓住了社会心理学规律的，是一种很深刻的认识。

荀子“乐合同，礼别异”是后世儒学论礼乐者常引的一句话。所谓异者，是指君臣父子尊卑长幼等人伦关系的差别，礼的作用是维持社会秩序。所谓同者，是指音乐对一切人都是平等的，不论什么音乐，任何人都一样可以听，可以受感化。乐的作用是促进社会和谐，也包含天人物我的和谐，如《中庸》:【致中和，天地位焉，万物育焉】之义。礼和乐是相反相成的关系，正如仁和义那样。所以若只说儒学讲求礼治，反对民主自由、人权平等，那是片面的。

“中和”的概念在《中庸》书中有重点阐述:【喜怒哀乐之未发谓之中，发而皆中节谓之和。中也者天下之大本也，和也者天下之达道也。致中和，天地位焉，万物育焉。】

“致中和”是儒家美学观念的总的指导原则。喜怒哀乐爱恶欲，谓之七情。这七个汉字把人的情感分得很细。乐与喜有微妙的差异。已经发生的事件过程，满足自我目标希望，心理上的快慰反应为喜。这种事件不是当前对感官的物理刺激，而是思维获得的信息。而乐则是形、声、味、触等直接作用于感官的物理刺激给人的快感。爱与欲也不同。爱是对现存事物的亲和心理，欲是对外物施受互动的追求心理。“中和”或“中节”，是说人的“情”与“理”谐调一致。

荀子之后有《乐记》之作，西汉中期被采集编入《礼记》，今传本原为11章（乐本、乐论、乐施、乐言、乐礼、乐情、乐化、乐象、宾牟贾、师乙、魏文侯）。前八章是理论的实质部分，但分章和标题并不清楚。清儒李光地按其内容重新整理，取消标题断为七章，约2200字（见附录）。朱熹的意见是:【《乐记》文章颇粹，怕不是汉儒做，自与《史记》《荀子》是一套，怕只是荀子作。】(《朱子语类》卷八十四)。至少可以断定那是《荀子·乐论》的展开细说。其重要见解，比上引荀子之言更明确者有：

【凡音之起，由人心生也。人心之动，物使之然也。感于物而动，故形于声。声相应故生变，变成方谓之音。比音而乐之，及干戚羽旄，谓之乐。乐者音之所由生也，其本在人心之感于物也。】

这是说：音乐出自人心，而人心的动作是受外界客观存在物感动的结果。“形”是表现。“成方”是组成结构。“干戚羽旄”是配舞的道具。

【凡音者生于人心者也；乐者通伦理者也。……乐之隆非极音也……将以教民平好恶而反人道之正也。】

“极”是到达终极。“反”是返回。教民返正的理由是：

【人生而静，天之性也。感于物而动，性之欲也。物至知，知然后好恶形焉。好恶无节于内，知诱于外，不能反躬，天理灭矣。夫物之感人无穷，而人之好恶无节，则是物至而人化物也。人化物也者，灭天理而穷人欲者也。】

“物至知”是外物作用使人感觉，于是有好有恶。“人化物”是人同化为物，失去人的伦理道德，也就是“灭天理”。而乐的作用是“通伦理”“教民平好恶而返人道之正”。

由《荀子·乐论》和《乐记》可以总结出来的音乐及一般美育原理是：

第一，人的感情欲望是受外物感应作用的反应，是天性；

第二，音乐及其他艺术创作表达人的感情欲望，是需求；

第三，感情欲望有善恶，一切艺术创作的品质皆有正邪；

第四，正声中和而通伦理，合奏齐一的音乐能率一治万；

第五，为社会和谐强盛扶正排邪移风易俗就要推行正乐。

这是现实的理性的真善美观念。

按司马迁《史记》，从上古（武王伐纣）就把音乐分为“乐”和“律”两方面。乐是艺术意义的音乐，而律是数理的声学概念。因此，历代正史均专设“律历志”或“律志”，音乐则另设“乐志”或合并于“礼志”。历代儒家学者有所谓通声律者，例如沈括，其实只是指他们懂数理的声学。懂诗歌之乐的如唐玄宗、柳永、姜夔，则被斥于儒学之外。中晚期的儒家几乎把先秦的乐学忘尽了，汉魏犹立乐府，唐宋则设教坊，那也只是为宫廷娱乐所用。明清更无像样的国家音乐机构，祭典上的乐队没有什么吸引人处。民间个别的道观佛寺有乐队，也很不普及。只剩下戏曲行业有伴奏的弦鼓班子，还有办红白喜事的杠房有鼓乐喇叭乐队，那与孔子讲习的礼乐已经相差甚远。

至于一般的艺术，书生们有古琴一艺，那基本上是一两个人自娱自赏的艺术。儒生们在写毛笔字的基础上发展了中国特有的书法艺术，相因地有了用宣纸和毛笔做的国画，画风则受老庄思想深刻影响。至于雕塑和建筑则尽付与工匠去了。

高级建筑艺术几乎全赖佛道宗教才得以保留和发展。儒家按礼治原则为皇权制定了居住建筑的严格等级。房屋和门墙的尺度色彩按级立限。唯一的皇宫最高，极少数的亲王家次之。其他功臣将相与平民百姓一样。儒不是宗教，对佛道特别尊重，只有道宫佛殿允许与皇宫一样，甚至可以超过。小孩进京初见故宫，问："怎么像庙啊？"实际是只有佛道寺观被允可，造得可以像皇宫一样。《西厢记》有"梵王宫"一词，使用"王宫"这个词，指的却是佛寺。府县胜地常要造庙，正是"南朝四百八十寺，多少楼台烟雨中"，这就把最高等级的建筑技术和艺术适度地普及化而得以保存和发展。到现在，只剩下少数的"古建工程队"能做传统建筑工程了。

儒家艺术以文学的诗和散文为主，长篇文字著作则尽在史学，故史学与文学不分家。小说戏曲只在后期有明显发展，主要是市俗文化，满足下层群众需求，一直没有归入儒家文化正统主流。如《红楼梦》讲的：贾府小姐们要读《牡丹亭》得偷偷摸摸地干。《三国演义》《水浒传》《金瓶梅》《西游记》被称为"奸盗淫邪"四大小说。

二、诗艺综论

孔子整理《诗经》，是中国文学史上的大事。在本书第一章讲《诗经》

处，我们已经引述过孔子的诗学思想。从《左传》的记述可知，春秋时代各诸侯国间举行外交活动，在礼仪性场合，都有宾主间以诗应对的程序节目。所取之诗在《诗经》里都有，一般是诵者视临时情境选材。《左传》记载列国聘享赋诗，例如，郑伯有赋《鹑之奔奔》；子展赋《将仲子》；楚令尹子围赋《大明》。

《尚书·尧典》："诗言志，歌永言"（永通"咏"或"詠"），这是儒家诗学的起点。"志"是指思想和感情。从来诗学都把诗与哲学作密切联系，尤其是古代，哲学以及其他抽象思维还没有足够的积累，语词贫乏，要表达一般化的道理，就要借助形象比喻，而诗是很合适的话语方式。以此，孔子之重诗，与现代诗人有所不同，而近年中国人常常忽略这个重要方面，诗人以及艺术家不通哲学。《论语·阳货》：

【子曰："小子何莫学夫诗？诗可以兴，可以观，可以群，可以怨。迩之事父，远之事君，多识于鸟兽草木之名。"】

对这"兴观群怨"的训解不可过分狭隘，其中包含广义的观察记述、探索研究、联络交流、表达困惑等内涵，所以才言及事君事父的社会常识和鸟兽草木的自然常识。例如，《论语·八佾》：

【子夏问曰："'巧笑倩兮，美目盼兮，素以为绚兮。'（按，最后句为逸诗）何谓也？"子曰："绘事后素。"曰："礼后乎？"子曰："起（通启）予者商也，始可与言诗已矣。"】

素，是白绸，在那上面画美人，则白底上就有了绚丽的图画。孔子说："绘画的事在织绸之后。"此即《考工记》："凡画缋之事后素功"之意。子夏立即明白诗的深层含义，并引伸于礼的命题，说："形式的礼是后于实质事情的吗？"孔子很满意他的发挥，说："商（子夏名）给我启发，真的能跟他谈诗了！"这也是孔子与弟子作讨论式教学而得教学相长的实例。孔子不搞一言堂。

汉儒解诗总拘泥于礼教方面，这也是历史发展的局限。而近代盛行批儒反儒，对联系礼教很反感，便倾向另一极端——只讲情感表达，至多说到讽喻弊政的愤激而已。

《论语·为政》:【子曰:“诗三百,一言以蔽之,曰思无邪。”】

一些古板的经师解说《诗经》,把全部内容都说成是仁义道德教材。例如第一首诗“关雎”,明明是普通男女言情,他们硬说是文王与后妃的高尚情操表述。至于像“郑风”的“褰裳”,若准确训解原意,在今日中国舆论看来几近黄色。经师们就曲解文字,掩饰真实内容。当然我们是广义地看所谓“寓教于乐”,凡是高雅的文艺作品,能潜在地陶冶人的善良性情,都可以认为是道德教材。但那些经师们的解说却是强拉硬扯。《诗经》是孔子经手整理过的教材,孔子容纳这类诗,表明他的诗学不可能是那样的教条主义。况且春秋时代有关两性的道德观念和风俗与后世大有不同。孔子说的“邪”,并非那么狭隘的。后代儒家很多人也不赞成那种古板的教条主义解经。宋儒批判汉儒,朱熹在汉儒所作《诗序》书中附加辩说,驳原书的观点,就直接说那种诗是歌唱“淫奔”的。但他解释孔子不删这种诗是使邪正并存以资比较,也属偏颇。

汉儒对《诗》的看法,可由《毛诗》“大序”为代表:

【诗者志之所之也,在心为志,发言为诗。情动于中而形于言,言之不足故嗟叹之,嗟叹之不足故永歌之,永歌之不足不知手之舞之足之蹈之也。情发于声,声成文谓之音。治世之音安以乐,其政和;乱世之音怨以怒,其政乖;亡国之音哀以思,其民困。故正得失、动天地、感鬼神莫近乎诗。先王以是经夫妇、成孝敬、厚人伦、美教化、移风俗。故诗有六义焉:一曰风,二曰赋,三曰比,四曰兴,五曰雅,六曰颂。上以风化下,下以风刺上,主文而谲谏,言之者无罪,闻之者足以戒,故曰风。至于王道衰、礼义废、政教失、国异政、家殊俗,而变风变雅作矣。国史明乎得失之迹,伤人伦之变,哀刑政之苛,吟咏性情以风其上,达于事变而怀其旧俗者也。故变风发乎情,止乎礼义。发乎情民之性也,止乎礼义先王之泽也。是以一国之事系一人之本,谓之风;言天下之事形四方之风,谓之雅。雅者正也,言王政之所由废兴也。政有小大,故有小雅焉,有大雅焉。颂者美盛德之形容,以其成功告于神明者也。是谓四始,诗之至也。】

朱熹之言有一定程度的革命性：

【或有问于予曰："诗何为而作也？"予应之曰："人生而静，天之性也。感于物而动，性之欲也。夫既有欲矣，则不能无思。既有思矣，则不能无言。既有言矣，则言之所不能尽而发于咨嗟咏叹之余者，必有自然之音响节族而不能已焉。此诗之所以作也。"

【曰："然则其所以教者何也？"曰："诗者人心之感物而形于言之余也。心之所感有邪正，故言之所形有是非。惟圣人在上，则其所感者无不正，而其言皆足以为教。其或感之之杂，而所发不能无可择者，则上之人必思所以自反，而因有以劝惩之，是亦所以为教也。昔周盛时，上自郊庙朝廷，而下达于乡党闾巷，其言粹然，无不出于正者。圣人固已协之声律，而用之乡人，用之邦国，以化天下。至于列国之诗，则天子巡守亦必陈而观之，以行黜陟之典。降自昭穆而后，寖以陵夷。至于东迁，而遂废不讲矣。孔子生于其时，既不得位，无以行劝惩黜陟之政，于是特举其籍而讨论音奏之，去其重复，正其纷乱。而其善之不足以为法，恶之不足以为戒者，则亦刊而去之，以从简约，示久远。使夫学者即是而有以考其得失，善者师之而恶者改焉。是以其政虽不足以行于一时，而其教实被于万世。是则诗之所以为教者然也。"

【曰："然则国风雅颂之体，其不同若是，何也？"曰："吾闻之，凡诗之所谓风者，多出于里巷歌谣之作，所谓男女相与咏歌，各言其情者也。惟周南召南亲被文王之化以成德，而人皆有以得其性情之正。故其发于言者，乐而不过于淫，哀而不及于伤。是以二篇独为风诗之正经。自邶而下，则其国之治乱不同，人之贤否亦异，其所感而发者有邪正是非之不齐。而所谓先王之风者，于此焉变矣。若夫雅颂之篇，则皆成周之世朝廷郊庙乐歌之辞，其语和而庄，其义宽而密。其作者往往圣人之徒，固所以为万世法程，而不可易者也。至于雅之变者，亦皆一时贤人君子闵时病俗之所为，而圣人取之。其忠厚恻怛之心，陈善闭邪之意，尤非后世能言之士所能及之。此诗之为经，所以人事浃于下，天道备于上，而无一理之不具也。"】(《诗经集传·原序》)

他引用《乐记》强调诗源起于欲，因而有思、有言、有歌诗。诗反映人心，而人心有邪正，诗也就有好坏，有邪正是非之不齐。民间的里巷歌谣，男女交往，以歌咏各言其情。只要乐而不淫，哀而不伤，就是好诗了。

《诗经》的诗是黄河流域的产品。先秦的长江流域，楚吴越诸国，产生了以屈原为代表的诗派，代表作是《离骚》，还有其他较小篇幅的，通称"楚辞"。屈原不是儒家，但很受儒家尊重。司马迁作《史记》，把屈原与汉儒贾谊放在一起写成列传，给屈原极高评价：

【其文约，其辞微；其志洁，其行廉。其称文小，而其指极大；举类迩，而见义远。其志洁，故其称物芳；其行廉，故死而不容自疏。濯淖污泥之中，蝉蜕于浊秽，以浮游尘埃之外，不获世之滋垢，皭然泥而不滓者也。推此志也，虽与日月争光可也。】

这赞颂可谓到顶了，无以复加了。司马迁是把诗的好坏与人品高低紧密联系的，是颂扬真善美的典范榜样。

汉代儒家文人很多刻意模仿《离骚》，把楚辞发扬为赋，汉赋在文学史上有重要地位。在梁朝昭明太子萧统编撰的《文选》里，汉赋占显著篇幅，前十卷都是赋，几占全书三分之一。作赋的代表人物，前有司马相如、扬雄，后有班固、张衡。

汉代文人喜欢造字。汉赋里有很多生僻字，加上引用典故，使汉赋很难读，不通俗。但是汉赋很讲究雕饰，文辞华丽，追求形象的美。正是《文心雕龙・铨赋》的赞语所谓"写物图貌，蔚似雕画"。

以张衡《南都赋》为例，摘录如下。文中那些带"氵"和"山"偏旁的生僻字，显然有些是汉代人造的字，不必深究其义，领会意境即可。例如张衡《南都赋》：

【其山则崆𡾊嶱嵑，嵣㟍嶚刺，岝㟯𡼏嵬，嶔巇屹𡾫。幽谷嶜岑，夏含霜雪。或砏嶙而纚连，或豁尔而中绝。鞠巍巍其隐天，俯而观乎云霓。……尔其川渎则滍澧藻泀，发源岩穴，潜㢈洞出，没滑瀎潏，布濩漫汗，漭沆洋溢。总括趋欱，箭驰风疾。流湍投濈，砏汃輣轧。长输远逝，漻泪淢汩。】

这里面那些怪异的字虽然都可以从字典里查到某种解释，但毕竟难以确认。这种字难记难懂，在造字人心中大概含义都是太具体、太狭窄的，正因如此也就很容易失传。后人宁可采用两个以上常用字构成复合词来表达同样的概念。现代汉字常用的不过五千，已经被人说难学了，多达五万，人何以堪！

到了魏晋六朝，作大赋的少了。小赋较短，遣词用字也不那么险怪了。至唐宋，仍有以赋为名的佳作，如杜牧《阿房宫赋》、欧阳修《秋声赋》、苏轼前后两篇《赤壁赋》。但与汉赋大有不同，不过是押韵的散文，人称“文赋”。

曹植《洛神赋》是汉赋向文赋的过渡体裁。曹植是曹操次子，魏东阿王，狂热地爱上他嫂子甄皇后，至废寝食。甄后被诬害而死。曹植入朝，曹丕把甄后遗物金带枕给了他。他睹物伤情，归途到洛川渡口，梦见甄后来会，自陈为洛水之神。曹植不胜感伤，遂作此赋。现代京剧有“洛神”一目，原是专为梅兰芳作的，唱词中多引用此篇原文。“文化大革命”中后期，忽然有一次工艺美术精品展，令人耳目一振。其中最华丽的是一幅彩色贝雕，就是洛神。美丽的女神驾六龙之车，飞腾波上。云水蒸腾，群仙杂沓，鲸鲵下踊，凫鹤高翔。异常绚丽。

曹植作此赋时已经是三国时代。曹氏父子三人，加上建安七子，是汉末的新兴文派。李白诗“蓬莱文章建安骨”，表现了大诗人对建安文学的景仰。《文心雕龙·时序》说到建安风格是：

【观其时文，雅好慷慨，良由世积乱离，风衰俗怨，并志深而笔长，故梗概而多气也。】

“建安七子”一词是曹丕《典论·论文》提出的，为首的孔融是孔子后裔。曹丕《典论·论文》是较早的文学批评之作，是文论的精品，对后世影响很大。

建安文士作诗，简练深邃，四言五言并重。四言如曹操《短歌行》《观沧海》，五言如曹植《七哀》，以及流传甚广的《七步诗》。

汉代另有乐府诗，本来“乐府”是政府管采风的机构，后即以称呼民间的或接近民间的诗体。两汉乐府对后来的诗风转变起了重要作用。佳作如《孔雀东南飞》《饮马长城窟行》。晋代大诗人陶潜（渊明）也多作五言，号称田园诗人，或隐逸诗人。

梁代人锺嵘作《诗品》，专评五言诗。他把前人122位的诗分为三品，各用简短语言给予品评。每品之前有序文，提出了一些有价值的观点。后人对这部著作褒贬不一，但毕竟是评论诗作的首部。

也是梁代，出现了一位文学理论大家刘勰，作《文心雕龙》，全面深刻地讨论了文艺原理。在《明诗》篇说："人禀七情，应物斯感。感物吟志，莫非自然。"他强调诗的本质是抒发情感。这是继承荀子"乐论"的观点。诗到唐代发展出著名的"唐诗"，即当时所谓"近体诗"。其特点是有精密的格律，或五言，或七言。四句为一首的叫"绝句"，八句为一首的叫"律诗"。有通行的平仄规定，有韵脚的细分。律诗则要求中间四句要作成两副对联，即所谓"对仗"。同时也有随意性很强的诗体。虽说随意，也很讲究音调旋律，不似今之附庸风雅者，强为五言七言，却是佶屈聱牙难以上口。百年间，出了李白、杜甫、王维、白居易、李商隐等很多才华横溢的诗家，诗艺盛极一时，长期流芳后世，迄今不息，成为中华传统文化的重要精华。

晚唐司空图（公元837～908年）作《二十四诗品》，按风格意境分为：雄浑、冲淡、纤秾、沉着、高古、典雅、洗练、劲健、绮丽、自然、含蓄、豪放、精神、缜密、疏野、清奇、委曲、实境、悲慨、形容、超诣、飘逸、旷达、流动。每品用十二句四言韵语描述，所用话语是形象借喻的典型，可以说是"以诗论诗"。

如此细分，似嫌繁琐。有些品目互相难以区分，例如：雄浑与劲健和豪放，典雅与纤秾和绮丽，高古与超诣和飘逸，清奇与冲淡和自然……其中实质有所差别的品类合算不过十条八条而已，特别是竟然缺少最重要的永恒主题"爱情"。在司空图之前已有曹植的《洛神赋》、白居易的《长恨歌》、李商隐的多首所谓"艳情诗"，皆非"纤秾""绮丽"所能概括者，那是"缠绵""深情""苦恋"……

总的看司空图《诗品》，对"情"的归纳有贫乏之弊，有"悲慨"而无"喜庆""爱恋"，此外还少了"怨刺"。就这一点而言，他的思想水平上不如刘勰，下不及朱熹。诗而无情，是何种诗?

清代诗人则以反理学的心态讥讽宋儒的说理讲学诗，如"半亩方塘一鉴开”之类，说那种诗不算诗，索然无味！其实，诗也不是不可以讲理，大凡心有所得所悟，都可以用诗的形式表达。要点在于，诗的语言重在形象化，以模糊为优势、特性。这也是司空图《诗品》的可取之处。魏晋玄学的清谈如《世说新语》所录，以及禅僧们的机锋对话如《五灯会元》所记，无非都是诗样的语言表述而已。

南宋王应麟《困学纪闻》卷三说：【荀子曰：“善为诗者不说。”程子之“优游玩味，吟哦上下”也。董子曰：“诗无达诂。”孟子之“不以文害辞，不以辞害志”也。】

“不说”（见《荀子・大略》）就是不作讲解，“玩味吟哦”（程颢语，见《二程外书・卷十二》）也是不讲解，“无达诂”是没有彻底的解释（见董仲舒《春秋繁露・精华第五》）。孟子（见《孟子・万章》）说的是：不要用解释词义限定而损害词的意味，不要按个别用词限定而损害整体的情志。这都是对语言以及诗的真知灼见。

这里我们接触到“言意”的命题。自《庄子・外物》谈出“得意忘言”，《易・系辞》又说“圣人立象以尽意”，汉儒没有说出什么新观点，也许是他们还没有使自己的思维水平赶上这个高度。《庄子・外物》结尾一段说：

【筌者所以在鱼，得鱼而忘筌；蹄者所以在兔，得兔而忘蹄；言者所以在意，得意而忘言。吾安得夫忘言之人而与之言哉？】

“筌”是捕鱼的竹篓，“蹄”是捉兔的线套。筌和蹄是工具手段而非目的。这是说，言以达意，言是工具手段，意是目的。《庄子・齐物论》反复论道之无穷，言之无常：

【天下莫大于秋毫之末，而太山为小；莫寿于殇子，而彭祖为夭。天地与我并生，而万物与我为一。既已为一矣，且得有言乎？既已谓之一矣，且得无言乎？……夫道未始有封，言未始有常。……大道不称，大辩不言。】

《易・系辞》：【子曰：“书不尽言，言不尽意。”然则圣人之意其不可见乎？子曰：“圣人立象以尽意，设卦以尽情伪，系辞焉以尽其言。”】【是故夫象，圣人有以见天下之赜，而拟诸其形容，象其物宜，是故谓之象。】

“象”义指：卦爻辞的语言是象征性的，要使人从有形的事物体会抽象无形的道。这是暗示，不要把《周易》看成是纯为占卜作的书。王肃和王弼反对郑玄，也正是针对郑与谶纬之类的形下之论搅在一起，不能超脱。

需再说明古文“象”的含义。先秦学术语言远非今日之发达丰富，要讲述作者的哲理体悟，只能说故事讲喻言，启发读者自己去体悟。这就是象，《周易》的卦爻辞都是象。

然而泛泛言之，言与意到底该是什么关系？这与知识论密切相关。人类认识世界从感觉开始，目视、耳听、手触，都是分析地与外物某一质项互相作用。直到高级的知识和科学，都是对外界事物的分析的认识。知识之所以是分析的，源于客观存在有分析的一面，且以分析的质项来表现。而信息作为客体的反映，总是有限的因而也必有所分析。但是，实际的存在又总是综合的，而且是无穷多质项的综合，只是质项间相对地有主有次而已。于是，由语言表述的知识就不可能完全表现客观事物的全体一切。

中国古代学者已经接触到命题核心，但还不彻底，“意”仍非客体实在。但人的精神意识可以在语言之外接收和容纳更多的信息，每一语词及其概念都与文化总体关联，概念的内涵没有明确界限，只是约定俗成的。所以，“言”所不能尽的“意”，的确是内涵常比“言”更丰富。可是如王弼，一心要“贵无”，要以无为本，他就走了极端。要“废言”，要“忘象”，那就是反科学反现实了。

不过，艺术又不同于科学，中国的诗歌绘画讲究“弦外之音”“画外之景”，是“得意忘象”思想的发挥。苏东坡诗：【论画以形似，见与儿童邻。赋诗必此诗，定非知诗人。】就是文艺理论的得意忘象论。这理论的合理性在于：

艺术作品的目标是引发观赏者超越语言的“意”的联想，而不在表现外在客体。外在客体之真实是艺术品不可能完全表现的。引发联想必需从观赏者的现实经验出发，又必需顺应他们的思路——审美的或情欲的需求。绝对化的现实主义和脱离观众的抽象主义都不行。

至于佛徒，他们从老庄和玄学吸收了“忘象”法，倒把佛法说得更像样些。若说中国艺术受佛教影响，似乎是倒因为果了。寺庙里的泥塑和敦煌的石窟艺术可看不出有多少“忘象”的味道。

隋唐以降直到科举废除以前，儒生都能作“近体诗”，这是科举的要求，犹如书法必须达到一定水平（殿试时好书法很管用）。

填词之作从晚唐始，至宋而大盛。那是为现成的曲调（即“词牌”）配的唱词，故曰“填”。为了能唱，要求平仄韵律较严，比如拉长的尾音不可用入声字。由于是在歌楼倡馆表演的，是有钱人休闲娱乐需求的，所以词的内容本来都是花月情思之类，难免千篇一律。大儒们偶一为之也只是玩玩而已。宋仁宗很重视儒学，讨厌这种作品，把著名词人柳永从进士榜里除了名。可是柳永在中国文学史上还是重要人物。据南宋人吴曾《能改斋漫录》说：

【仁宗留意儒雅，务本理道，深斥浮艳虚薄之文。初，进士柳三变好为淫冶讴歌之曲，传播四方，尝有《鹤冲天》云：“忍把浮名换了浅斟低唱。”及临轩发榜，特落之，曰：“且去浅斟低唱，何要浮名。”景祐元年方及第，后改名永，方得磨勘转官。其辞曰：“黄金榜上，偶失龙头望。明代暂遗贤，如何向。未遂风云，便争不恣狂荡，何须论得丧。才子词人，自是白衣卿相。烟花巷陌，依约丹青屏障。幸有意中人，堪寻访。且恁偎红翠，风流事，平生畅。青春都一饷，忍把浮名，换了浅斟低唱。”】

后来，苏轼、陆游、辛弃疾等人，运用词的形式舒写经国济世评古论今的宏大题材，洗脱脂粉气，而为“豪放派”，别于“婉约派”。遂成一代盛事，与唐诗齐名，号为“宋词”。豪放词不必唱，用字也就无须严格拘泥格律，但为朗读的声律美，以及要与同一词牌的作品联比，词人还是要遵守较严格的规范。

明清儒士大多精于诗词，创作数量很大，质量也不乏比肩唐宋者，只是时代感不同，也就难以出名了。毕竟唐宋诗人是创新者，而且内容与其时代实境一致，故其艺术效果是不可取代的。而晚代作品形式没有创新，内容又多覆蹈前辙，引用旧典，自然难以引人入胜。更有一些高官大员疏于本职，痴迷于诗，则不可取。如清朝诗人袁枚记述的，身为雍乾重臣兼挂九印的满大人尹继善，竟不舍昼夜地尾追袁枚，死缠不放要求和诗。那就太过分了。

宋元明清的诗评由诗品转到诗话，通常是随笔式作品，讲些野史轶闻，偶尔做几句原则的理论性的议论，不成体系。无论诗品也好，诗话也罢，都只能是模糊地表达感觉意象，全不同于科技成果的评价。好诗贵在引人遐想，即所谓“韵味无穷”。单一的汉字，只要放置的位置合宜，前后文组合起作用，引发的联想可以是多样化以致无限的。好诗的意境联系着整体文化，不是简单逻辑定义能说明的。一个好的诗人必需兼备时代文化的丰厚修养，并继承传统文化的优秀遗产。此所以汉字古诗很难翻译为外语，原则上不可能全会原意，因为外语是另一套文化体系。最好的翻译所起的作用，比提供一个专用的小字典好不到哪里。

毛泽东曾说到旧体诗词之难作。指的是难在格律音韵。当今有些作旧体诗词的人，抱着严守古式音韵格律的观念，那是一种固守传统文化的心态表现。唐朝人把律诗绝句叫作“近体诗”，尚未成为僵化的体裁。至于平仄音韵，当时方言的差异肯定比现在严重得多，诗人不过是以当时的官话作大致的标准而已。后来科举考试要作这种诗，考官苦于南腔北调的试卷很难评判，便由中央政府发布统一的诗韵标准。不管是岭南人还是辽阳人，为了在这种“高考”中取胜，家教都得强调死背官定诗韵。可是从唐到清，汉语语音发生着很大变化，于是历代多次改定诗韵，如北宋有《广韵》《集韵》，南宋有《平水韵》，元明有《中原音韵》和《洪武正韵》。唐宋音韵与今之南方话相近，元明音韵则偏于北音。到了清代，满人初入关，文化管理都用汉官，江浙人最多，叫他们复核诗韵，他们就把平水韵端出来，名之为《佩文诗韵》。这当然便宜了南方人，苦了北方人。到清末废了科举，作诗没了科举考试制约，原应变通随俗。若一仍皇朝旧制，也该是发布一个用北京官话为标准的新的诗韵。可是却存在一个强大群体，坚持不按平水韵作诗就不算懂旧诗。有些北方人的诗实际用的是十三辙韵，十三辙是北京曲艺界通用的音韵，不许进“大雅之堂”的。

《中国大百科全书·语言文字》“韵书”条有段耐人寻味的话：“《佩文诗韵》是清代一部权威的官书，士子进考场作试帖诗，必须遵守这一部标准韵书……相沿都叫平水韵，也即长时期来作旧体七言五言诗的人奉为金科玉律的《诗韵》。……使用起来很不方便……也没有研究的价值。所以《佩文诗韵》虽然流行很广，在音韵学上却没有地位。”

按说，普通话把南音的入声取消，这是一项进化。汉字是单音节的，入声过于短促，难以听清。把入声字分派到平、上、去三声里，使每个字都能拉长声来念，口语变得很清晰。大概正是入主中原的北方少数民族，在学汉语的过程中，自然地淘汰了入声。20 世纪的北方人，何以会死守清皇朝钦定的科举官韵为“金科玉律”？既没有学术价值，又不便运用普通话！那是老辈教的。他们有对旧“高考”指挥棒的留恋，或对科举制死灰复燃的期望或担心，种种心理情结起作用。现在的新时代人应该没有这种作用了，那么便是因为文化人中的史官传统异化成了保守主义。

“五四”运动一面高呼“要科学，要民主”，同时又提倡白话文，有胡适、徐志摩、郭沫若等人的新诗问世。这新诗文是在反保守的普及文化的意义上，与“要科学，要民主”互为羽翼的关系。然而，迄今为止，还没有出现像唐诗宋词那样被广大群众熟悉喜爱的白话诗作品。反而是毛主席的旧体诗更得人心。

说到普及，其实早自宋元之际就有了所谓“曲子”，是从民间发生的格律不太严密的诗体，基本上用口语，就是白话。曲子有戏曲的唱词和散曲两大类，由于要唱，也不是完全自由没有任何声律规范。大作有元人王实甫《西厢记》、关汉卿《窦娥冤》、明代汤显祖《牡丹亭》、清初孔尚任《桃花扇》，等等。作家们的文字功夫和艺术造诣都极高，因为他们自幼所受教育都是儒学，孔尚任还是孔子 64 代裔孙。但曲子之作却不被儒学接纳为自家正宗本业。

到此必须提及明末清初的李渔（公元 1611 ～约 1679 年）曾在明朝考取过秀才，入清不去应试做官，带领自家姬妾组成家庭剧团，辗转于秦淮苏杭，也曾北到燕秦，南达福建，为富贵人家演出。他作了很多剧本，在戏曲理论方面很有建树。他的文学创作特点是偏重男女爱情，在那个时代是强烈的解放妇女思想，未免流于情色。当时的正统儒生都骂他，但也不能否定他的文才。比较地看，同时代欧洲文学与他甚似者，也一样是很露亵地描写两性生活。此事有待研究。

总的来说，古代诗词，包括曲子，为汉字文化积累了雄厚实力。诗人使用汉字极尽推敲之能事，不计其数的佳作给出大量脍炙人口的典范，为后代人遗留下无穷无尽的文化财富。如果现代人能充分运用和发扬汉字的历史优势，未来世界文化必有汉字的重要地位。

特别是毛泽东主席，以其毕生革命的伟大传奇式人生体验和惊人的诗才，全用旧体古文，构成瑰丽辉煌的佳作，雄视千古，鼓动万方，实为绝代最大诗人。“文化大革命”那么狂暴地批儒，却也未敢向古诗词领域放肆嚣张。原因一方面是古诗词绝对深入人心，彻骨浸髓，已经形成完全的人民性；同时也是有毛主席诗词独当前卫。

“文化大革命”中，陈丕显（文革前上海市委书记）之女陈南竹还是个大学生，一次发言引用“一唱雄鸡天下白”。某人抓过来大批道：“马克思主义要红遍全球，天下怎么能白了！”同学扯其衣襟告诉他：“这是毛主席诗句！”把这人吓个半死。一笑！

结　　语

易道主义哲学（简称“易学”或“易道”）先是以《道德经》，汉以后是以《易经》为基础展开的。那是哲学，不是科学，不能要求从易道产生出科学成果。但若站在更久远的历史跨度上去看，作为科学的先导，易道义理是相对较为优秀的。问题是如何把它运用于科学实践。

易道在中国科学史上是什么作用？简言之，它与别的哲学一样。全人类哲学史上，没有哪一门哲学没人反对，也没有哪门哲学对科学发展只有好处没有坏处，易道不例外。但易道主义毕竟是一门较好的哲学，至少到 14 世纪还以好处为主，未来科学则可能用得着它的部分独特思想。有些知名科学家全盘否定易学，那是他们治学的经验被纳入西学思想体系了。

首先要弄明白，科学、哲学、信仰三者的区别。这三者是人类知性的主导形态，是为“三知”。任何人少了其中任何一项较深的教养，都算不上是高级文化人。

科学是人类寻求知识的过程和分析的成果体系。

哲学是以经验和知识为基础的综合的思想体系。

信仰是超越科学和哲学的对天地人的判断体系。

此处“天”指宇宙时空，“地”指环境自然，“人”指社会和自我。注意，所谓“分析的”和“综合的”都只是相对意义之言，没有绝对性。科学也要综合，哲学也要分析，科学相对于哲学是分析的，哲学相对于科学是综合的，如此而已。信仰只是思想，不等于宗教。宗教则是社会化群体组织，以贯彻特定信仰为主旨。

三知虽皆属于高级文化，仍有精神层面上下之分。

科学最接近实际，以逻辑和实证为准。注意，逻辑也是实证的，那是大自然总体给定的通理。哲学超越具体实证而讲究逻辑，对变化无穷的万事万物，特别是未能求证的事物，做出考察，是之谓思想体系。科学处在寻求探索的过程中，它是有限的，故总有所未知，有所未证，对未知未证所作的考察与哲学相通。哲学不搞直接的实证，对实际事物只做评论，不做直接判断，那种判断是科学的任务。

在穷究本原的追问中，哲学最终总要搬出一套信仰来对付，因为哲学理论是从信仰出发的逻辑体系。此所以说“彻底的唯心主义与彻底的唯物主义一样是不可战胜的。”任何科学家和哲学家都无人能回避其信仰。信仰不讲逻辑和实证，通俗地说就是“不讲理”。而哲学则一般不可能被证伪。按波普尔的证伪论，是科学就可以被证伪，易道哲学不能被证伪。哲学是信仰的理论化，是科学的抽象化。好的哲学有导引科学高效发展的作用。

人类文化史的早期，三种知性浑沌朦胧不成体统，除了求生的饮食男女等浅层现象之外，便只能做以己外推的神话性推测。仅当最早的科学——天文学进步到能预报晦朔分至，编订历法，因而也有相应的数学和光线测量知识体系，人们才能迈出哲学的初步，思考天地人的本性本质。西方有古希腊文明，中国有先秦文明。那时中国与西方不同的特色是有史官文化，中国上古史官严格求实，而其社会地位甚高。神话因此而被抑制，从孔子时起，人定胜天的思想已经在上层文化人中立足生根。以《易传》为代表的易学就是在战国末期完成的哲学。易道哲学是早熟的，在两千多年前就为中国人打造出一套很好的思想利器，为中华文明的强盛准备了充分的思想条件。

从汉代起，易经就是儒学最高级经典，易学随着尊儒成为主导哲学。中国第一个记入正史的历法《三统历》是大儒刘歆作的，其指导哲学是易学。张衡做出讲解浑天说宇宙模型的第一部文章《灵宪》，其哲学是当时的易学。

唐一行是中国科学史上的伟人，他的《大衍历议》有很重要的创新，也是大讲易理。他提出：光可能偏离直线，欧氏几何的勾股法可能需要做微小修正。而这是广义相对论的基本规定。沈括是易学家。明末清初的方以智是世传易学家，他早于惠更斯提出光的波动说，认为光有衍射，而惠氏则未敢言衍射。科学史的实际说明，易学没有妨碍它的信奉者做出重大的科学创新。在这些人物所处时代里，易学几乎没有遭遇反对者，而这却非好事。

阴阳是易学的基本概念，阴阳说不似黑格尔的矛盾说之绝对化。阴阳局限于系统内部，且以和解为正果。但在中国宇宙学史上，阴阳说还是严重限制了科学思维。从战国邹衍的平天说以地为与天一样大的平行平面，到汉代问世的浑天说仍以地为与天大小相当，只是天是个球壳而地是壳内半球。不能看到地比天小得不能比，这是受阴阳说限制，总以为天与地是一对阴阳关系。然而宋儒张载、朱熹，虽是易学大师，却说出“地对天不过”之言。朱熹的宇宙生成假说已经接近拉普拉斯，只是缺少数学，不过朱熹仍死守上下观念而不悟，说到底还是阴阳观的拘束。地球说或地心说没有在中国自己形成，应是近代伽利略－牛顿式的科学没有产生于中国的重要原因，易学有责任。

然而在西方，比易学坏的哲学曾经很行时，科学家依然凯歌前进。无须说中世纪的宗教哲学，歌德、黑格尔之徒曾以其哲学干扰科学，势头不可谓不大，而科学照样发展。爱因斯坦的哲学是他拒绝量子力学的动因吗？是苏联的教条主义哲学造成了李森科吗？关键在于运用哲学的态度，把哲学当教条往科学的具体问题上强拉硬套，什么好哲学也给糟蹋坏了。反之，被唯物主义者痛斥的基督教哲学到现代却也不再严重妨碍科学发展了。回到中国，难道就可以把科学发展史的责任全推到易学头上吗？

中医以《黄帝内经》为代表，大讲阴阳，以致人们说“医易同源”。如果在近代科学之前，这是可取的，那么到了现代，就不能再说这是科学的方法了。那种理论只是“医哲学”，不是不能讲，但确实是不落实际的。在病因不明的情况下，对症施治而有效，用阴阳说解释并不能令人信服。有的时候，倒成了庸医骗人的话语资源。中医要以新科学为基础寻求更好的哲学语言，须要比阴阳更具体。新概念可以统摄于旧概念之下，可以还是阴阳，但不止于阴阳。要向解剖学、生物化学、神经信息学等实际靠拢。机发论的思想在中医里早已有之，但不明朗，与现代话语相距太远。针灸是机发论的，人们多仅知其实效，未着重其哲理，需要从新发掘其控制论和信息论的意义。

中医现代化主要是其哲学现代化，由此可以看出易学在未来科学中所能发挥的作用。但必须承认古老易学的重大缺陷是远离实际，太不具体，这是它比近现代哲学不及的方面。与近代唯物主义比较，易道哲学与唯物主义同是自然论，二者同气连枝。唯物主义要想中国化，大众化，现代化，就不能不吸收易道哲学的优秀遗产。

附录　中国社会发展史的家国主义时代

一、秦废封建——社会体制变革

自西方史学输入以来，中国人把辛亥革命前两三千年的中国一律叫“封建社会”，甚至有人把秦以前的社会叫“奴隶社会”。文革中还有人把汉代也打成“奴隶社会”。要纠正这些说法，先要把历史学的科学性做个了断。历史决非可以任人打扮的女孩子，过去是固定化的存在，即便前一分一秒的过去也一样是固化的历史。安倍等日本“极右”派想否定历史，那是疯人呓语。给两千多年的中国社会定性，虽然可以各说各话，也要把考定的历史事实做出逻辑分析，再与公认的语词定义对号。如果没有现成语词，那就要制定新名。笔者于 1996 年首议用“家国主义”称呼秦以后的皇权专制官僚制社会（《新语丝》，1998 年第七 / 八期）。

封建社会是多等级的世袭的贵族统治，贵族兼有其领地上的政权和土地所有权。土地不是商品，一般不可买卖。

欧洲从罗马帝国灭亡到法国革命，是封建社会。日本明治维新前也是封建社会。它们的封建社会都符合上述定义。而中国从周武王到战国时代也符合这定义。周武王灭商，分封诸侯，各有其国。立五等爵：公侯伯子男。（公爵也通称“侯”，如鲁公、齐公也叫“鲁侯”“齐侯”）秦始皇废除的就是各级贵族政治特权，《中庸》“行同伦”之语就是形容这一情态的。《史记》：“分天下以为三十六郡，郡置守尉监。”所置就是地方官，直接听命于皇帝，不是世袭的，就任不超过三五年就要调换。只有皇帝是世袭的。土地大部分归私有，可以买卖。地主没有法定的政治特权。正如陈胜起义时号召群众说的：“王侯将相宁有种乎？”

既然封建已废，怎么还叫“封建”？那是因为按马克思的社会发展规律，在封建社会之后应该是资本主义社会，可是秦废封建之后却不是资本主义。套不上公式！既然皇帝还是世袭的，大臣任命还叫“封”，公侯伯子男的爵号还在用，那就还是封建罢。这就是20世纪中国史学！

史学作判断依据文字史料和考古实物。中国早就有史官，这是中国古代文化的特色。但以文字记史是从春秋开始。商代晚期有了最初的文字——甲骨文，但仅用于占卜，只有涉及实事的卜辞，不是记史。西周有金文，即留存在青铜器上的文字，涉及史事较甲骨文多些，仍然不是正史。中国的史官起源很早，春秋以前的史官以口头传史，以家族为传承单元，父子兄弟为专业史官，有严格的业务法规，保证传史的准确。《春秋》可以视为中国文字史录的开端，记事从鲁隐公元年（公元前722年）起始，按鲁国的特殊地位，此事不会比其他诸侯国晚。现在留存的《春秋》是编年史，是经孔子整理过的。内容过简，那怕不是孔子删过的结果，而是书面记史的原始性之必然。为它作补充的《左传》附于《春秋》，基本上也是编年史，但内容详细多了，那应该是先经史官们口传再录成文字的。《尚书》是一部历代帝王的重要言论记录，编成年代不早于《春秋》之启动，也经过孔子整理。但被秦始皇烧禁，留存至今的真本多错乱脱讹，加上汉晋文人造伪，作为研究的依据很有限。此外有史料价值的文献就是《诗经》了，从它可以考知零星的人事关系、生活小事、生物名号等。

中国很大，所以古代社会的较大的体制变革总是经历一个较长的交错混存时期。如果夏商二代可能有承担一些生产份额的奴隶，从社会的进化观点看并不奇怪。但若像古希腊、古罗马那样典型的奴隶社会，不一定每一地区都发生过。当社会主要的运行方式转为封建时，奴隶或半奴隶社会的习俗可能还有遗存。坚持套公式的史学家会把那种信息看作代表当时全社会的事，拿来支持自己的观点。秦公大墓挖出很多殉葬尸骨，便被拿来证明那是奴隶社会。《诗·秦风·黄鸟》有这个葬事的记录：当时把国之三贤给秦穆公殉葬。那三个人是国之重臣，绝非奴隶。

秦始皇废封建是统一后对全国下的政令，之前商鞅变法“废井田，开阡陌”就是废封建，是秦国强盛的起点。其他六国也有在局部国土上实行郡县制的。刘邦建汉、司马炎篡魏，都曾把局部国土分封给自家子弟，那是局部的不彻底的封建。甚至明清还有封王之事，但那些王在封地上没有完整的实权，仅有较大俸禄和财产而已。由秦至清，皇帝是唯一世袭的专制独裁的国主，清末也曾酝酿实行虚君共和，也就是现在英国式的政体。从周代那样的封建制度很难转向虚君共和。

很多学者说新中国成立前的农村是宗法制度，这是从封建社会以宗法为规范推论而得的。在先秦时代的确有过明确的宗法，那是为保证多等级的世袭制度定出的规矩。一个王或公侯可以生很多儿子，继位的只能是其中之一，叫做“大子”。别的儿子就是大夫，叫做“别子”。大夫的子孙不能再与公侯混在一起论宗排辈，要另立宗室，第一个大夫就是这个宗室的“太祖”。太祖下面又有别子，再立别宗就没有太祖了。宗法主要是管贵族的，太祖之下的世系叫“大宗”，士庶等级只归“小宗”。在封建社会，每个人都有明确的宗室归属，身份定死了，不可以任意越级篡位。

孔子时代是宗法制度，《论语·公冶长》有“百乘之家”，《孔子家语》有“千乘之家”等语，都是指大夫之家。汉字“家”下边的“豕”令今人困惑，其实这出自宗法制度。封建宗法规定各级领主的宗庙祭祖礼仪规格，最高是王，用牛羊豕三牲。春秋时唯大夫之族称“家”，家祭只许用豕。祭孔用豕，祭后分胙，即所谓“分冷猪肉”，那是汉儒依据《礼仪》等经典考定的程序。

《论语·季氏》:【丘也闻，有国有家者，不患寡而患不均，不患贫而患不安。盖均无贫，和无寡，安无倾。】

这是孔子的家国并提的话语，主张平等、和谐、安定。

孟子时代开始看重平民的小家庭，《孟子》书中有“八口之家”“五口之家”等语。他由此发论，要求平等。

废了封建，世袭制度没了，社会上就只剩有家族同姓的人们讲求家谱的风俗。而村里的族长与普通族人的关系，实质是以强制弱和以富压贫的政治实力关系，不具有周朝封建式的固定地位的法律约束。哪一家人要离开故里外出经商、从政或移徙都是自由的。

《红楼梦》和巴金的《家》描绘了晚近的一种“家”，那只是拥有一定量财产的家，家财属家长所有，故他（或她）才有权。贫无储蓄的人家，兄弟们各自拼命求生，没有能力聚族而居，就只有如孟子所说的“八口之家”“五口之家”。既然没有什么爵位，也就不存在爵位纷争的顾虑。而宗庙以及“太祖”“太宗”的称号则从汉朝起只归皇家用了。所以，要说还有封建宗法，那就只有皇家实行这种宗法。然而直到明清，还有些腐儒死抠古礼讲求宗法，实质是要维护巴金式的家。他们留下的文字使一些现代史学家据以论证晚近中国农村仍行宗法。若必说那是封建，也只限于皇族和大宅门，而对全社会则顶多只可说是“半封建”。

清初万斯大、清末胡元仪都知道，废封建之后宗法也废了，或至少是变味了，但他们不清楚宗法与封建制度的关系。所以，无怪乎现代史学界多不懂标准的古典宗法只是先秦之事，那一样是由于不懂何为“废封建”。

我们称秦所立新制度为“家国主义”，这是没有列入旧史学公式的社会体制，但以中国之伟大悠久，却是世界史的重要事实。家国社会以家庭或家族为细胞，构成全社会的官僚治国的统一体系。它的建设有先秦儒家和法家的充分的理论准备。新的法律制度至少在名义上是“王子犯法与庶民同罪”。然而文革大批判有人强调旧社会“刑不上大夫”，这是混淆了封建主义与家国主义。“刑不上大夫”是封建制度，而“王子与庶民同罪”是家国主义法制。从秦始皇、汉武帝到武则天、朱元璋、雍正帝，杀人很多，被皇帝杀的人中多为高官大臣，是“大夫”而非庶民。

这种社会各家之间远非平等，贫富差距很大，这主要是因为土地所有权分配不均衡。商鞅变法废了井田，把土地奖给立功的军人，于是有私田，且可买卖。富商的形成则以官商勾结为条件。做过大官（包括县令）的人多数成了豪富，在家乡广置田产，荫及子孙后代。他们的正式薪俸不多，财富来源主要是下面行贿送礼，行政执法营私舞弊。做官清廉如包拯、海瑞者少，各地还有土豪恶霸横行不法，普通百姓生活没有保障。家国社会充满危机。

土地所有权的极度失衡造成重大的社会失稳，遇到灾年，贫民大量饿死，聚众造反的事就不可避免了。如果皇权年久腐败，改朝换代是必然的，秦朝政权第一个倒在农民起义的大潮下。所谓《二十四史》无非就是讲这种改朝换代史。有人说这两千年的中国是“超稳定”社会，哪里是超稳定？先秦易学已说存在必然变革！

孙中山领导革命推翻帝制建立共和，皇权专制之结束确实是家国主义史的一个大句号。但孙中山的“革命尚未成功”一语所指，是旧的家国政体并未改变，地权尚未平均，官僚仍然腐败。

二、修齐治平——政治理念

20 世纪史学否认“废封建”，此事与批儒相关。先秦儒学的政治伦理学说为家国主义社会构想出了大体模式。孔子是开山鼻祖，故称“先师”。他的理论以“仁”和“教”为核心，所谓“博爱之为仁”和“有教无类”是超越等级的人权观念。所以可以说：孔子是反封建的先驱。孟子的理论以“民贵”为核心，说“民为贵，社稷次之，君为轻”、“残贼之人谓之一夫，闻诛一夫纣矣，未闻弑君也。”主张暴君可杀，诛杀残贼之君为“义”。此则“孔曰成仁，孟曰取义”之谓。

荀子是先秦儒学的殿军，他全面地阐述了很好的哲学、文化学、政治学、教育学等理论。宋元明清很多名儒认为秦汉以后的皇权政治实际上都是以荀学为指导。韩愈说荀和扬（扬雄）是“大醇而小疵”，他是要宣扬孔孟的仁义道德，传承所谓“道统”，在史学上不是客观的科学之论。姑且不论扬雄，荀子的议论偏向君主专制，他在“性恶篇”推出这种观点：

【古者圣人以人之性恶，以为偏险而不正，悖乱而不治，故为之立君上之势以临之，明礼义以化之，起法正以治之，重刑罚以禁之，使天下皆出于治，合于善也。是圣王之治而礼义之化也。今当试去君上之势，无礼义之化，去法正之治，无刑罚之禁，倚而观天下民人之相与也。若是则夫强者害弱而夺之，众者暴寡而哗之，天下之悖乱而相亡，不待顷矣。】

这议论与孟子的民贵论相反，在今日看当然不对，只能放在两千年前去看，中国传统文化里没有讲民主的，不可能搞普选、代议。所以说：荀子是现实主义者，而孟子是理想主义者。虽然如此，秦朝却出现了“公天下”和“平天下”的理念。孔子宣扬尧舜式的禅让政治，那只是个空想。秦始皇统一，搞了个家天下，儒生们群起而攻之，写出很多《礼运》那样的文章，遭到残酷镇压。只有柳宗元看到，比起秦前的封建——多元的家天下，秦还是进了一大步。而秦之倾向法家政治却也不可忽视。汉武帝尊儒，政治的革新并非全依孔孟，倒是荀子及其门派提供了不少现实可行的方案，以前称此为吸收法家思想。这样说虽无不可，却轻视了儒家的贡献。实际上，为秦政作设计的李斯、韩非都是荀子的学生，虽然他们的言行偏离儒学原旨较远，也不可忽视他们从老师荀子继承的学术成果，而这种成果应该是儒学进化之必然——孔孟理念的现实化，除了荀子模式，没有别的路线。仅为批儒就把荀学说成法家，不通！汉儒经学多传自荀子。李斯帮秦始皇焚书坑儒，与儒家结了大仇。韩非也说什么“儒以文乱法”。他们的学术成果被后儒否定也是形势使然。而韩愈的儒学史观念更不可取，他那个道统是不符合中国学术发展史的偏见。

到宋明理学，自认为承袭道统，实质是为君父专制的家国主义作辩护的哲学。他们把孔子和孟子的忠孝思想绝对化，命之为“天理”。程朱还只是说天理是外在于人的，王守仁则宣扬“我心即是天理”，为专权者“以理杀人”制造了理论依据。理学对近代中国旧政权的腐败以及科技落后负有很大责任。蒋介石最信王阳明，他的政治也最坏。

儒学史受朱熹影响，都不把《系辞》《大学》《中庸》等经典与荀子联系，错了。这些书与《荀子》的文字和思想相合者多于《孟子》。作者即便不是荀子本人，也是他的追随者。孟荀比较应作为当今先秦思想史的大课题。

《论语·季氏》文中有关家国之言是孔子论平均问题，是家国主义起点。

自汉以来，关心家国大事的儒生都关心土地分配。孙中山以“平均地权”解释“民权、民生”，是儒学重大命题的继承，也是蒋介石反对革命的侧重点。解放后的土改是这个重大命题的彻底解决，然后才可能建设工业，实现现代化。

近代工业发生前，农业和土地是社会经济最大事务。秦以后始有合法的土地私有制。在皇权专制社会里，原则上土地都是国家所有，任何时候都可以用一纸诏书把地主赶走。但是实际上在政治稳定时期，私人土地所有权是被承认的，土地可以买卖。皇朝关心的是豪强兼并，豪强交的税大为缩水，而他所统属的农民则贫苦之极，使社会极不稳定，濒于动乱。《文献通考》说：

【自秦至今千四百余年，其间能行授田均田之法者，自元魏孝文至唐初才二百年，而其制尽隳矣。何？三代贡助彻之法（即孟子所述者）千余年而不变也，盖有封建足以维持井田故也。三代而上，天下非天子之所得私也。秦废封建，而始以天下奉一人矣。三代而上，田产非庶人所得私也。秦废井田，而始捐田产以与百姓矣。秦于其所当予者取之，所当取者予之。然沿袭既久反古实难。欲复封建，是自割裂其土宇以启纷争；欲复井田，是强夺民之田产以召怨讟（音读，意为怨尤）。书生之论所以不可行也。】

此文大意是说：秦以后土地所有权法多次变更，北魏唐初搞过授田、均田，都废了。秦立家天下，本该把土地所有权收为国有，他却给了私人。然而，既以军功论赏，赐予土地，不是私有能是什么？反之，赋税又收取过度。

回到封建是不可能了，那必是又开动战国式的纷争。要没收一切田产，土地所有者又不干。但是，民之田产如果是公平均等又有何患？

《历代名臣奏议》载元人郑介夫议论此事说：

【隆古无豪霸之名。自秦废井田而兼并起，于是强者日富，弱者日贫。豪霸日兴，殆不可遏。盖强必凌弱，富必欺贫，贫弱不能与竞，遂归心服命于富强之家，理势然耳。】【先王授田，使贫富强弱无以相过，各有其田，得以自耕。故天下无甚富甚贫之民。至成周时，其法大备，画地为井，八鸠五规二牧九夫，以等其高下；沟洫畎浍川涂畛径，以立其堤防。疆井既定，无得侵夺，虽欲贪并，不可得也。商鞅用秦，规则浸弛，已不复有井田之旧。于是开阡陌，阡陌既开，乃有豪强兼并之患。富者田连阡陌，而贫者无置锥之地。然犹不明说田在民也。官不得治，而民得自占为业耳。】【为今之计，豪强卒难禁止，惟有限田之法可以制之。酌古准今，宜为定制。】

他的“限田法”是规定一家拥有土地量要限制，并建议一些程序法令以完成这一目标。

“耕者有其田”本来是儒家土地论，郑介夫此文是代表作。从董仲舒始，历代儒家多有讨论土地改革者，都说古有井田制，也都说现在实行不了。但正如郑介夫所说，当权的大臣本身就是大豪霸，不可能推行这种土改政策。可见在土地问题上，正宗儒家与皇权不一致，儒家主张均分土地——“耕者有其田”。这是“平天下”的正解，即“平均天下”，是一种共产主义。

三、教育科举——官僚养成

教育是一切先进社会的基础运作，随着科技和生产的进步，教育事业的重要性压过生产事业。孔子最先认识到这一点，首创私家教育，据说有弟子三千，贤者七十二，号称“显学”。“学而优则仕”，孔门弟子多去做官，如冉有在鲁，子路在卫，都是大官。中国古代的学校教育是为培养官僚服务的，这是“教育为政治服务”思想的来源。到现代要倒过来说才是，政治要为教育服务了，因为现代文化使一切社会生活都需要强化的学校教育，不仅是作官。中国古代重视教育是中国文化传统的优秀成分。

自清以前，启蒙教育机构是私塾，也叫“蒙馆”。一家私塾只有一个教师，学生不分班级，从识字教起，课本是《百家姓》《千字文》等。乡村里只求粗通文字者，也用些实用教材，如《庄农杂志》之类。第一年认字写字，然后两年是教四书，先背书后讲义。要想考功名的念完蒙馆就进乡学，深读四书五经。最高级别的教育是省城的书院，以致京城的太学，没有年限。

技术教育如铁匠、木匠、皮匠、画匠，没有学堂，只是师傅带徒弟，边干边学，不必都识字。

西方近代学校制度是为满足科学和工艺发展的实际需求逐步演进形成的，15 世纪以前欧洲的大学与孔子或马融的学校没有太大差别。13 世纪以前则只有培养基督教神职人员的学校，古希腊、罗马的学园更是与中国一样。清末的维新，“废科举，兴学校”是针对本来没有近代科技的提法。当时中国人要搞新科技，得从头做起，才要先办新式学堂。新学校分科渐趋僵化，解放初搞院系调整走极端，把清华大学改成纯工科，建筑系竟分出下水道专业。致使一代知识分子的知识结构极端狭隘，理工不能互用，更少文理交叉，反映出当时教育思想的低下，这是理论机械化的恶果。

旧式学堂书院是为科举培养人才的，这才是新旧之异的本质。科举是选拔官吏的程序。现在很多人不知道这一点，包括一些院士，他们以为科举不考自然科学是错误。孰不知，官吏的职业不是科技，犹如党校不设物理系、电机系一样。但唐代国子监也设法律、天文、算术、书法、医学等科，北宋还有过绘画科，只是学生少。元代大科学家郭守敬则在保定的紫金山书院修习天文历算。如果选太医当然要考医术，考武举总要考武功。古代这些非儒业的专家作公务人员的人数很少，多数不去应举，只在民间开业。各行各业的民间专家总人数不比儒生少。

不能中举的儒生要独立谋生，除了回家务农就要另找职业。开蒙馆教书的最多。有的去大小官衙做幕僚师爷，有的去经商，即所谓“儒商”。儒商多有成就显赫者，对社会做出过不小的贡献。儒生为非儒行业写书也曾是发展文化的重要工作。医书都是有较深儒学修养的儒医所作。农书以及总结各类生产养殖事业的书，如菊谱、兰谱、茶经、《天工开物》之类，几乎全是儒生之作，和尚道士很少干这事。有的高级技术工程如水运仪象台、黄河水利，也都是儒生写书。

记录中国全面文化的大量文献是儒生的心血结晶。儒是中国古代文化总体的主导行业。

科举制度是个演变过程。汉代叫“选举”，不是民主投票，是各地方州郡给中央选拔举荐人才。也有分科如“贤良方正”“孝廉”“明经”等科，就是按品德和学问分为不同的合格条件。这种选举当然不会是平等的。然而像公孙弘，牧猪的出身也当到丞相，那是汉武帝见识高超。魏晋南北朝都是从高门大族里选任高级官员。当时人说法是："下品无高门，上品无贱族。"（这"品"是指职位级别，即三国魏始创的九品中正制，加上有正有从，品级达十八级之多，与现代军队级数一样，但还是比解放后的行政级别少）。可以把唐代以前的门阀强势看作封建残余。到隋文帝时开始建立考试制度。此前如汉武帝也曾叫董仲舒、公孙弘等人上殿面试，但未成定制。

汉代政府承担了高等教育的很大分量，汉后期的党锢之祸，与太学生及选拔人才做官的事密切相关。从东汉的党锢案可以了解，儒家与皇帝怎样争夺主学权和主政权。《后汉书·党锢列传》：

【太学诸生三万余人，郭林宗、贾伟节为之冠，并与李膺、陈蕃、王畅更相褒重。学中语曰："天下模楷李元礼、不畏强御陈仲举、天下俊秀王叔茂"。】【自公卿以下莫不畏其贬议，屣履到门（徒步造访，不敢骑马坐车）。】【牢修乃上书诬告："膺等养太学游士，交结诸郡生徒，更相驱驰，共为部党，诽讪朝廷，疑乱风俗。"天子震怒，下郡国捕党人，布告天下，使同忿疾。收执膺等，辞所连及，陈寔之徒二百余人，书名三府，禁锢终身。】

这就是"党锢之祸"。三万太学生由名儒领军，不畏强权，横议公卿。按苏东坡的说法是：

【学莫盛于东汉，士数万人，嘘枯吹生（吹口气能决定别人命运）。自三公九卿皆折节下之（大臣不敢得罪他们），三府辟召常出其口（官员晋升常由他们说了算）。其取士议政可谓近古。然卒为党锢之祸何也？曰此王政也。王者不作，士自以其私意行之于下，其祸败固宜。】

说得明白：这是王政，皇帝还没有动作，儒士就在下面鼓捣，那还不惹祸，还不遭政治打击？

总的说，宋以后的科举考试算是古代平民政治的好形式。只是难免过多吸引优秀人才都去钻研儒经，以求作官发迹。在工业和科技未发达的古代，这是不可避免的。但可以说，从北宋开始，在皇权专制政体下，形成了相对完善的平民化官僚机构，这所谓"平民化"不是说官僚就是平民，而是官僚基本上出身于平民，而汉魏六朝的状态是由世族豪门把持官僚机构主体。平民化的官僚机构把皇帝突出出来，皇上好不好成为世道好坏的决定因素。可是，回顾两千年下来看看，皇上好的很少。

虽然说科举偏于吸引人才读经是工业和科技不发达的表现，然而很多平民能够读经却是以印刷业发达为前提条件的。印刷业是个标志，它的发展说明其他很多行业以及商业都一样发展。

社会总体文化水平提高了，才可能有较完善的科举制度的实行。科举制度把皇帝孤立地突出出来，人们开始觉悟到皇权专制政体的坏处，这就为民主革命亮明了对象。

搞科举的是皇帝及其政府，他们没有也不会想到这一层。甚至连民众也没想到这一层，这是不依人的主观意识必然起作用的自然之道。中国民众有民主觉悟是近代西方文化传播东来的结果。

四、宗教信仰——负性文化

有人说：儒是宗教，而且从汉武帝直到辛亥革命，中国是政教合一的国家。此说忽视一个重要事实，那就是儒家与皇权的对立。如果是政教合一，那么皇上就是教主，然而儒学从来没有承认皇上是解释儒经的最高权威。后汉明章二帝曾自命权威，却不被儒家认可，反而说他们不守本分。

宗教必有其组织体系，尤其是执政宗教必须有最高权威，如教皇或哈里发，儒家没有这种权威。

宗教必有其教旨信条，那是教徒们的共同信仰。信仰是什么？不是科学，也不是哲学。科学要实证，哲学要讲理。信仰没有理论和实践根据，可以是神话，但教徒不能反对教旨。其他社会群体如非以信仰为主旨就不是宗教。由于世间万事很多未知，其中有些与人间祸福密切相关，于是就引发无稽猜想，其系统化者就是信仰。世人都有信仰，一切哲学和伦理的理论基点都是某种信仰。所以信仰是人类意识中的普遍存在，但有信仰不是归属什么宗教，信仰也不等于迷信。

儒学虽有其信仰成分，但不是必须遵奉的信条。如果一定要从儒学找信仰成分，可以说尧舜就是信仰性概念。本来这两个史前人物事迹荒渺无从证实。但从孔子开始，代代儒生把尧舜越说越像真的，他俩头上挂满好事，没有人说不是。然而尧舜只是君王的样板，与其他人无关，况且尧舜的传说没有过分神秘的情节。儒家树立这个信仰性概念是为了约束君主，没有哪个真儒认为当前的皇帝比得上尧舜。说到底，在政治尚未科学化的君主制时代，尧舜作为信仰，是儒学的暂代性理想概念。

至于“天”，其约束力远不及尧舜。天降灾异警示，可以要求皇帝用尧舜式的运作应对，皇帝却不能利用天的现象去批改尧舜。

又说儒家搞祭祀建庙宇是宗教的表现。祭祀是仪式，群体生活经常搞点仪式，儒学谓之“礼”。各种节日活动都有礼仪性内容，民间婚丧生忌以至造屋上梁都有仪式，都是礼仪，这些礼仪活动不是宗教行为。以前各府县都有孔庙或文庙，那是儒家聚会的场所，有时兼作学校用。凡属宗教的庙宇都有神职人员，神父、阿訇、和尚、道士等，而文庙没有神职人员，只有看管的佣人。最重要的是，儒学不信“怪力乱神”，崇尚自然，做学问是研究探讨，不是背诵信仰教条。儒学也立有信仰的概念，譬如言“诚”，而诚不是教条。从南北朝已有“三教”（儒道释）之词，那时的“教”只指教育、教化，不是指宗教。汉语“宗教”一词来源是佛教的宗派，其间差异是信仰性的，门限严格。儒学有不同学派，但只是学术性的，不是组织性的，更不是信仰性的。

历代儒家管理的政府对待宗教的政策一向是自由的。只要是劝善的，而不是邪教，常常得到政府资助，给与建庙的土地和资金。有时还得到皇帝的赞助文书，例如“大秦景教流行中国碑”。东罗马的天主教一个支派集体来华传教，唐太宗亲作碑文以表赞许。犹太人的“一赐乐业教”即以色列人之教，活动中心在开封，从唐代到鸦片战争都一直在中国正常运行。有趣的是，犹太人在世界各地都保留其独特文化，唯独在中国被汉文化同化得无影无踪。那可不是暴力强迫所致。

儒生可以加入这些宗教，当然多是选佛道二教。明末清初有些儒生以至皇家入了天主教，如徐光启，官做到首辅。一般宗教都有排他性，特别是在某地区已居优势的，总是尽力排挤异教。而儒对宗教十分宽容。佛、道、基督、伊斯兰各教在中国没有排他的能力，所以也就没有发生较严重的宗教性暴力事件，有儒家政府在那里管着呢！

佛教是外来宗教。中国本土的宗教以道教为大，它是把先秦道家哲学神秘化之后取作教旨而成宗教的。黄老道是先秦道家被东汉道教利用的中介，是道教的先驱。老子曾被李唐尊为远祖。

汉武帝罢黜百家，主要是罢黜黄老伪学，独尊儒家正道。这个行动的实质是确立一个非宗教政治体制，只不过当时还没有“宗教”的概念而已。罢黜黄老首先是反封建的政治之争。同样，唐武宗取缔佛教，也是坚持非宗教政治。于是中国的政治文化传统终于摆脱了宗教的干扰。

汉武帝时有《淮南子》问世，此书最先曲解老庄有无论，这种曲解是汉初黄老派的特征，他们大多不学无术，《淮南子》作者算好的。如《老子河上公注》《老子想尔注》的作者简直是骗人的“气功师”，全不懂老子说的是什么。有人把《淮南子》定性为道家，因为它频频引用老庄之言，以注解者身份出现。这与当时以黄老之说治国相合。

韩愈大力反佛，有谏止皇帝迎佛骨之举，结果被贬潮州。后来唐武宗废佛，那是因为佛教过分扩张，大量劳动力去当和尚，佛寺收取大量钱财物资却不交税，使政府收入大减，严重削弱国家财力和军力，不得不加裁减。前人习惯称之为“灭佛”，实际上不是灭，只是限制，还留了少数和尚和寺庙。到清朝，宗教活动规模没有那么庞大了，皇权就不再干涉。

乾隆《御制诗集》:【御史有以沙汰僧道为请者。朕谓沙汰何难，即尽去之不过一纸之颁，天下有不奉行者乎？但今日之僧道实不比昔日之横恣，有赖于儒氏辞而辟之。盖彼已式微矣，且籍以养流民。分田授井之制既不可行，将此数十百万无衣无食游手好闲之人置之何处耶？】

乾隆为此作诗:【颓波日下岂能回，二氏于今亦可哀。何必辟邪犹泥古，留资画景与诗材。】

到现在，风景名胜由佛寺道观保留的居多。皇朝法律有规定：庙宇的建筑与皇宫可比，不是其他居处可以仿效的，只是宫墙用红色，寺墙用黄色。这确实与乾隆这首诗说的一致，有赖于历代王朝开明宽容的宗教政策。

至于常常制造动乱的邪教，总是在其萌芽状态就被儒家官员警惕地发现取缔，史书有时称为“禁淫祀”。有些邪教发展壮大以致造反，近年史学界多惯于不加分析地称之为“起义”，如黄巾、白莲教，没有成事的，却都带给民众生命财产重大损失，此所以令儒臣警惕。这些邪教通常以佛或道的支派名义问世，之所以可能，是因为佛道二教的通俗宣传有过多的迷信。迷信不仅造成个人生命和家庭财产的损失，当其出格地扩大流行就会成为社会动乱之源。

中国文化主流是自然论 / 无神论，但在文化水平低的民众中，彻底的无神论不能被完全理解，总有些人相信神秘动因。一旦出现蛊惑人心的神秘主义宣传，会有很多人相信，其中甚至包括达官贵人。这是那些居心叵测的人搞欺诈骗术的市场，小者卖卜看相，宣讲气功巫医，大者聚众作乱。对此，贤明的儒学政治家都很明白，但是如其不造成过分的社会性损害，就不去多管闲事了。

明末清初基督教在中国传教的历史是典型。康熙初年杨光先奏劾钦天监洋教士，其想法就是担心他们图谋不轨：他们哪来那么多的钱？聚众传教，每隔七天要聚会一次，鬼鬼祟祟，不知他们要干什么。所以“宁可令华夏无好历法，不能使中国有西洋人！”

基督教是世界历史上理论水平最高的宗教，它的信仰集中于一个“上帝”概念，在此之下有一整套精致的理论体系，叫做“神学”。西方近代科学所依靠的逻辑学就是由神学继承古希腊发展而来。中国古代没有这样的神。春秋之前的神是一个与人和动物并立的生命群体的概念，《史记》谓之“神、人、物”。这群神住在天上，与古希腊奥林匹斯山上的诸神王国相似。后世语言有“神物”一词，与“鬼物”“怪物”等并立，那“物”字是指广义的动物。

佛教的抽象思维水平也很高，它以“空”为基本概念，也有一套精致理论体系，叫做“佛学”。佛学讲“四大皆空”，然而佛教的世俗化宣传却大讲轮回报应，很多高僧大德的物质追求一点都不少。所以韩愈辟佛之言很有说服力。

相对于佛教，道教的世俗宣传就逊色多了。下等道士靠给人家驱鬼画符赚钱，那些招式是从原始文化的“萨满”学习继承而来。萨满源起于北方胡人，不能算是一个宗教，它没有完善的社会组织，也没有体系化的理论，顶多就是巫师之流。萨满的性质是原始迷信，把萨满说成宗教混淆了宗教与迷信，不够科学。奥巴马信基督教，他可不迷信。

从萨满联系到民族问题。自秦统一，中国各少数民族都在中央政府的管理之下生活。此前，夏商周三代政权的有效管辖区不大，周王朝把辖外小国/非封建的独立政权叫做“夷”（此字古读如“弟”或“悌”，构型亦同。“銕”即“铁”），《诗经》《论语》中的夷所指如此。夷只是非周王所封，不必是远在方外。周、秦、晋、齐的夹缝里也有夷，他们的头领自称为“王”，如徐偃王。楚、吴、越皆为夷，都自称为王。“夷国”者“弟国”也，与周王之国为兄弟也。后来七国夹缝里的夷被兼并完了，“夷”才成了边外民族的通称，例如鸦片战争时称呼英国为“暎夷”。

以云南少数民族为例，他们都有自己的宗教，虽然信仰较为原始，但因与本民族政权结合密切，组织自然统一严密，可称宗教。其中很多是佛教分支。近古西藏则是政教合一的，是喇嘛教。